U0595398

VANKE BATTLE
万科争夺战

陆新之◎著

西南财经大学出版社
Southwestern University of Finance & Economics Press

图书在版编目(CIP)数据

万科争夺战/陆新之著. —成都:西南财经大学出版社,2017.3
ISBN 978 – 7 – 5504 – 2759 – 4

Ⅰ.①万…　Ⅱ.①陆…　Ⅲ.①房地产企业—企业管理—经验—中国
Ⅳ.①F299.233.3

中国版本图书馆 CIP 数据核字(2016)第 301705 号

万科争夺战

陆新之　著

图书策划:亨通堂文化
责任编辑:胡莎
封面设计:李尘工作室
责任印制:封俊川

出版发行	西南财经大学出版社(四川省成都市光华村街55号)
网　　址	http://www.bookcj.com
电子邮件	bookcj@foxmail.com
邮政编码	610074
电　　话	028 – 87353785　87352368
照　　排	四川胜翔数码印务设计有限公司
印　　刷	郫县犀浦印刷厂
成品尺寸	165mm × 230mm
印　　张	18.75
字　　数	300 千字
版　　次	2017 年 3 月第 1 版
印　　次	2017 年 3 月第 1 次印刷
书　　号	ISBN 978 – 7 – 5504 – 2759 – 4
定　　价	40.00 元

前言 不是胜利的胜利

01 万科保卫战

02 交锋2016

03 22年交往说王石

12 王石的管理用人之道

13 王石的朋友们和子弟兵

前言

不是胜利的胜利

非常戏剧性的一幕终于上演。

因为格力电器的女强人董明珠一句"资本破坏中国制造，他们就是罪人"，万科期盼已久的监管层"东风"已至。2017年3月召开的股东大会，将重新选出新一届董事会。而现在实体经济受到鼓励，万科高管也是其品牌的主要支撑，加上深圳地铁接盘华润集团的全部股份，以王石为首的1 300多名有着"事业合伙人"称号的万科管理层，将像过往32年那样，继续主导万科的走向。

上帝的归于上帝，凯撒的归于凯撒。喧嚣足足20个月、牵涉数千亿资产、十方混战、史无前例的中国股市大并购——万科控制权争夺战，至此基本上尘埃落定。

2017年1月7日，在中城联盟"与未来谈谈"的论坛现场，万科董事局主席王石第一个发言。他以调侃开场。

在发言之中，王石回忆起当初万科股改时的选择——国家股占60%，企业留40%。这40%怎么分？作为唯一的创始人，我说我不要，谁还敢要？也就不存在分配问题。到今天我意识到了万科的问题。但是，如果能够重来一次，我的选择仍然不变。

"但我不能要求万科一批一批的高管，跟我一样扮演圣人，何况我也不是什么圣人。"

"你不能要求大家都像你一样。终究要考虑高管到一定程度，要突破天花板的问题。"

"所以，有些高层决定离开，自己创业，成为所有者。现在，我们就要用这个合伙人制度，来解决这个问题。除了薪资之外，大家一定还有对于收益的分享权。这就是万科提出并尝试的合伙人制度。这是未来万科的出路所在，是大道当然。它使我豁然开朗！"

虽然在当天论坛上王石第一个发言，虽然王石是焦点所在，但有记者发现，在整整一天的会议中，关于万科未来的最重要的一句话，不是来自王石，而是来自他多年的朋友胡葆森。

胡在发言中谈到，"商道就是赢取人心和信任。"这时，他举了万科的例子，并说，"当然不能说万科现在就胜利了，但已经看见胜利的曙光了。"胡表示赞同王石所说的"大道当然"，并说："在大道面前，要自信，要相信邪不压正。"

是的，到了2017年，种种迹象显示，曾经来势汹汹的二级市场"野蛮人"的行为已经被政府部门严词喝止。这样的大背景下，凭借二级市场购入股份强行进入万科董事会此路不通。

万科争夺战，是资本市场的市场化与法治化程度的一次实战演练，给大大小小的上市公司上了一堂管理层与敌意并购的公开课。万科举牌并购剧情跌宕起伏，从宝能姚振华到恒大许家印，男一号快速切换，就像本人在2016年1月的"财经新知"视频节目之中用到的题目——《为什么有关万科的剧情大家都猜错》。

猜对猜错还是一回事，现在险资举牌让上市公司大股东不敢轻易减持并套现股票，相当多的上市公司在这一年不自觉地修改公司章程，增加了防止野蛮人的举牌并购的章节。

前海人寿举牌并购南玻 A，阳光保险举牌伊利股份，恒大举牌嘉凯城和廊坊发展，生命人寿举牌金地集团和浦发银行，安邦举牌民生银行、金融街、中国建筑等。其中最具代表性和故事性的就是宝能和前海人寿举牌万科，爆发通称的宝万之争，但是在本书之中，我更愿意用万科控制权争夺战来表达。

匹夫无罪，怀璧其罪。宝万之争的出现乃是必然！

2015年，宽松货币政策和低利率环境消灭了一切高收益的资产，形成严重的资产荒，尤其是股灾之后，原来股市优先级配资来源的银行理财资金收益率不断走低，大量资金涌入了收益比较高的万能险和分红险等投资类保险产品。万能险成为中小保险公司快速做大资产规模的利器。这种投资类的保险产品可以投资股市，却不归证监会管理，属于保监会管理，存在监管的盲区。而优质蓝筹股估值非常便宜，这些都为万能险举牌收购优质蓝筹股创造了条件。

2016 年 7 月 4 日，万科复牌之后，股价一路跌破宝能 12 月份资管计划增持的平仓线。姚振华增持了也没能止住下跌。就在大家以为姚振华在劫难逃之际，2016 年 7 月 29 日，许家印的恒大入场了，恒大旗下广州市欣盛投资等七个投资平台从价格 17.26 元开始同一天买入。不仅如此，许家印的朋友圈还帮忙从香港市场买入万科，截止到 11 月 29 日，许家印的恒大花掉 362.7 亿买入了超过 15.5 亿万科，占比达到 14.07%。

万科股权之争男一号从姚振华变成了恒大许家印。最终姚振华的宝能成为第一大股东，华润是第二大股东，恒大成为第三大股东，安邦成为第四大股东。恒大持股成本最高，平均价格为 23.35 元；宝能因为前海人寿持股成本比较低，总成本应该与安邦差不多，为 17~18 元；最低的是万科管理层，低于 10 元。

但是这次许家印似乎搞错了节奏，当姚振华的险资将举牌延续到格力电器的时候，董明珠的怒吼引发了最高层的重视。结果，监管层发布了对野蛮人不要当"土豪、妖精、害人精"的警号，连串的犀利喊话恍如当头一棒，导致万科的股价应声而落。在 2016 年最后一个交易日，万科以 20.55 收盘，已经跌破了恒大成本价，恒大亏损超过 40 亿元。迫于监管压力，恒大已经明确表示不谋求万科控股权，万科股权之争可能以管理层的胜利而告终。一切将回归平静，宝能的万能险和杠杆资金在 2017 年将到期。2017 年万科事件将变成一只黑天鹅事件。一旦这些资金找不到接盘者，伴随着资产价格泡沫的破灭，最先倒下的就可能是持股成本最高的恒大。

在王石和姚振华争夺最激烈的时候，恒大乘虚而入，原本是捡漏获益，可惜"鹬蚌相争，渔翁得利"的好戏未能上演，已经观察许久才出手的恒大也没想到会以这样的方式陷入万科争夺战的深坑。证监会、保监会联手限制险资举牌的做法，几乎到了中国资本市场上的最严厉程度。

前海人寿曾在格力电器重组失败后买入格力电器，但并未触及举牌线。但在 12 月 9 日，前海人寿发布公告称，未来将不再增持格力电器股票，并会在未来根据市场情况和投资策略逐步择机退出。

在资本市场上，中国证监会主席刘士余在最近发表的演讲中严厉批评资本市场上出现的杠杆收购，挑战国家金融法律法规的底线的行为。

在 12 月 13 日保监会的专题会议上，保监会主席项俊波前所未有地严厉表示，"不能让险资成为资本市场的'泥石流'""保险姓保，保监会姓监""险资股权收购禁止使用杠杆资金""约谈十次不如停牌一次，还可以吊销牌照"。

随后，保监会也开始采取严厉警戒。12 月 15 日晚间，保监会突然发布信息，停止前海人寿(宝能系旗下)万能险的新业务，同时叫停前海人寿、恒大人寿等 6 家险企的互联保险业务，并接受检查组进驻调查。

2016 年 12 月 19 日，万科发布公告，称由于各方难以达成一致意见，将终止引入深圳地铁集团的重组预案。作为公认对抗宝能系的白衣骑士，深铁重组一度被认为是王石的最后王牌。白衣骑士策略指的是上市公司的股东、管理层可在控制权争夺战中引入强有力的外援，以抵御野蛮人的进攻。万科采取的策略是"上市公司通过发行股份购买资产的方式引入白衣骑士"。万科当初需要资产重组的原因有两方面：一是当时的险资各方等外部的力量比较强大，它需要联合一个机构来进行抗衡；二是深圳地铁跟万科其实都有一个国资的背景，联合之后可能比较符合地方的利益。但现在前提条件已经发生了变化，因为险资短期的资金已经受到了制约，万科所面临的直接的"野蛮人"进攻的威胁已经小了很多，加之大股东之间存在不同意见，其之前的估值比较低，所以万科跟深圳地铁的重大资产重组暂时停止，对于管理层来说也是顺理成章的。

像万科争夺战这样教科书式的经典案例，即使放在国际上也很难找，为监管政策、公司治理、组织形式、法律环境等各个方面的研究提供了详细方向。万科争夺战最大的收获可能是监管政策的演进，即针对恶意收购和万能险的法律监管问题，需要修订相应的法规，因为成熟市场经济的办法在中国不管用，中国市场不完善，现有办法又无法解决新问题，只能靠这种社会成本巨大的方式来推进。

目前去杠杆只是将债务从地方政府和企业转移到了居民部门，债务并没有消失，要大力降低宏观杠杆，最重要的还是要发展资本市场，通过供给侧改革减少债务的产生，盘活国有资产。没有资本市场的发展壮大，不可能完成去杠杆的任务。当前需要鼓励以产业资本为主导、金融资本共同参与的并购，而不是金融资本主导尤其是万能险这样的理财资金杠杆收购。

渡过这次重大难关的万科，在资本市场上的每一步，都是中国社会以及中国经济的重要财富。目前看来，未来还是值得期待的。

2016 年 12 月 5 日，王石在"WISE·2016 独角兽大会"上，预计万科未来 6 年营业额可达 1 万亿。遭受了一年半野蛮人攻打城池之后，王石这种时候还能预测万科的万亿规模，显示他对于继续把控万科胸有成竹。

王石回想 1988 年——万科进行股份制改造，当时准备发行股票，我们的净资产是 1300 万，我们是按照净资产 1 块钱一股来估算的。那时候没有资本市场，根本谈不上未来期望多少钱。

万科 20 周年的时候，万科的营业额是 80 亿人民币，按照当时的汇率计算，相当于 10 亿多美金，也就是万科的营业额是 10 亿美金。这 10 亿美金的年收入，已经意味着万科是中国最大的房地产公司。万科管理层在万科 20 周年的时候（2004 年）曾经对 30 周年进行了预估，预计 30 周年的时候营业额会达到 1 000 亿，由 80 亿多到 1 000 亿，99% 的人都觉得吹牛（这 99% 的人当中也包括王石），所以万科的总裁郁亮规划说 2018 年是 1 000 亿，吓了王石一跳——说凭什么。后来提出这 1 000 亿的万科员工一算，说就是按照过去 10 年的平均增长值算的。王石说，平均值已经快 100 亿了，不可能像以前那么快。他们说，我们过去的平均增长值是 40%，现在在按照 25% 预测。王石一听，心想这可以做到。他说，你不要用什么翻几番的增长，只要能够持续一定比例的增长，这也是非常可怕的。

10 年过去了，万科现在的营业额是 2 000 亿。王石称："我们现在预计第四个十年是 1 万亿，99% 的人可能不相信（不包括我）。我不但相信了，而且觉得不用 10 年，可能 6 年差不多。"

这番万科未来的规划，也可以看作万科管理层的新时代的愿望蓝图与施政纲领。

2016 年 12 月 13 日，《人民日报》发表了对万科总裁郁亮的专访。熟悉中国事务的读者，此刻对于官方的态度，已经能够明白许多。

到了 2017 年 1 月，万科的官方公众号"万科周刊"发表一篇应聘者写的万科走访心得。其中最为有趣的是下面这一段：

"你对中国未来宏观经济怎么看？"我们提了另一个问题。

郁亮回答："盲目乐观"。在国内外，对中国经济乐观、悲观论调常有，但"盲目乐观"还是第一次听说。郁亮解释："很多时候聪明人都在判断大势并据此趋利避害，但很少有人埋头实干，我更愿意脚踏实地干实事，而不愿花费过多的精力去揣摩中国经济走势。无论什么困难都是可以克服的，因此我对中国经济是盲目乐观。"我突然间意识到我们这群所谓"精英"花了大量时间去分析判断大势，期望在准确的判断下做出最有利于自身的决定，有时甚至在投机。我们心心念念要顺势而为，又有多少人肯花时间和精力去实打实地做事，又有多少人有勇气、有魄力去逆势而为呢？如果所谓"精英"都只在趋利避害，那么我们又能期望谁去力挽狂澜呢？我们花了太多时间去分析，却花了太少时间去改变！

无疑，郁亮这番回答，在 2017 年的经济寒冬，显得有足够的高度，也显示了房地产龙头企业应有的风范。

"挺住就是一切，哪有胜利可言。"这是德国诗人里尔克的名句，也算是万科争夺战此时此刻的一个小注脚。

一切都没有意外。

在王石展望万科六年到达万亿年收入之后，万科管理层继续掌控公司未来发展的趋势已经不可避免。

当然，这还需要更加直接的一条信息来确认。

2017 年 1 月 12 日，万科 A 发布公告，华润股份和旗下的中润贸易拟以协议转让的方式将其合计持有的 公司 1689599817 股 A 股股份转让给深圳地铁集团，约占公司总股本的 15.31%。标的股份的 转让价格为人民币 37 171 195 974 元，对应的每股交易价格为 22.00 元 / 股。每股 22 元的转让价较万科 A 停牌前每股 20.4 元的股价溢价了 7.8%。

以市价的 7.8% 的溢价就能轻松获得万科 15.31% 的股权，不需要股东大会的拉票，也不用看其他股东的脸色，直接成交。这笔买卖对于深圳地铁来讲相当划算。虽然目前深圳地铁还不是万科第一大股东，但是可以预期的是，在万科的股份上，深圳地铁可能还会继续增加。但是实际上对于万科发展的把握，还是在以王石为首的 1 300 多个万科事业合伙人团队手上。

此举对于万科来说也非常愉快。不需要定向增发，不需要面对中小股东贱卖的质疑，而且换掉了过去一年多发生了摩擦的原央企大股东，换成了同城的实力国企，更加关键的是符合万科未来沿着轨道交通发展的战略方向。对万科管理层来说，可谓是因祸得福，大团圆结局！

深圳地铁接手万科股份之前，万科股权结构中，"宝能系"持股 25.4%；华润集团持股 15.29%；中国恒大持股 14.07%；万科管理层通过金鹏计划持股 4.14%，通过德赢资管计划持有 3.66%；万科工会持股 0.61%。

而经过这笔交易之后，宝能系的姚老板虽然还是单一最大股东，但是当天晚上多少会有功亏一篑的伤感以及壮志未酬的无力感。目前监管层对于保险资金监管空前严厉，而且他希望全部换掉的王石们的强大亲友团——深圳地铁，安邦，甚至是后来凑热闹的许老板都未换掉，姚老板也不得不看开了。

确实，今天的资本市场，已经有更多的力量走向台前，同时也有旧的力量退出舞台。笔者陆新之由 2015 年 12 月 17 日开始，在视频节目"财经新知"上点评此事，先后有二十多期及时在各个关键节点讨论万科争夺战的演化。而期间，一直看好王石为首的万科管理层能够左右未来万科的航行。毕竟这是一支内地目前最有代表性的职业经理团队。他们代表了中国公司治理的方向，代表了理性与建设性，代表了实体产业的坚持与创新。如果他们失败，遭遇南玻一样被血洗的结局，对于社会，对于股市，对于房地产行业，对于深圳，甚至对于当事人，都是多输的悲剧。

到今天，目前的结果是，万科管理层涉险过关之后，我反而无意臧否人物，不能简单说是好人战胜了坏人，这场头绪繁多、让人看得眼花缭乱的大戏说明，在当下，代表向上的力量，超越了野蛮扩张的层面。市场在发展，公司在进化。不能适应新时代的势力，哪怕是打着各种华丽的伪装，最终也会被市场无情淘汰。

天若有情天亦老，人间正道是沧桑。

作为中国有史以来最大的房地产开发商，万科有着最优秀上市公司管治的美誉，有着人文气息与理想主义的一系列光环。此番王石与他的同事们，面对的是依托万能险迅速崛起，同时各种融资手段都使用到了最夸张地步的敌意收购对手。大股东华润的摇摆、独立董事的高调亮相、恒大地产的不按牌理出牌、不同股东的各种离奇做法以及无间道一般的背后暗涌，使万科控制权之争成为近年中国最具悬念的一出大戏,并不断出现戏剧性的大转折。

万科争夺战影响的不仅是 A 股,也不仅仅是资本市场与金融秩序。它已经成为不知不觉影响普罗大众的公共事件!本书抽丝剥茧,还原万科 32 年来的发展故事,再现万科争夺战的各种细节与暗涌,与您一同探寻这场超级争战的结局。

01

万科保卫战

王石强硬表态

从 2015 年 7 月至 2015 年 12 月仅仅五个月时间，宝能系就集结约 400 亿元，买入万科两成多的股份，而且来势汹汹，未有停手止步的迹象。而且一致行动人在整个增持过程之莽撞，也令舆论发出"野蛮人来了"的感慨。

作为有史以来最大的房地产开发商，有着最优秀上市公司管治美誉的万科，过往三十年都以人文气息与理想情怀见称，也因为管理层的特殊风格在公众之中享有极大知名度。这次，面对不按牌理出牌的对手，很多人担心，万科还行吗? 王石与郁亮顶得住吗?

2015 年 12 月 17 日，王石第一次就这件事公开表态，不欢迎宝能系成第一大股东。

根据我 22 年来对王石的了解，他能够这么说，自然是对于"野蛮人"式的袭来有准备。万科管理层肯定应对有招，而且能有很多招。

历史上，万科有丰富的二级市场运作经验（当年远征上海滩的申万事件老一辈股民都记得），也有各种对外合作的股东的博弈，最后王石率领的团队几乎都取得了胜利。

说来也巧，1994 年 3 月 30 日，在君安发难万科的深圳罗湖阳光酒店现场，我第一次与万科接触，第一次看到王石在现场应对四家股东的联合改组建议。这就是当时著名的"3·30"事件。其后经过输攻墨守，万科分化发难股东，最后完胜。不过当时的发难股东，四家加起来只有 10% 多一点的股权。跟今天宝能系所占的股份相比，气势与实力都相去甚远。所以说这次宝能发难，王石面对的环境比起当年要更凶险。

同一年夏天，我还在现场见证了万佳百货的股东争议，看到了万科的丁福源、徐刚、何志东团队如何与发难的三家股东博弈，最后万科增持万佳百货股份，稳定战局。后来万科把万佳百货打造成为零售业的一个领先品牌，并在

本书作者与王石

2001 年高价出售给华润。

因为缺乏稳定的大股东，在整个 20 世纪 90 年代，不时有各路游资打万科的主意。云南证券深圳营业部就有一位吕姓总经理与实际控制人姐弟，多次增持万科股票，甚至准备"举牌"。不过，这些大大小小的阻击，都被经过战火洗礼的以王石为首的万科管理层——化解。

王石这次表态，"中小股东就是我们的大股东。"这是万科管理层 30 年来屡次化解袭击的一大法宝，可谓大有玄机。

这次面对宝能发难，万科管理层可采取的应变招数至少有以下几样：

其一，就是停牌。当年，不少游资袭击万科，都被停牌拖字诀陷入泥沼，最后不得不撤退。所谓一鼓作气再而衰三而竭，就是这个道理。大凡游资都是希望在二级市场上兴风作浪，动静越大，跟随者越多，越能够达到目的。而上市公司面对股价异常可以申请停牌，面对信息披露问题也能申请停牌。这次宝能系的一致行动人在增持万科股份的过程之中还是有不少瑕疵。因此，资本市场上的"好学生标兵"万科利用合理的市场规则，提出停牌以及向交易所投诉等做法，往往能够生效，起到釜底抽薪的作用。而且在一根阳线改三观的股市，一只股票停牌十天半月，各怀鬼胎的跟进者很可能就会陆续分化，失去威势。

其二，就是小伙伴支持。万科也好，王石也好，在商业江湖上还是有不少朋友的。当年，牛根生的蒙牛闹出那么大问题，也能找到一群企业家支援，万科的王石在危机时刻发出求援信号，也会有足够分量的朋友来助。更何况，原来的第一大股东华润十几年来都是万科的最佳拍档，此时面对有可能将万科品牌毁于一旦的袭击，于公于私，都不可能袖手旁观。何况华润还是根正苗红的央企，真到要紧关头，资金调度的能力不见得在发行万能险筹资的民企之下。

其三，毒丸计划。这是缺乏大股东的很多国际公司的通用方案，也可以说是自保的护城河之一。2014年，郁亮就发出了野蛮人在门口的呼吁。所以，财务专家出身的他不可能对于"股权摊薄反收购措施"没有准备。这个"毒丸计划"设计不复杂，可谓破釜沉舟、玉石俱焚的一招，一旦敌意收购到一定程度触发这个毒丸条款，其他所有股东就有机会低价买进新股。这样就大大地稀释了收购方的股权，继而使收购代价变得高昂，从而达到抵制收购的目的。事急从权，对于64岁的王石来说，与其看着30年来自己一手打造美誉度与品牌高度的万科被莽撞人拉入泥沼，不如使出"毒丸"大招，这点相信不难理解。

其四，合理合法的拖延。万科的这届董事会到2017年才期满。而万科现任董事大都是对万科管理层高度认同的专业人士，没有特殊变故，内部攻破可能性很小。即使是宝能系能够派驻一两位董事，再到改组董事会等，都是一个漫长的过程，每一个步骤，现在的管理层都可以合理合法进行防御。没有两年，无法实质掌握万科管理权。而在这两年之中，拉杂成军的宝能系是否还能团结一致、资金是否能够稳定到完胜的时刻，都是未知之数。最实际的是，王石的知名度很高，他与现任管理层的号召力还很强大，即使是召开股东大会，潮汕背景的宝能系要获得过1/2乃至2/3的股东投票支持，也非常艰难。

当然，对于上市27年，有着海内外丰富融资经验的万科来说，能够想到的资本市场防御方式与对抗招数，肯定不止上面这几样。更关键的是，王石第一次如此清晰地发出了不欢迎的信号，万科专业团队显然已经积极应变了。

王石在北京万科会议室发言（2015年12月17日）

　　大家好，今天我谈一下公司大股东更换的背景、大股东现在的姿态、我和郁亮以及管理层的一些看法。说起来也很简单，宝能系增持到10%的时候，我见过姚老板一次，在冯仑的办公室谈了四个小时，从晚上10点到凌晨2点。两层意思：一是给对方充分的尊重；第二，我以前没有见过他，也想领教一下新大股东的风采。他还是挺健谈，有点收不住嘴。主要谈了他的发家史，也谈了对王石的一分欣赏。言外之意是，我成了大股东之后，你王石还是旗手，还是这面旗帜，要维护的。

　　我今天想谈的，并不是他说了什么，而是那天我说了什么。当时我的主要意思是，在那个时间点上选择万科的股票、增持万科的股票是万科的荣幸，但是你想成为第一大股东，我是不欢迎的。他没有料到我是这样的态度。

　　不欢迎的理由很简单：你的信用不够。万科是上市公司，一旦上市，谁是万科的股东，万科是不可能一一选择的，但谁是万科的第一大股东，万科是应该去引导的，不应该不闻不问。因为我们要对中小股东负责，万科股权分散，我们这么多年，就是靠制度、团队。中小股东这么多年跟着万科，也是看重这个制度和团队。宝能系可以通过大举借债，强买成第一大股东，甚至私有化。但这可能毁掉万科最值钱的东西。万科最值钱的是什么？就是万科品牌的信用。

　　实际上，在宝能系增持到5%之后，我曾经在微信发过："深圳企业，彼此知根知底"。什么意思呢？一层意思当然是我们都是深圳企业；第二层意思是知根知底。万科在深圳有个浪骑项目，当年为了迎接大运会，旁边建了一个新的海上运动中心，赛后没有运营方，万科想接手运营，最后拍卖这个中心的时候，没想到宝能以高于底价10倍的价格买下，这种冒险精神，实在是不可理解。这个海上运动中心现在处于基本闲置状态。另外我比较了解的是宝能入股深业物流的过程，他们2003年进入这家公司，一直到控股股份超过40%，2006年进行分拆，分拆的结果是他们拿到深业物流品牌的使用权，"一进、一拆、一分"，这就是他们的发家史。

一场大杠杆融资的赌局

这次交锋中，万科第一次正式回应是在 2015 年 8 月 26 日晚——万科（000002）发布股东权益变动的提示性公告称，已接到深圳市钜盛华股份有限公司（以下简称"钜盛华"）及一致行动人前海人寿保险股份有限公司（以下简称"前海人寿"）关于权益变动的通知：截至 2015 年 8 月 26 日，前海人寿通过深圳证券交易所证券交易系统集中竞价交易买入公司 A 股 80203781 股，占公司现在总股本的 0.73%。截至 2015 年 8 月 26 日，钜盛华通过融资融券的方式买入公司 A 股 9316800 股，占公司现在总股本的 0.08%；以收益互换的形式持有 467138612 股公司 A 股股票收益权，占公司现在总股本的 4.23%。宝能系是指宝能集团姚氏兄弟控制的一系列公司。根据万科简式权益变动书，宝能投资是姚振华全资拥有的公司，钜盛华公司由宝能投资控股 99% 权益，而钜盛华则持有前海人寿 20% 股份。姚振华现任前海人寿董事长，其弟姚建辉任宝能控股董事长。

2015 年以来，姚振华旗下的宝能系连番通过集合竞价、融资融券以及收益互换的形式增持万科股票。粗略估计，截至 2015 年 8 月底宝能系一致行动人持有万科的总股份已经达 15.04%。看似已经超越了大股东华润的 14.89%。

经过此前 2 次增持，宝能系旗下的前海人寿和钜盛华合计动用的资金已经高达 160 亿元。算上本次增持 5.04% 花费的资金，宝能系在万科身上的花费已经超过 200 亿元。

值得指出的是，宝能系持有万科 A 股约半数的股份都是通过收益互换实现的。收益互换指客户与券商根据协议约定，在未来某一期限内针对特定股票的收益表现与固定利率进行现金流交换，是一种重要的权益衍生工具交易形式。以宝能系 2015 年 7 月底的增持为例，其中有 4.21 亿股的万科 A 股票是通过银河证券、华泰证券的股票收益互换通道取得的，占万科 A 总股本的 3.81%。以彼时的万科 A 最低股价 14.5 元 / 股为例，上述增持总耗资逾 61 亿元。如果按照 1:3 的杠杆计算，钜盛华的融资额也达到了 45 亿元。

根据万科披露的消息，宝能系以现金形式的合格履约保障品转入证券公司，证券公司按比例给予配资后买入股票，该股份收益权归宝能系所有，宝能系按期支付利息，合同到期后，宝能系回购证券公司所持有股票或卖出股票获得现金。

投资人士分析，利用这种方式实现增持，最大的特点是可以最大程度利用配资，据悉收益互换杠杆普遍都能放到 2～3 倍，有些能达到 5 倍，远远高于两融杠杆。换句话说，股价升得越快，收益来得也越快，但是如果股价下跌，那么损失惨重。

在这种情况下，宝能系最大的利好就是抬升股价。

但此后进入 8 月，万科股价一路下跌，到 8 月 27 日，最低跌至 12.6 元。8 月 26 日，宝能系公司选择再次增持。

作为宝能集团的掌舵人，姚振华更为人熟知的产业版图是房地产。2010 年，他与王石等人一道，成为《特区拓荒牛卅载竞风流》上榜人物，被称为"隐形地产大鳄"。

时年 45 岁的姚振华是潮汕人，1992 年进入深圳工作，早年靠卖蔬菜起家，先后涉足物流、食品、建材、金融、房地产、商业、农林业等行业领域。

《时代周报》报道，除了姚振华以外，宝能系另一位重量级人物是姚建辉，即姚振华之弟。姚建辉最早出现在 2000 年宝能集团的注册信息中，其时任法定代表人、董事长、总经理，之后姚振华与姚建辉不断对换董事长、总经理等职位。根据此前《时代周报》的了解，之前宝能地产集团和前海人寿都由姚振华管理，同时负责宝能地产业务全国扩张；姚振辉只负责深圳和赣州的地产业务。现在，姚振辉接管了宝能旗下全部地产业务，而姚振华则开始全身心负责前海人寿。

此前《上海证券报》指出，姚振华及姚建辉旗下掌控着其他数十家公司，这些公司运营低调，甚至不乏空壳公司，多数沦为资本运作的棋子。在 A 股市场，姚氏兄弟虽然控股宝诚股份，并是深振业的二股东，但迟迟不见其实质性动作，更像是在玩票作为避人耳目的运作手段，壳公司的设立及繁杂的股权构架，是资本大鳄运作的常规动作。

回溯资料，宝能系 2012 年首度亮相资本市场时，便通过多个账户运作。其时，宝能系通过旗下关联公司钜盛华、华利通、傲诗伟杰，以一致行动人身份三度举牌深振业，与深圳国资委争夺控股权。而从 2014 年四季度至今，宝能系整体投资版图却已进行大换仓，其基本清仓深振业 A、宝诚股份、天健集团，取而代之的是万科 A、中炬高新、南玻 A 等。

另外，宝能系除了深粤控股、粤商物流、凯诚恒信这 3 家影子公司，以及隐藏其后的股东深圳思恩控股、深圳粤商合创投资、深圳凯诚恒信 3 家公司，加之此前已露面的钜盛华、华利通、傲诗伟杰、华南投资共 10 家关联公司外，宝能系旗下还设有不少千丝万缕的裙带公司：如中林实业、钜华投资、宝能控股中国有限公司 (简称"宝能控股")、宝能国际 (香港) 有限公司等，持股架构盘根错节。

根据《上海证券报》披露的资料发现，宝能系其他资产还包括建业集团、深业物流等。其中，深业物流的原股东方深业集团与宝能集团的神秘关系也颇值得玩味。深业物流成立于 1983 年，当时由国资背景的深业集团与宝能集团合资运作，公司目前所在的笋岗物流园区也由深业集团提供，但后来不知何故，深业集团逐步撤出了深业物流。目前，深业物流股东为傲诗伟杰与钜盛华实业，为宝能系全资所有。

万科保卫战至少打半年

被宝能系借助金融杠杆围猎，万科股票于 2015 年 12 月 18 日下午停牌。宝能系的攻势暂时无法施展。而在停牌一个月的时间内，双方一定输攻墨守，进行立体战、综合战。当时笔者就在自己的微信公众号"财经科技新知 (luxinzhi2015)"以及视频节目"财经新知"上预测，这一场大战，不可能很快分出胜负，更可能是拉锯战、持久战，少则半年，长则一年多。

虽然万科股票停牌，但是股权争夺不会停歇，故在没有更高一级的政策或者主管部门表态之前，万科公司自己的公司章程就是游戏规则了。而目前看来，万科董事会控制权保卫战必然是一场持久战，至少能够坚守半年，甚至可能博弈一年。

根据万科官方网站上提供的《股东大会议事规则（修订稿）》，其中第三条提到股东大会是公司的权力机构,依法行使一系列职权,其中就包括选举和更换董事、决定有关董事的报酬事项。

而根据第四条,万科的股东大会分为年度股东大会和临时股东大会。年度股东大会每年至少召开一次,应当于上一会计年度结束后的六个月内举行。临时股东大会不定期召开。

什么情况下要召开临时股东大会呢?这份议事规则里面的第五条规定,有下列情形之一的,公司在事实发生之日起两个月以内召开临时股东大会:

(一)董事人数不足《公司法》规定的法定最低人数,或者少于《公司章程》所定人数的 2/3 时;

(二)公司未弥补的亏损达实收股本总额的 1/3 时;

(三)单独或者合并持有公司有表决权股份总数 10% 以上的股东书面请求时;

(四)董事会认为必要时;

(五)监事会提议召开时;

(六)1/2 以上独立董事提议并经董事会审议同意的;

(七)公司章程规定的其他情形。

其中的(三)单独或者合并持有公司有表决权股份总数 10% 以上的股东书面请求时,就符合现在的要求。

为什么宝能系在持股 10% 的时候,不提议召开临时股东大会呢?因为那

陆新之在《财经新知》视频节目里面详细解读万科争夺战

时牵涉到具体投票的胜算问题。

因为对于宝能系来说，召开特别股东大会不是目的，要在特别股东大会上拿到足够的投票支持，更换他们选择的人物进入万科的董事会才是目的。如果他们只有10%的股份，显然发起的提案没有胜算。

而根据议事规则的第四十条，股东大会决议分为普通决议和特别决议。

股东大会做出普通决议，必须经出席股东大会的股东（包括股东代理人）所持表决权的过半数通过。

股东大会做出特别决议，必须经出席股东大会的股东（包括股东代理人）所持表决权的2/3以上通过。

什么算是特别决议呢？第四十二条规定，下列事项由股东大会以特别决议通过：

（一）公司增加或者减少注册资本；

（二）公司在一年内购买、出售重大资产或者担保金额超过公司资产总额百分之三十的；

（三）公司的分立、合并、变更公司形式、解散和清算；

（四）公司章程的修改；

（五）罢免任期未届满的公司董事；

（六）股权激励计划；

（七）公司章程规定和股东大会以普通决议认定会对公司产生重大影响的、需要以特别决议通过的其他事项。

宝能系到时候提出的议案，必然牵涉（四）、（五）与（七），因此需要出席的股东所持表决权的2/3以上才能通过。

换而言之，一旦宝能系发起特别股东大会，假如到场的万科股东以及代理人，占股份的八成，那么宝能系需要现场三分之二的股东支持，等于是万科全体股东的52.8%的投票支持。按照停牌时候的比例来算，宝能系与一致行动人大约是有30%的股份，肯定会投票选自己。那么还得争取多于22.8%的其他股东支持，才能保证人选进入万科的董事会。

当然，考虑到这场股权争夺战如此激烈，双方都有征集股东代理权的欲求与可能，极端情况下，也可能出现超过95%的股东到场（百分百股东或者代表权到场这种情况极为罕见，按下不表）。这样的话，宝能系需要现场2/3的股东支持，就需要万科全体股东的 62.7% 的支持率。而这样的话，宝能系就需要增持或者争取多于 32.7% 的中间票。对于万科管理层来说，目前已经有 20% 左右的铁票，只要增持或者争取多于 17.3% 的股东投票支持，就能挫败宝能系的进攻。这样还是足可一战的。

事实上，即使是特别股东大会上失守，万科的董事会席位有变，但是也不可能一夜之间换掉大半的董事会成员。现时董事会是 11 人，其中万科 3 人，华润 3 人，超过半数。章程还规定，有 1/3 的董事会成员也就是 4 人是独立董事，专业人士。即使宝能系能够派遣部分董事加入，但要完全控制万科的董事会，也还有相当长的一段时间。

因此，这次股权争夺战牵涉百亿资产重组，牵动一行三会的神经，万科停牌 1～3 个月，完全可能。而现在万科的管理层步步设防的话，光是有钱的进攻方，也不容易得手。延续半年是很正常的。真正分出胜负不排除一年的时间。

独立董事海闻突然辞职

香港交易所披露，安邦保险集团股份有限公司在万科停牌前两次增持，持股比例升至 7.01%。在此之前，宝能系钜盛华也在停牌前的 12 月 15 日增持万科 1.07% 至 23.52%。至此，宝能安邦合计持股已超 30%。如果确定两者是一致行动人，要么发出全面要约收购，要么向证券管理部门申请豁免。但是火药味已经十足，随时擦枪走火。

就在此时，万科董事会的梦幻 11 人组合突然出现了一个缺口。在此敏感时刻不能不让各方关注。万科 A 于 12 月 22 日晚间公告称，公司董事会于近日收到独立董事海闻的辞职信，海闻表示因个人原因，无法继续担任公司独立董事，特申请辞去公司独立董事一职。同时海闻确认，其与公司董事会并无不同意见，亦无任何其他事项需要知会公司股东及债权人。

根据《关于在上市公司建立独立董事制度的指导意见》及《公司章程》等相关规定，在下任独立董事填补因其辞职产生的空缺前，海闻将按照有关法律法规的规定继续履行独立董事职责。

资料显示，海闻，男，1952 年出生。1982 年毕业于北京大学经济学系，获经济学学士学位；1983 年毕业于美国长滩加州州立大学经济系，获经济学硕士学位；1991 年毕业于美国戴维斯加州大学经济系，获经济学博士学位。曾任职美国加州州立大学经济系、加州大学 (戴维斯) 经济系、福特路易斯学院商学院经济系。1995—2008 年任北京大学中国经济研究中心教授、副主任；2002—2005 年任北京大学校长助理；2005—2008 年任北京大学副校长、深圳研究生院常务副院长、深圳商学院院长。2008—2013 年任北京大学副校长、深圳研究生院院长、汇丰商学院院长。现任北京大学校务委员会副主任、汇丰商学院院长。2014 年起任万科独立董事，审计委员会委员，薪酬与提名委员会委员，任期原计划截至 2017 年 3 月。

但是，据笔者了解，海闻的辞职至少表面上有足够的理由与这次"野蛮人攻击"万科没有关系！海闻也不是跟王石等管理层有什么矛盾。

海闻辞任独立董事的个人原因，是可以由政策变化分析得出。因为根据最近教育部推出的新规，他是在职副校长，不能出任上市公司的独立董事。其他各个大学，类似辞任独立董事的教育代表很多。只是他们没有成为舆论焦点，所以不像海闻此事这么引人注意。当然，他此时辞任，确实显得非常敏感。但是作为一贯的专业人士代表，海闻正式确认，其与公司董事会并无不同意见，亦无任何其他事项需要知会公司股东及债权人。

因此，海闻辞任独立董事，主观上并非因为这场股权争夺战。但是客观上，他辞职留下的独立董事的职位，就需要补选，但是补选也不需要特别股东大会。不过，在剑拔弩张的气氛下，补选独立董事也可能就成为引发宝能系与万科管理层对决的一个导火线。

回顾万科历史上两次重要投票时刻

2015 年 12 月 23 日，王石在瑞士信贷的半公开场合表示，不采取毒丸计划，不用焦土战术，万科愿意接受宝能系派人当董事。有人据此称王石已经"认输"。这个判断显然不对。根据我对万科 22 年的采访与了解，历史上很多次，王石对于不友善的股东同样有合作精神。

例如，很多人知道 1994 年的"3·30"事件，也就是君安发难万科，万科管理层的第一次保卫战。双方大动干戈，火药味十足。但是后面的故事估计很少人知道。事件过后，虽然双方结下了大梁子，万科管理层依然邀请持有万科股份 3% 多的君安证券派人担任董事。后来君安派驻的是副总裁龚华女士。董事会层面对公司信息充分披露，没有修饰的。这就看出，王石一来愿意遵守游戏规则，二来对于万科的公司治理有信心。

第二件事情知道的人就更少。但是对于万科来说是非常关键的一次。2000 年的 12 月，万科董事会提出向第一大股东华润定向增发 B 股。假如增发成功之后，华润将能占有万科 50% 的股份，成为稳定的绝对大股东。但是当时的王石、郁亮等万科管理层听取了股东的反对意见而撤销了这个行动。

那次增发的焦点在于定价。万科参照了新发行 B 股公司的市盈率定价发行原则。当年以来新发行 B 股公司按全面摊薄的口径计算，发行平均市盈率为 7.79 倍，而根据有关业务分析以及对万科 2001 年全面摊薄每股收益情况的预测，万科本次增资发行 B 股的发行市盈率应在 10 倍左右，高于当年新发行 B 股公司发行价格的平均市盈率。

万科公告里面说：本次增资发行方案公告日前 12 个月，华润无购买万科 B 股行为，曾购买万科 B 股所支付的最高价为 2.06 港元 / 股，可视为第一种价格，第二种价格为 4.14 港元 / 股，而万科最后采用 4.2 港元 / 股作为定向增发价格，使华润集团的实际持股成本高于参照市场原则制定的持股成本，有利于原 B 股股东。

万科公告还说：本次增发价格充分考虑了 B 股市场走势。2000 年 1 月 1 日至 2000 年 10 月 31 日，万科 B 股的平均市价为 3.61 港元，考虑到公司未来的成长性和价值增值，华润集团认购万科增发 B 股的价格为 4.2 港元 / 股，高于当年前十个月平均市价 16.3%。

不过，当时在中小股东中出现了反对声音，尤其是 A 股股东提到，万科 A 的市盈率长期在 30 多倍，定向增发 B 股才 10 倍，不公平不能接受。而王石等管理层看到这些意见，就没有贸然推动增发，而是在 2000 年 12 月 28 日，发布《取消 2000 年度第二次临时股东大会的通知暨第十一届董事会第三次会议决议公告》。

万科企业股份有限公司第十一届董事会第三次会议于 2000 年 12 月 24 日下午在万科公司总部会议室举行,第十一届董事会共有 18 位董事,16 位董事及董事授权代表参加，2 名董事缺席。会议审议并通过如下决议:

关于放弃 2000 年度定向增资发行 B 股的方案及取消 2000 年度第二次临时股东大会之决议

由于不同的投资者对本公司 2000 年度增资发行 B 股方案的理解不同,以及该方案将对本公司产生影响的认识存在差异,董事会决定放弃上述方案并取消将于 2001 年 1 月 2 日召开的本公司 2000 年度第二次临时股东大会。

这本来是王石等万科管理层一劳永逸,为万科寻找到稳定大股东的最好机会。不过他们还是遵守游戏规则,尊重了中小股东的不同意见。

从以上两次历史关键时刻,王石等万科管理层的取舍来看,他们是不惧怕不同意见股东加入董事会,也是能够按照游戏规则出牌的人。这种精神值得肯定,值得欣赏,但不应当作认输来看。

因此,假如未来的临时股东大会上,有宝能系与安邦的代表进入万科董事会也不稀奇,因为万科的董事会由 11 人组成。未来的各种博弈还会在合法合规的范围内出现。

万科H股大跌，宝能隔空挨闷棍

万宝之争的烽火如期烧到了 2016 年。

进入新年以来,十几天内局面可谓不消停。人民币汇率一度急跌,然后是股市遭遇四天两次触发熔断机制,结果导致暂停熔断,但是上证指数继续疲软,人心不安,失守 3 000 点。而美股同样遭遇黑色新年,节节下挫,大宗商品更是暴跌,价格回到十几年前。

相比之下,20 天之前,沸反盈天的宝能万科之争,在媒体上陷入了前所未有的寂静。不过,当事各方并没有闲着,虽然万科的重大资产重组计划还没有公布,A 股还在持续停牌之中。但是,在香港的 H 股市场,继续上演着这场控制权争夺战的紧张戏份。

停牌中的万科 2016 年后动作频频。继 2016 年 1 月 4 日夜间发布公告称，"公司本次重大资产重组事项的相关工作正常推进，取得了一定进展"后，1 月 5 日夜间又发公告称万科 H 即将复牌，万科 A 将继续停牌。此举确实耐人寻味。

结果，在 2016 年 1 月 6 日，万科 H 股价最大跌幅达到 14%，收市时相比上一个交易日的跌幅超过 9%。

随后几天，万科 H 股跌多涨少，最多时候离停牌之前跌了 24%，直逼 18 港元大关。

18 港元，折算成人民币是 15 元。这个数字，一般人可能没有什么感觉，但是对于进攻的宝能系来说，足以心惊肉跳。因为，根据各路媒体与机构的大约估算，15 元应该是宝能在二级市场上购入占万科总股本 24% 的万科股票的平均价格，也就是宝能系的成本价。如果万科 H 股继续下跌，市值相应缩水，而跌破 15 元的购入价，宝能系的账户就出现浮亏。如果全是自有资金的话，账户浮亏也不太可怕。但是根据公开信息，2015 年全年收入才几十亿元的宝能系，动用的 400 亿资金有很大部分是通过各种金融工具质押反复融资而来的——融资杠杆有说 3 倍也有说 20 多倍，这样的话，万科股价长期在宝能系的成本价之下，将会引发一连串的其他反应，轻则需要追加账户资金维持杠杆比率，重则需要平仓。当然，我们相信，在万科出动停牌大招之前，宝能系作为强硬进攻一方，是会有所准备，不至于棋到中盘就突然死亡的。

而且，万科 A 股一天没有复牌，宝能系整体持仓的浮亏就不会坐实，还没有到局面不可收拾的地步。只是，在 A 股 2016 年来连续暴跌之后，万科 A 股处于 24 元的历史最高位，可以说是累积了巨大的风险。如果是用自己资金的长线投资者还可以作为价值投资，但是对于许多跟风"博傻"的短线客来说，则是噩梦。由 B 股转为 H 股的万科股票，只占总股本的 12%，目前相当于 15 元人民币的股价，已经比较停牌之前的 24 元 A 股价格有几乎 4 成的折让。这些信号对于宝能系来说真的都不是好消息。

万科的重大资产重组必然是增发。如今 H 股股价回落，对万科调低增发股价有利，或者这真是万科转危为机，弥补 1988 年、1994 年以及 2000 年三次获得稳定第一大股东的失败，一次性解决管理层潜在安全隐患的最好机会。

一切，可能在三个月内就有答案。无论谁胜谁败，只要双方充分交手，争取股东投票支持，这就是中国资本市场上最生动鲜活的案例，能够推动股市与公司治理进度的完善与进步。

万科在 2016 年 1 月 15 日晚间发布公告称，因筹划的重大资产重组极为复杂，涉及的资产、业务、财务等各方面核查工作量较大，相关工作难以在 1 月 18 日前完成并实现 A 股复牌，公司股票申请继续停牌。同时公司预计，自停牌首日起不超过 3 个月时间内，即在 2016 年 3 月 18 日前披露符合《公开发行证券的公司信息披露内容与格式准则第 26 号——上市公司重大资产重组》要求的重大资产重组预案或报告书。

以现在 A 股的态势，如果万科复牌，不利的不光是宝能，也包括万科和安邦。安邦也在近期增持万科，而万科管理层也持有股份。A 股不断触发熔断机制。股指近期下跌 20%，再加上散户担心这场争夺战硝烟弥漫，万科 A 很有可能股价一泻千里。

万科董事会主席王石在 2016 年 1 月 16 日发布微博称"万科的大戏刚拉开序幕"。他引用城市研究院的文章并指出，"2015 年，上海楼市再起狂澜，在政策利好、股市加温、改善需求爆发三股力量的共振之下，上海万科以 283 亿年销售额再创历史新高，不但较去年劲增 106 亿，更打破了上海绿地在 2013 年创下的 261 亿全国单城销售纪录，称霸全国！"

该文章还指出，2015 年，上海一手商品房共成交 6 064 亿，较 2014 年暴增 78%，不但刷新历史纪录，更将北京、深圳甩在身后。作为全国乃至全球最大的一手商品房市场，上海注定是全国单城销售"王者"，正所谓"得上海者得天下"！而万科成为全国、上海双料第一。

这个时候发出这样的信号，这也看得出是王石在显示万科的价值。

王石：房地产还是春天

尽管在万科 H 股复牌之下万宝之争暗流涌动，但是以王石、郁亮为核心的万科现任管理层，对公司和房地产行业的未来依旧有着非常清晰的认识与规划。

2016 年 1 月 7 日，王石参加中城联盟论坛，做了题为"供给侧改革与房地产行业转型升级"的演讲。王石一上台便说，"我能出现在这里，要感谢姚振华先生"。这个演讲本来是万科总裁郁亮要来讲的。

以下为演讲全文：

今天，我想用"不忘初心"四个字来开场。

我们的初心是什么？我们在十六年前成立中城联盟这个组织，我们的目的是什么？我们的诉求是什么？昨晚和中城联盟的企业家晚宴的时候我能感到大家多少有一点焦虑——面对互联网大潮、面对经济增长的趋势，我们中城联盟是不是要发展得更快一点？其实我也曾有这样的情绪，但是今天站在这里，如果说不忘初心的话，我觉得我们中城联盟发展地并不慢，它用自己的步伐践行着当年的初心。

大概七八年前，房地产业突然出现一种非常强烈的、新鲜的做法，我们中城联盟的一位女企业家特别问我，像我们这样循着本心去做是不是错了，因为相比较那些激进的做法，我们的企业好像发展得慢了。我明确地告诉她，我们没有错，应该按照我们的底线、我们的坚持去做。如今，那家高歌猛进的公司已经进行了资产重组，而疑惑自己是不是做错了的公司，却成为中国响当当的房地产品牌。我举这个例子就是想说，在中国经济增长非常快的时代，在各种潮流来的时候，我们应该知道自己的初心是什么，应该清楚自己该秉持什么样的心态。

下面再讲一下万科。

在当前情势下，有声音会说，王石是不是做错了什么。王石是不是应该怎么样。我不置可否。我的初心是把万科作为一个品牌，在跨房地产行业当中、甚至在国际上都有影响力，这是1983年我到深圳做企业时的愿望，至今未变。我的参照系就是二战之后诞生的一批像松下、丰田、索尼这样的公司。他们不仅仅产品畅销国际，而且他们对推动社会的进步扮演着积极的角色，我希望万科是这样的企业。当年是这样想的，现在也是这样想的，这就是我的初心。

万科目前发展是快了还是慢了，当然很快了。万科已经排在中国房地产行业的第一位了，2015年的销售额是2 600亿。

我在这里只举两个例子，我们从开发到现在，2014年我们的总量，我们手中的客户，差不多是1亿平方米，一百平方米算一户，就是100万户。100

万户，平均一个家庭 2.5～2.8 个人，那就是 250 万～280 万。这是 2014 年的情况。到了 2015 年，我们开始一个政策，要对外接物业管理。预计未来 5 年内，大概我们自己开发和接收的物业预计在 4 亿平方米，可以容纳 3 000 万以上的业主。我们有信誉、有服务、有质量，从保安、保洁，以及这些最基本的绿化，涉及社区的教育、娱乐、健康、养老等。你会发现这里的商机是"+ 互联网"，而不是"互联网 +"。

现在房地产流行 O2O，万科今年新开发了一个网站，专门做建筑设计。比如说万科本身是一个大业主、大客户，我把设计要求放在网上去了，就会被接单。刚开始是几十家公司，现在运转了大约 4 个月，已经有 2 000 多个设计和设计配套的公司在接业务，不仅是接万科的业务，中城联盟的业务、更多同行的业务都可以放上去。

根据市场的发展来看，行业的前景是无法想象的。当然市场是不平衡的。我们用了 40 多个城市进行比较，一线城市、个别的二线城市，是供不应求的，有 20 个城市基本上是平衡的，当然二三线城市是比较差的，鬼城也是有的。房地产几起几落，黄金时代过去了，风潮增长的时期过去了。比较务实的、有利于房地产发展的政策会跟着一个一个出台，这个机会是给我们这批不忘初心的发展商的。

我们把传统的和先进的结合起来，一步一个脚印地往前走，不忘初衷。

在整个城市化的过程中，即便是美国、欧洲的发达国家在实现城市化之后，房地产仍然是支柱产业——我们的春天才刚刚开始。

任志强详谈"万宝"之争

对于万宝之争，坊间有不少看法，其中比较有代表性的是华远地产的退休总裁任志强。任志强也是中国房地产业的一门舆论大炮，声量很足，传播力也很强。他在 2016 年元月 2 日的微博上详细提到：

过去的一年里和房地产相关的有两件大事。一是中央改变了对投资、投机购房的态度，从打击、限制到鼓励。这是一个根本性转变。自十四大鼓励个人财产性收入以来，住房是最基础的财产性收入，却一直被打击与限制。如今终于被正名了！很快将陆续出台有利于市场交易的政策。

二是媒体中称为房地产之争的事件，至今还没有个最终结果，却有着各种各样的评论与猜测。

我不是这次事件中的当事人，也不完全了解情况。但鉴于历史的原因，许多媒体都希望我能说说自己的看法。尤其是那个专门挑事的潘石屹，总想考验我的智慧。三番五次的在微博上让我评论这一事件。还说最纠结的不是王石与宝能而是我。

我没有万科的一股股票，很早没有利益关系了。无论结果如何关我屁事？我只是站在旁观者的角度，关注中国市场的发展。

首先这绝不是一股股票，很早我曾对一个记者说：哪有大股东与持有的资产竞争的道理。万科不过是宝能收购的标的物。股东之间的控制权之争是与华润的争夺。

如果说控股股东与管理层有矛盾，并非是争夺万科，而是争夺资本与管理层对公司的控制权。至少目前不能说这个企业是属于管理层的。尽管他们有少量的股权，但他们主要还是职业经理人，而非因投资人地位而获权参与经营管理。

一、如何解决企业发展和利益冲突

（1）最初的资本投入者，或说股东，同时也是经营者。这两者之间的利益是一致的。股东利益也是经营者利益。因此股东利益第一和唯一。

（2）当股东与经营者利益与职工（被雇用者）利益发生冲突时，股东开始兼顾职工利益。于是许多国家有了保护职工利益的法律。如德国、日本。德国甚至没有股权的职工代表（或工会代表）也会进入董事会或管理层。

（3）当有了职业经理人的委托代理制之后，二八定律让职业经理人有了特殊的地位，也有了对职业经理人的股权、期权激励机制。

（4）当股权上市并多样化时，又出现了"内部人控制"的问题。经理人可能控制企业，并用操纵财务与股票的手段谋求利用激励机制的不合理、不合法利益，如安然事件。于是许多企业取消了股、期权激励，重回股东利益第一。

（5）股权自由交易中，也可能出现大股东操纵和利益输送的问题。因此法律更注重保护所有股东利益平等，尤其要保护中、小股东的利益。兼顾经理人与职工利益。

（6）许多企业的创立来自于经理人。他们用自己的智慧和技术，提出了创新的概念。并用他们的优势去吸引投资者。此时，大多数投资者是财务性投资，因此最核心的是保护拥有创新想法和专业技术的经理人。于是又有了"毒九计划"的法律。

（7）市场竞争让企业形态不断变化，股东、经理人、职工之间的关系也随各种情况不同而变化。有资本说了算的，也有创业经理人说了算的。资本与经理人之间的矛盾越来越突出地成为企业成败的关键。

二、啥是职业经理人

（1）字典上没有职业经理人这一词汇。通称有专业管理技能的非投资者，也是被资本雇佣，从事委托管理的高级经营者，常常被授权代表资本做出决策。

（2）中国的情况比较特殊，劳动力、人力资本市场是在改革之后才发展的。许多企业则是先靠经理人创业之后，才引入资本或进入资本市场的。因此出现两类经理人。一类是没有资本，但创立了企业和品牌的。企业与品牌和经理人的品行、能力、声誉、影响紧密结合的。资本进入时依赖于经理人。一类是先有企业、资本，逐渐培养出来的或外来的经理人，他们更多依赖于资本。

（3）一般而言，经理人是被资本雇佣的。大多是资本选择合适的经理人。少量是经理人选择中意的资本。

（4）经理人也有自己的权利。他可以选择既有利于个人发挥最佳作用又有利于企业发展的资本。当然也有权拒绝资本的选择。拒绝包括阻止资本进入或拒绝接受委托雇用。

（5）通常创建企业和品牌，并被市场证明是成功的经理人，他们才有拒绝或阻止某些资本进入的选择权和实力。他们可以通过联合其他股东、不断扩增等手段，让想控制公司的股东耗尽实力，增加控制成本。

（6）经理人是无法阻挡合理合法在资本市场公开交易中进入的资本。当控股资本与经理人意见无法协调一致时，经理人可以选择离开。但通常这种情况会造成企业损失（如股票下跌）。大多投资者是不希望两败俱伤的。

三、资本收购什么

（1）资本可以以收购企业的资源为单一目标。无论这个企业的现状如何。资源包括：垄断牌照、稀缺矿产资源、厂房、生产线、土地、专利技术等。这与经理层好坏无关，也于企业的资本实力无关。收购者用自有的经理人团队、资金和市场竞争优势去获利（包括收购地产项目公司，上市壳公司等）。

（2）资本可以收购经理人团队，用资金支持优秀的经理人团队，扩大企业规模和市场份额，并获取长期利益（如当年华润收购华远地产）。

（3）资本可以收购企业或产品的品牌，包括市场份额、信誉、影响力等。以提高资本的知名度和影响力。并借扩大品牌获利（包括服装、化妆品品牌）。

（4）资本可以收购创新概念或单一技术。仅作为风险投资或财务投资。依靠创新者发财（如大量天使投资）。

（5）资本可以综合性收购。有些企业资源、品牌与经营者无法分割。要通盘考虑其效益的最优性（如华润收购万科）。

（6）有些资本的合并收购是相关企业的优势互补。即可减少直接竞争对手，又可形成规模效益，以利共赢（如打车合并等）。

（7）有些是恶意收购，目的是消灭竞争性企业或品牌，以让原有的品牌价值提升（如熊猫洗衣粉等）。

（8）通常而言，控股股东是要成家过日子，中小股东是小三，会"见利忘义"说跑就跑，不关注公司的长远，只关注股票的价格。但也有大股东操作股市套现，把中小股东抛弃了的现象。这些资本并不关注企业的最终结果。

（9）资本收购的目标和目的不同。因此有些与经营者密切相关，有些与经营者利益无关。但宝能的此次收购大约让管理层感到了危机。

四、万科的股权变化

（1）万科的控股权发生过多次的争议和转移。从君安事件到宝能事件经历了多次的变换。王石曾经主动地寻找过更有利于企业发展的资本，并且获得了成功。也让万科有了今天的优秀业绩和领先地位。

（2）万科是深圳最早的上市公司（零2号）。王石一直希望通过资本市场迅速让企业扩大发展。但最初的大股东在万科上市后，只拥有不到10%的控股股份，且无能力继续支持公司扩增又不减少股比。因此制约了企业的发展。王石多次说服大股东转让股权，吸引更有利于企业发展的资本进入。

（3）1997年夏，王石谈好将大股东股份全部转让给华远地产公司。当我带着支票飞到深圳准备签约时，到机场迎接我的郁亮告诉我，大股东公司换了新书记，收购有可能失败。第二天我坐在大股东公司的会议室等来的是大股东不转让股份的决定。

（4）两年后，我担任执行董事总经理的华润（北京）置地（王石是独董），先收购了万科在港交易的流通股，随后又收购了原大股东的全部股权。后因审批问题，改由华润集团作为收购方了。

正是由于这一控股股东的变更，才有了万科今天的成就。华润集团作为大股东不惜严格限制华远地产的开发权利，来支持万科的扩股增发与发债。这也是最终造成我与华润分手的原因之一。

华润集团确实是个很好的大股东。除了在资金上给予支持之外，还在管理制度，文化和发展战略上给予支持，并给了管理层充分的信任和决策权。甚至想让华远地产与万科合作，重组一个中国最大的地产公司。

（5）万科实行过多次股权激励计划，但零八年的危机，让管理层股权激励未能兑现。管理层没能控制一定的股比。虽然后来又有一些动作，可惜持股比例低，无法和大资本收购相抗衡。

（6）当宝能出现时，朋友们给了万科一些建议。也许王石认为民营资本不可能有机会获得控制权。虽然王石提醒了华润，并希望华润增持。当第一仗打完后，华润未再采取行动。宝能却大举进攻，让华润无法在股价高升之后再增持。于是就有了今天的股比变更。

（7）王石虽然在宝能只持有10%左右股权时就采取了行动，但却未能说服这个"不欢迎"的资本继续进入，并成了第一大股东。

（8）王石的停牌交易和兼扩计划（未知内容）是希望降低宝能的控股比例，及试看宝能的能力，也未知结果。

（9）如果收购资金是合理合法的，管理层最终是无法改变控股资本的。

五、宝能要干什么

其实宝能要干什么？宝能不说，外人只是猜测，我也仅是推论。

（1）宝能看上了万科的资产、品牌和管理团队，更看上了其市场地位和发展前景。借助于控股万科不但能提高自己的社会地位、融资能力，也能借万科的发展而获取更多分红和股权收益。

这样就需要宝能在获得控股地位，替代原有大股东之前与管理层友好协商并达成共识，使企业在变换控股股东后平稳过渡和长期繁荣。

现在看好像不是这样。从持有10%股权时的沟通就不能一致。反而在没有继续沟通时一跃变成了控股股东。

（2）存在着一般资本收购时会产生的幻觉：以为只要自己的控股权达到一定程度时，管理层会屈服于资本控股的现实，不得不接受和服从资本的指挥。

现在看好像也不是这样。管理层不但不接受和屈从于现实，反而会采取不利于控股股东的行动和宣传，更加剧了双方之间的矛盾。

（3）宝能收购时就只想收购和控制万科的资产和现有业绩。自己另行准备了一个比万科现有更优秀的管理团队，可以完全或部分替代，根本不需要考虑现有团队的意见。

但是否考虑过这样有可能形成对抗，并增加控制管理的困难和收购的成本呢？是否考虑过股票市场的价格变动可能影响其他中小股东的利益呢？资本与现有经理人的对决很容易造成双方的损失，且不利于企业的发展。

尤其是一个在社会和市场中具有举足轻重地位的管理层，一个与企业文化、品牌、形象都有着密切关系的管理层变动是会对企业发展产生深远影响的。

（4）宝能根本不关心企业与管理层的意见，也并不想改变现状。只想通过股票市场的操作获取浮盈（这个目标目前已经成功实现了），并利用这些浮盈加大杠杆的再融资力度（这个可能正在进行），然后进行下一个目标或一系列目标的收购（这个目标可能有困难），从资本市场中获利。

但目前看来，如果不能获得万科管理层的支持，这一连串的行动就有可能会中途休息了，只能实现前端，而无法实现后端。

（5）宝能也许想在获得控股权后再与万科管理层协商。只进入董事会或只调整个别管理者，以满足控制的条件，不改变万科的文化和基础。

但目前看来，这个目标也难以实现。万科的经理人团队是从创业开始积累的。不同于一般企业，有较深的感情和关联度，容易形成一致行动人。

（6）任何综合性收购都需要和经理人团队合作，以和平方式解决问题。哪怕是要解除原合作关系，也能找到双赢的方式。最可怕的是双方拒绝沟通而各干各的，这样可能是两败俱伤的结果。

任何收购，无论是市场还是股东，都希望看到资本与经理人的和平共处，形成双赢的局面。但目前尚未发现任何一方退让。希望在重新复牌之前有个好的解决方案，否则就会引起股票价格的波动。

（7）我不愿意相信宝能出于恶意进行收购。至少宝能希望通过收购赚到更多的钱。绝不可能是为了赔钱才去控股的。当然我也不愿看到公司失去市场竞争力。也许宝能早就想好了另外一条安全的退路。

02

交锋2016

王石首次披露"野心"

2016 年 1 月 29 日，万科发布公告称，公司 A 股股票将继续停牌，目前尚无法确定 2016 年 3 月 18 日前是否可以披露重大资产重组预案或报告书，如公司未能在 2016 年 3 月 18 日前披露重大资产重组预案或报告书或者复牌，或将继续停牌至 2016 年 6 月 18 日。

笔者在 2015 年 12 月 17 日就预测万科会停牌很久，当时说的是三个月到半年，现在已经基本可以确认。

几乎同时，王石在"天山峰会"的公开场合，再度系统阐述万科管理层对于万科未来的股权规划——万科需要的是国有股第一大股东。

在现场讲话中，王石强调自己当年可以变为第二大股东，后来的二十多年里面，也有很多 MBO 的机会，成为万科的大股东，但是他与他的万科管理

王石

层，都没有选择这样做——"万科是由一个地方国营公司变成一个上市公司，用现在的时髦话来讲，是一个典型的混合所有制企业。从国营改变到上市公司的时候，应该说我可以成为第二大，因为股权结构的改变，上市之前 60% 是国家的，40% 是企业的，最后 60% 变成了 40%，40% 变成了 25%，之后地方国有企业慢慢地转，我可以成为第一大股东，就像现在的民营企业一样的，虽然是上市公司，但是我们没走这条路。"

这是为什么呢？因为王石的理想是将万科做大做强，而不仅仅是成为小圈子一群人控制的公司。他是第一次如此清晰地表达了他对国情与时政的理解——"首先是国情，因为我有很大很大的做企业野心，在股份制改造的时候，公司净利润是 1 200 万，但是我的野心就是一定能做中国未来举足轻重的企业。既然举足轻重，如果你这个公司是一个纯的民营，举足轻重就会有危险。你要有民营的活力，要有外资的规范、成熟，但也要有中国国情、社会主义体制国有企业的成分。这么多年来，万科一直是国有股占第一大股东，过去设计是这样的，现在是这样的，将来也会是这样的。在民营企业，不管我喜欢不喜欢你的时候，你要想成为万科的第一大股东，我就告诉你，我不欢迎你。因为这是万科的混合所有制所决定的，虽然现在股权之争还在进行之中，但是结果非常清楚，混合所有制把多种因素结合在一块，我们为中国转型往前发展。"

由 2015 年 12 月中旬开始，笔者在系统分析万科宝能之争的各种层面时，就一直提醒公众，根据我 22 年来对于王石以及他的万科管理层的了解，他对于此次事件的表态都是真实想法，并非虚与委蛇。过去 20 多年，他对于自己在万科股份制改造时候的选择，多是说出了理由的表面——名利不可兼得，不想因为个人多拿股权而影响万科的发展。而这次，他和盘托出，要做大万科，就不能让万科成为自己的万科，不能成为小圈子的万科，同样也不能成为民营"野蛮人"担任第一大股东的万科。

所以，万科的重组是真重组。王石与现任管理层是希望通过这次危机引入合适的国有大股东，彻底解决困扰万科 27 年的股权分散问题。因此，这个重组复杂，策划难度大，谈判协商需要时间。

万科的公告称，因本公司筹划的重大资产重组涉及的资产、业务、财务等各方面核查工作量较大，且恰逢春节等节假日，公司目前尚无法确定 2016 年

3 月 18 日前是否可以披露重大资产重组预案或报告书。

万科表示，如公司未能在 2016 年 3 月 18 日前披露重大资产重组预案或报告书或者复牌，在公司 2016 年第一次临时股东大会审议通过相关议案的前提下，同意公司向深圳证券交易所申请公司 A 股股票因筹划重大资产重组事项，继续停牌至 2016 年 6 月 18 日。

万科没有披露具体重组对象。据万科公告，停牌期间，公司本次重大资产重组事项的相关工作正常推进并取得了一定进展。公司已与一名潜在交易对手签署了一份不具有法律约束力的合作意向书。公司除与前述潜在交易对手继续谈判之外，还在与其他潜在对手进行谈判和协商。当然，由于目前宝能系持股已经达到 24.26%，任何方案想要获得 2/3 股东通过都是一件艰难的事情。王石和万科管理层还需要时间努力。这时候万科停牌到 6 月中旬，属于合理利用规则，完全有必要。而且，王石和万科管理层也很有可能找到合适的国有大股东，赢得长治久安的局面。

王石在现场还道出了最真实的心底话——我还有点野心，我希望万科不仅仅今天存在，明天也存在。对于他 30 年来一手打造的万科，他这么想是完全合理的。

对于投资者来说，如果已经购入万科股票者，停牌到 6 月，焉知非福，说不定能够躲过上半年的股市大跌，迎来一个平稳周期。要知道：元月指数就大跌 22%，万科 A 如果复牌，在宝能强攻未遂的情况下，股价两个跌停板并不出奇。

至于宝能，既然他们挑选到 A 股里面最难对付的管理层进行猛干，相信对于风险也早有预备，所谓求仁得仁，他们如何腾挪，大家不需要担心。

大股东华润提出质疑

2016 年 3 月 13 日，万科公告称，深圳地铁拟注资 400 亿～600 亿。不过，3 月 17 日，在一次临时股东会结束后，万科二股东也是此次股权之争的亲密战友华润却突然发声，"3 月 11 日万科开了董事会，讨论 21 个事项，但不包括万科与深圳地铁合作这一项。"

华润集团董事长傅育宁通过财经报纸，对万科管理层在资产重组的过程之中是否合适直接质疑。这引起不少关注，担心宝万之争的剧情是否又有新的波澜。

不过，在笔者看来，此举只是茶杯里的风波，不会影响万科资产重组的大局，万科管理层基本上还能控制进展节奏。截至此时已经出现的有万科、宝能、安邦、华润与深圳地铁，算上中小股东已经是六方。未来还可能出现第七方。

大股东华润与万科管理层有不同意见，尤其是摆到桌面上交流，其实对于中小股东是好事。

试想，假如你是小股东，你希望看到以下哪种情形呢？

（1）大股东与管理层关起门来，找个小黑屋商议停当，然后出来笑嘻嘻地宣布一个低价增发的结果，中小股东只能接受既成事实。

（2）现在这样，大股东公开提醒管理层要注意公司治理制度和治理结构。这样，大股东自然也会对自身行为有要求，最后达成的资产重组相信会对原来的股东（当然也包括了中小股东）更有利。

显然，第二种情况更加符合市场原则，也更能达成共识。

3月19日，据《中国经营报》报道，傅育宁在接受采访时表明了华润的立场。傅育宁首先表示，"万科处于发展很敏感的时期，在中国房地产行业很有影响，做得不错，管理团队很专业，一直支持万科团队发展。"这是对于万科的王石等管理层的充分肯定。

当然，就万科与深圳地铁的牵手，他对于程序是有意见的。他指出，"17号股东会之后，股东代表向媒体披露的这件事是一件令人遗憾的事实。华润支持万科发展，同时也高度关注良好的公司治理制度和治理结构对一个公众公司是更重要的，尤其是对长远健康发展。"他的第三句话是："我们的股东代表说的是事实"。

傅育宁还告诉《中国经营报》记者，"如此重大的事项，11号开会的时候谈了21个题目，只字未提这个事，第二天，就披露了股权对价、交易资产规模、支付方式，这合适吗？"

可以说，傅先生的提问很好，万科管理层无疑需要继续关注公司治理，尽量做好。但是根据万科管理层一贯的风格来说，未来在资产重组之中应该会更加谨慎，更加协调好各方利益，也就是所谓的把这盘残局下好。

毕竟，这是中国资本市场上最大的一宗资产并购案例，能否实现多赢，能否为资本市场树立一个良好的榜样，非常值得期待。

这场商业大片的剧情继续发酵。

2016年4月8日晚，万科公告，宝能系旗下钜盛华将其全部表决权给了宝能系的前海人寿。至此，前海人寿和钜盛华合计持有万科24.29%的股权，宝能第一大股东的身份再次得到确认。

此公告出来后第二天，财新网报道说，看上去立场截然对立的华润和宝能其实一直在接触，早前就在谈判，最近又在谈判。于是，有人就预测，这次很有可能是华润去接宝能股票的盘。

万科宝能事件爆发后，外界一直在不停地猜测，之前大家几乎都猜错了，但还是忍不住要猜。我觉得，大家入戏太深，万科、宝能、华润这三者无论谁赢，都是它们自己赢，而你既不是万科，也不是华润和宝能，你硬要强作解人，代入他们的思维去猜，不一定猜得对。

我们举一个最简单的例子。华润是老的第一大股东，宝能是新的第一大股东。老的第一大股东只有15.29%的股权，而宝能有24.29%的股权，15%的股份去接24%的股份？想多了吧？应该是谁接谁的盘呢？

如果华润当初有这么多钱，它早就出手了，何必等到现在这么高的价位来接呢？而且，华润是央企，央企要去接手宝能已经明显抬高股价的股票，是这么容易的吗？还有，大家都说，宝能的姚老板不要面子，只要里子，只要能赚钱就行，但关键是他当初买股票的时候是有成本的，现在万科股价处于历史的高点，多出来的溢价他只是看得见但是吃不到。真是大宗交易的话，他的这些万科股票还要打折卖给华润才行。这样下来他还能赚多少钱呢，能全身而退吗？所以，华润接手宝能系所持万科股份这个想法未免太简单了。

至此，这个游戏中至少有八方在万科这个股权市场上猛烈地搏杀，万科管理层是一方，华润是第二方，宝能是第三方，以前出现过一段时间后来又消失的安邦是第四方，深圳地铁是第五方，中小股东是第六方，深圳的地方政府是第七方，万科已经签约的一个潜在的没有约束力的合作方是第八方。在这个八方博弈的情况下，各位看客贸然把自己代入哪一方，都很容易判断失误，因为这个事情早已超出了两方或三方博弈所能决定的层次了。相当于不是三元方程式，而是七元方程、八元方程，复杂程度高了好多倍！

事实上，在 2016 年 3 月的特别股东大会上，假如华润或宝能要否决万科和深圳地铁的合作，它当时只要投反对票，除了万科回避的那部分，以原第一大股东和新第一大股东加起来接近 40% 的股份否决，这个讨论的方案根本不会通过。

因此，这个游戏不能用简单的阴谋论去看待，不要去猜幕后有多少交易和利益交换。万科宝能事件已经摊开在阳光下，大家都看得见。如果再有交易和利益输送，就必须在台面上说得过去才行。

大家最多做个万科的中小股东，而中小股东应该乐观其成，乐见其开撕，他们互相掐得越厉害，越有利于以后万科的资产重组，定价才会有个公允价值。如果他们所有人一团和气，表面上是相亲相爱的一家人，那么大家作为小股东就要害怕了。

故而，现在无论是七方八方，让他们继续博弈，未来股东大会的投票上才真正见分晓。而且事实上，说来说去，无非就是价格、价值的问题，如果深圳地铁购买的资产价格合适，新老股东都觉得划算，大家就会通过；如果价钱太高，吃亏了，就不通过。这里面说穿了就是市场博弈，中国资本市场难得一见这么资本化的市场博弈。

这个游戏里谁都代表自己的资金说话、为自己的利益代言，就像电视剧《潜伏》里面著名台词说的，同样两根金条，你能说哪根是高尚的，哪根是卑鄙的吗？

万科控制权争斗进入肉搏阶段

2016 年 6 月 26 日，是一个闷热的周日，也几乎是全年最难熬的一天。扰攘近一年的万科控制权争夺战，进入了白热化阶段。

当天上午 8 点 26 分，现任万科董局主席（也是万科 30 年来唯一的一位董事长 / 董事局主席）的王石，在朋友圈发出少见的饱含情绪的感慨：当你曾经依靠、信任的央企华润毫无遮掩地公开和你阻击的恶意收购者联手，彻底否定万科管理层时，遮羞布全撕去了。好吧，天要下雨，娘要改嫁。还能说什么？

这条帖子下面的各种点赞与回复，短时间引爆，气氛凝重，担忧者有，鼓励者有，祝福者有，打出落泪符号者也有。其中也包括了我的两条。

之后在 10 点 57 分，王石又在朋友圈说：人生就是一个大舞台，出场了，就有谢幕的一天。但还不到时候，着啥子急嘛。

这次下面的回复，情绪轻松不少。

但是，下午宝能的出招使得这短暂的轻松又烟消云散。

在提请万科召开 2016 年第二次临时股东大会的通知上，姚振华要求罢免包括王石在内的本届董事会的全部董事，还有监事。

君子报仇十年不晚。投入几百亿元在这次控股权争夺战，并且遭受了各种冷嘲热讽的姚振华，在长达一年的乱战中异常沉着，等到 6 月 23 日，华润明确立场后，才显露锋芒，亮出杀招。

万科管理层与大股东华润的矛盾的公开也是出乎绝大多数人意料。在经历了宝能系的股权争夺战之后，万科为了防卫"野蛮人"入侵所引进的深铁计划从一开始就遭到了华润的反对。从 3 月 17 日股东大会后公开表达对管理层的不满，到华润集团董事长傅育宁接受采访时言论："如此重大的事情在 11 日的董事会议上只字未提，第二天就签订了一个又是股权对价，又是交易资产的规模，又是支付方式的备忘录，这合适么？" 6 月 17 日万科董事会将矛盾放到最大。不仅仅是通过媒体，华润集团在 6 月 18 日第一次通过官方声明的方式明确表达了对于重组议案的不满，并从法律层面质疑程序的合理性。到了这一步，万科这场闹剧已经不再是阻挡民企"野蛮人"的常规戏路，已经转换成了持股仅为 4% 左右的万科管理层与资本方的正面战争。这也有可能是中国企业发展史上管理方与资方战争中规模最为庞大的一场战役。

当然，宝能对华润的亦步亦趋，则多少显得有些怪异……明明也是个千亿规模的民企大亨，却要去当急先锋趟地雷，未见其利，先见其弊，何苦来。

言归正传，根据万科的公司章程，收到超过 10% 的股东提出的召开特别股东大会的提案，将要在 10 个工作日内回复。所以，接下来的交锋会更加激烈，还有潜在力量推动变局。

2016 年 6 月 27 日下午，万科 2015 年度股东大会召开。面对三十个问题，王石与郁亮饶有分寸，言之有物。万科的股东大会视频直播以及衍生的各种社交媒体报道，让人眼花缭乱。

当然，发布会结束之后，也有新闻。

深交所 6 月 27 日向华润及"宝能系"分别下发关注函，要求双方各自说明，二者是否存在协议或其他形式的安排，以共同扩大所能支配的万科股份表决权数量，同时须对照《上市公司收购管理办法》说明是否互为一致行动人及其理由。深交所提及：近日多家媒体质疑，华润及"宝能系"存在诸多接触，亦有同时宣布联手否决万科深铁重组预案之举，涉嫌形成关联和一致行动人关系。

监管层显然也不敢大意。就像另外一名地产大炮预言的那样，万能险的资金再加杠杆去二级市场上买股票，对于资本市场来说，就是埋雷，人为制造风险。

6 月 27～30 日这几天新闻不断。万科史上最强的股东大会直播之后，新华社也发表评论谈万科事件的社会影响。

接下来，是傅成玉撰文谈万科事件。这几乎是这位前央企高官罕见的为不是自己公司相关的事务撰文吧！

重庆市市长黄奇帆，竟然也在毫不相干的场合，主动谈起万科事件，还强调，不是为王石支招。

6 月 29 日中午，我专门走访老朋友陈久霖，他对于最近的万科事件，提出自己的建议，并且专门录制了一段视频。

陈久霖①，中航油事件的当事人，后来为此进入深牢大狱，对于明星企业家被阻击以及突然遭遇人生低谷都有自己的深切体会。因此，他对笔者说，这个事件非常典型，他稍后会有一个详细的现场讲座。

而在此，他先说两点：

（1）事件还在发酵，提醒各位注意，当事人的风险依然存在。虽然他不想这么说。但是当年中航油事件之中他被人出卖的记忆历历在目。

----

① 陈久霖，又名陈九霖，1961年10月20日出生，原中国航油（新加坡）股份有限公司执行董事兼总裁。在他执掌期间，中国航油净资产由17.6万美元增至1.5亿美元，增幅852倍，市值超过11亿美元，是原始投资的5 022倍，缔造了一个商业传奇，因此被称为"航油大王"。不料，2004年，中航油石油期货交易出现巨亏。自2004年10月26日起，中国航油集团指令中国航油在高位全部斩仓，5.5亿美元的亏损成为事实。2004年11月30日，中国航油向当地法院寻求债务重组。2006年3月21日，新加坡初等法院对陈久霖做出判决，陈久霖必须服刑四年零三个月，同时遭罚款33.5万新加坡元。多家杂志媒体曾撰文认为陈久霖是一颗"弃卒"，即类似于象棋中"丢卒保车"的那个被遗弃的卒子。在新加坡监狱度过1 035天，并在此后经历多重劫难的陈久霖，出狱回国，再战商界，其在低位反弹力度迅猛。复起的气势，在我看来，堪比褚时健。

（2）企业家要反思借鉴，创业做大生意非常不容易，期间非常辛苦，因此一定要学会保护自己，尤其是要建立合理合法的保护自己权益的合适的制度——例如合伙人等。

2016年7月4日，在深圳证券交易所挂牌的000022万科A复牌，开盘直接跌停，较12月18日的停牌跌去10%，报收21.99元，截至收市时仍有约777万手卖单（近140亿元）封死跌停。但与万科A股走势相反，一直没有停牌的万科H股当天低开高走，收市涨6.71%，报16.22港元。

笔者以为，演变至此，宝能系要大胜很难。

理由如下：

（1）华润已经动摇，其对宝能系的支持有限。难以一致行动，其后续股东层面的施展受到束缚。

（2）宝能以蛇吞象，发起阻击，资金压力重重，杠杆融资的阴影始终存在，不利于久战。

（3）黄奇帆、傅成玉的发言有代表性，新华社三篇评论，陆续显示出监管部门对事件的高度重视，民企宝能控盘万科的逆袭难度大增。

（4）罢免全体董事监事的提案用力太猛，反而形象不好。尤其是提出不了新的董事候选人，又没有改组万科管理层之后的详细方案，格局低了。

展望后市，应该还是各方妥协的可能性更大。深圳地铁还是会进来，华润保住第一大股东位置，宝能出让部分股份，有利润逐步退场。姚老板是生意人，求财不是求气，退一步海阔天空。

十方混战，万科跌停

万科复牌第二天继续跌停，但是正如所料，宝能系生产自救，在万科A尾盘上演凶猛一幕，万手大单疯狂买入，冲击跌停板。盘面上，频现5万手、6万手的大单。收盘阶段15分钟成交近36亿，占全日成交额的90%以上。晚间万科发布公告说明股票交易异常波动原因。万科称：钜盛华7月5日购入

A 股股票 7 529.3 万股，本次购入股份数量占总股本的 0.682%，耗资近 15 亿。钜盛华及其一致行动人本次购入后持股升至 24.972%。因此宝能系若再增持 0.03% 的万科 A 股即触发第五次举牌。

从持股量上来说，这区区 15 亿元面对 100 多亿的抛盘可谓杯水车薪，并不能产生逆转。但是宝能也不能什么都不做，坐以待毙面对第三个乃至第四个停板，因此尾盘这么一来，会给市场人士两个信号：

其一，宝能还会买，我不能卖低了，所以卖盘量会降；其二，宝能在买，我们跟一点吧。两种作用力之下，万科第二天至少收盘不会跌停。

当然，希望万科 A 的股价当天就反转上升的话，未免乐观了一点。

至此粗略统计，牵涉入万科控制权争夺的，已经有十方！

（1）万科的管理层，以万科创始人，董事会主席王石为精神领袖，总裁郁亮以及一千多名万科的事业合伙人级别的经理人为主体。

（2）宝能系，以创办人姚振华为首领，下辖宝能地产、前海人寿、钜盛华等等多家子公司。本次对万科进行恶意收购的发起方。

（3）华润集团，是 2003 年归属国务院国有资产监督管理委员会领导下的中央企业。华润现任董事长傅育宁，出生于深圳蛇口。

（4）安邦保险集团股份有限公司是中国保险行业大型集团公司之一，2015 年 11 月，安邦已持有 6.83 亿万科 A 股，约占万科总股本的 6.18%，成为"宝万之争"中举足轻重的力量。

（5）其他中小股东。除了前面所述的四方持股之外，还有近 50% 的中小股东，其中包括 234 只基金，占流通股比例的 3.24%。

（6）深圳地铁，是万科管理层 2016 年 3 月引入的白骑士。

（7）潜在的另外一家大机构。这是万科公告之中透露的，万科在停牌重组之后，一度披露除了深圳地铁之外，还有一家潜在的合作方，签订了没有约束力的合作协议。

（8）深圳地方政府。

（9）监管部门。

（10）社会各界。不仅经济学家、管理学者与财经评论员对此发言，甚至娱乐圈人士以及女权主义者也都振振有词，评议纷纷。

都说经济走 L 型，都说现在银根紧张，现金为王，但是 7 月 6 日的 A 股市场上，偏偏有人就是这么任性！

延续 7 月 5 日尾盘扫货的热情，万科 A 在 7 月 6 日毫无意外的打开跌停。当天，该股股价以 19.1 元低开后快速拉升，早盘一度升逾 5%，全天成交 201.6 亿元，创下单日成交金额的历史新高，换手率高达 10.59%。占到深市当日成交总额的近 5%。

看来，不少有钱人真金白银冲进市场接了万科 A 的抛盘。

这些豪客是宝能吗？至少表面上不是。

万科 A（000002）7 月 6 日晚间公告称，公司于 7 月 6 日收到公司股东深圳市钜盛华股份有限公司（简称"钜盛华"）关于权益变动的通知。2016 年 7 月 5 日至 7 月 6 日，钜盛华通过资产管理计划在二级市场增持公司 A 股股份 7 839.23 万股，占公司总股份的 0.71%。本次权益变动完成后，钜盛华及其一致行动人前海人寿保险股份有限公司，合计持有公司 A 股 27 亿股，占公司总股份的比例为 25.00%。

也就是说，按照公告，7 月 5 日和 7 月 6 日两天，宝能只买了十几亿元的万科 A。当然，我们先得相信宝能自己的披露。按照《上市公司收购管理办法》规定，此后两个交易日，宝能系不得再增持万科 A。但是，至少也可以说，这冲进去的 200 亿元，除了散户，肯定也有不少宝能的小伙伴。由于宝能系的志在必得，往下，只需要有小伙伴能够配合，持有 9% 左右的股份，总共控制投票权 34%，就能够几乎否决任何万科董事会的决议，牢牢地左右万科的未来。这对于万科管理层来说，是悬在头上的达摩克利斯之剑。

此时可以说宝能系方寸不乱，步步紧逼。尤其是姚老板已经度过了可能的接连停牌的最坏情况，相当于大水的洪峰已过，未来压力就到了万科的管理层一边。在华润的态度没有根本改善之前，这一届的万科董事会，还有一些周旋应对的空间。但是，时间真的不多了。

2016 年 7 月 7 日晚上，有善良的网友到处流传一份所谓的万科控制权争夺的解决方案，其中有一条就是万科转为国有企业。当然，这个方案错漏百出，有很多常识性错误，肯定是不准确的。例如，其中说深圳地铁与华润接盘宝能系购买的万科股票，还要给予宝能系财务费用的补偿。这种方案，肯定不是体制内的人能想象的。这是赤裸裸地要央企国企给民企补偿，这里国有资产流失的天大责任谁来负责？

这类信息，只要是提到让央企国企补偿民企的，肯定不靠谱，大家看看一笑置之便可。

当然，万科在周四当晚，也迅速发出公告，说对此事一无所知。不过，大家是否想过，万科现在是什么性质的公司？

按照万科自己的定义，万科企业股份有限公司是股份制企业。这还是差不多 30 年前没有办法下的办法。

当日深交所向万科发出关注函，要求其说明将转变为国有控股企业的传闻是否属实。

以下为问询函全文：

万科企业股份有限公司董事会：

近日，多家媒体报道称，华润、深铁将溢价收购宝能系所持有的你公司股份，华润、深铁分列第一和第二大股东，你公司将转变为国有控股企业。同时，你公司通过自媒体称毫不知情。

我部对此表示关注。请你公司向华润股份有限公司及其一致行动人、深圳市钜盛华股份有限公司及其一致行动人、深圳市地铁集团有限公司及其一致行动人（以下简称"相关方"）核实后说明以下事项：

（1）上述媒体报道是否属实，如属实，相关方是否遵守了本所《股票上市规则 (2014 年修订)》第 2.3 条的规定，并请补充履行信息披露义务。

（2）在自媒体发布信息前，你公司就上述媒体报道向有关当事人的问询情况，以及你公司的行为是否遵守了本所《股票上市规则 (2014 年修订)》第 2.14 条和第 2.15 条第一款的规定。

（3）你公司认为需说明的其他事项。请你公司在 7 月 12 日前将相关说明及证明文件书面函告我部并对外披露。同时，提醒你公司及全体董事严格遵守《证券法》《公司法》等法规及《股票上市规则》的规定，及时、真实、准确、完整地履行信息披露义务。

特此函告

深圳证券交易所公司管理部

2016 年 7 月 8 日

保监会主席发声与价值百亿元的教训

万科控制权争夺战，歇了几天又卷土重来。而且一如所料，剧情越来越跌宕起伏，除了证监会与深交所之外，保监会也来发声了。不过，这个事情来得有点晚，早该如此，本来这个前所未有的事件的主角就是监管部门，否则光让利益主体搏杀，局面就不可收拾了。

2016年7月21日，深交所向万科和钜盛华分别下发监管函，指出万科和钜盛华的违规行为，并表示对两者采取发出监管函、对主要负责人进行监管谈话等措施。这可是之前一直没有的做法，可谓亡羊补牢，非常必要。

同样是在21日，保监会主席项俊波在"十三五"保险业发展与监管专题培训班上表示，保险业为过剩产能行业的并购重组提供资金支持，决不能让保险公司成为大股东的融资平台和"提款机"。

这个还不是最厉害的，下面这一段也是项俊波主席的发言，所指就更加明显了。

下面我重点强调一下新问题，也就是热点问题引发的风险。这几年，少数公司进入保险业后，在经营中漠视行业规矩、无视金融规律、规避保险监管，将保险作为低成本的融资工具，以高风险方式做大业务规模，实现资产迅速膨胀，完全偏离保险保障的主业，蜕变成人皆侧目的"暴发户""野蛮人"。这些保险公司激进的经营策略和投资行为，引起了社会的广泛关注，经过媒体、网络的放大效应后有些问题甚至成为社会的焦点问题。对于这些热点事件，尤其是负面新闻炒作的问题，如果不积极主动地应对，就会产生大范围的不良影响，甚至造成严重风险。比如，之前社会上出现了对万能险的大量误解、曲解甚至是抹黑的言论。保监会通过权威专家解读、加强新闻发布、邀请媒体采访等方式，做了大量的舆论引导工作，阐释依法监管的原则立场，取得了较好的效果。但是很少有保险公司主动站出来，澄清社会上的错误认识，维护行业赖以生存的环境和土壤。全行业要深刻地认识到，保险业的声誉是全行业共同的财富，如果行业形象破坏了，所有公司的利益都会受损。总之，全行业要高度重视声誉风险，不断加强舆情监测，提高和媒体打交道的能力，完善突发事件应对预案，学会发声、主动发声、统一发声，努力降低负面新闻炒作的可能性，有力维护保险行业的良好形象。

本来不应该大幅引用新闻稿件，但是这个事情太特殊，任何断章取义，都容易误导大家。以上这段话，有提醒、有警示、同时也有维护。保监会主席还是爱护保险公司的。

万科控制权已经进入第三季，也就是最后阶段。当扒粪大战演化到泼粪大战之后，兹事体大，影响早就超出一家公司的范畴了，因此监管部门显然是不得不表态了。

撇开感情因素与个人好恶来说，宝能购入万科股权引发的一系列万科控制争夺与股权博弈，确实是中国股市上的大事件，牵涉的价值数千亿。而因为这件事太新，再加上中国特殊的国情，因此各方在其中支出的学费不少。

例如，宝能系持股万科比例为 25.4%，但是万科 A000002 的股价目前只是 17 元左右，距离峰值 24.34 元跌去 3 成，宝能由账面盈利 230 多亿元，变成接近亏损，涨落之间，得失触目惊心。而万科也因为信息披露不规范遭到证券交易所的谴责。双方为此付出的商誉损失也是百亿规模的。因此，旁观者也应该吸取这些教训，尤其是在中国股市买卖股票的朋友更加不可不察。

华景智库的佟景国先生，是《深商你学不会》的作者，也是著名的深商基因研究首创者。他在总结此事教训的时候分析提醒：

"万科之变"的第一个关键事件：2015 年，宝能集团以通过两家公司为主要形式进入万科，成为万科的主要股东。这实际上宣告了这样一个值得大家关注的事实：资本市场的运作、股东结构的调整也成为了纯市场行为。或者说股权结构是资本市场竞争的结果，而不是哪个人可以安排的。这也是华景咨询最近几年一直强调的，中国企业进入了全要素全市场化的经营。

这个角度是之前中国企业很少考虑到的。即使是万科这样的资本市场优秀生，在与股东沟通方面还算一直不错的，这次也没有给出很好的答卷。

佟景国先生强调：什么是全要素全市场化的经营？原先决定企业成败的是

商品市场的经营，即考虑如何找到消费我们产品和服务的客户，如何在他们那里拿钱，这是单一市场经营时代。现在进入了全市场的经营时代，不仅要经营消费者，同时我们的股东也是需要经营的。我们经营的不好，股东处理不好，会让我们整个企业受到很多伤害，至少是干扰。比如大家熟知的万科一系列的事件带给万科管理层的干扰。我们从单一市场的经营转向全市场的经营，这是"万科之变"的第一个现实意义。我们每个企业的创始人和董事长、总裁都要全市场的经营，既要经营好资本市场，又要经营好商品市场。

事实上，在商品市场的经营越是成功的公司，越容易在资本市场上遭遇暗涌。因为过分自信，也因为中国资本市场的规律还比较粗糙，不时有黑天鹅事件发生。商品经营的佼佼者，在资本市场的经营，往往不能匹配，经常存在结构性的大隐患。万科尚且如此，其他大大小小的公司就更应该注意了。而作为股票投资者，以后分析自己的股票池的时候，就得多一个维度，看看这家公司除了主业突出之外，在资本市场有什么措施，与股东的沟通机制是否完善。否则匹夫无罪怀璧其罪，选错了标的，到头来损失的还是自己。

佟景国先生还非常深刻地提问——企业到底该听谁的？

这个问题为什么在"万科之变"上显得那么重要？佟景国认为：

万科这家企业有两个特征决定了这个问题是非常复杂的，第一个特征，以王石为首的管理团队不是职业身份的职业经理人，也就不是先有股东，股东聘请来的职业经理人，而是这家公司的创始人，华景咨询将这类角色称之为企业经理人而不是职业经理人。管理者对这家企业的影响力是不一样的，这是让这个问题复杂的原因。第二个特征，万科这家企业的业绩是非常好的，如果业绩非常差，这个问题就非常简单。在房地产行业处于领头地位，各方利益相关者在企业"听谁"的问题上出现了争论。万科这家企业自上市以来一直是多市场经营的。不是股东选择了王石，而是王石选择了所有的股东，包括华润的引进替代原来的特发集团，包括其他各类股东，以及2015年搞的事业合伙人计划，实际上是这家企业的创始人引进了这些股东。

事实上，企业听谁的，绝非看上去这么理所当然。这个问题在万科案例之中，就变得非常复杂。佟景国认为：

我们如果从传统的股东会、董事会、监事会和经理班子这个叫三会一班子简单静态的框架来分析万科该听谁的，我认为显得太单一化。我看过很多媒体包括很多专家，包括哈佛商业的评论，关于这个问题认识基本上是错误的。为什么是错误的？股东大会意见基本无法统一，董事会也是独立代表中小企业的股东的利益。以另外一个大股东华润为主的派出的董事构成，董事会也不是完全一个声音的。在实际操作中，股东会、董事会，决定企业命运的一个是最大的所有者，即最高权力机构。一个是管理者，即最高管理机构。这两个机构在意见达成一致上，都有那么多不确定因素，那么让万科这家企业在"听谁的"问题上就出现非常大的问题。

这就是说，现在一种简单粗暴的说法——股东意见最大，王石等管理层不喜欢就离开——看来是不太成立了。佟景国认为：

GE第一大股东只有百分之四，股权比万科还要分散的多，我们熟悉GE十年之变的人都清楚，韦尔奇也是"为所欲为"，如果我们用宝能系的观点来分析更是内部人控制。但GE没有出现股东对韦尔奇如此的处理，而王石身上却出现了这样的事情。万科之变，第二个需要参考的案例就是乔布斯，苹果的创始人。随着企业的规模化和股东的多元化发展，乔布斯被驱赶出走，这是大家都熟知的故事，在苹果岌岌可危的时候，又被股东会请回来重新执掌苹果，从而缔造了苹果第二次辉煌。

所以，他的看法是王石这个事件不要简单地从狭隘的道德、狭隘的生活，或者自己的家庭生活，或者作为普通员工的视野，甚至中基层干部的视野来看。以这些视野来看王石或者万科的走向，他认为太狭隘了。

佟景国提醒：

我们要真正的从一家企业来看，把一家企业的治理结构拉长到更广阔范围，在全球、在百年企业发展历程来看，万科之变告诉我们最有价值的问题——一个企业到底该听谁的。GE、苹果、万科这三个案例捆在一起分析的时候，我可以立刻告诉大家，企业到底听谁。一个企业听谁的，是看一个企业由几部分人构成。企业的利益相关者第一个是股东，第二个是客户，第三个是员工、职业经理人和企业创始人，第四个是供应商，第五个是公众，包括政府等等。

在企业的业绩高峰阶段该听谁的，实际上讲谁能给这家企业带来业绩，就该听谁的。佟景国认为，回答万科公司到底该听谁的这个问题很好，而正确的答案是——业绩创造权决定了万科的话语权。我们必须认识到业绩创造权，不是我们传统所理解的概念。作为优秀的企业，组成它的五大利益相关群体，是为了满足各自所需的，并不是简单的权力之争，而是利益之争。让王石离开，股东说什么你就做什么，可以讲宝能、华润都不能代表，宝能、华润的股东都不能和万科的股东划等号。除非你拥有万科百分之五十一的股权，最好拥有百分之六十七以上股权，你这个股东就可以和大股东划等号。不能把大股东简单的、任性的等同于股东。从之前的会议情况来看，百分之三十一的股东支持王石，坦率地说因所有利益相关者的无知而使得未来的万科之变会更加扑朔迷离。

在《聪明的投资者》一书之中，作者就分析过股东与管理层存在三级关系。第一级是法定权力机制。在这一级，股东具有至高无上的权力，根据股东的多数意见有权雇用和解雇管理人员，并使他们能完全依据股东们的意愿行事。实际上，证券交易委员会已经采用一系列代理原则（这些原则已在大量公众股公司中采用），以便于股东发表意见，并求得共同支持。

第二级是股东权力在实际运行中是否得到贯彻实施。在这一级中，作者的描述很传神，很能反应最近宝能与之前的华润的状态。在作者笔下——股东近乎于一个"失败者"。除非受到猛烈攻击而被迫采取行动，一般情况下，他们显得既无才智又反应迟钝。他们对管理层的提议如绵羊般动作迟缓，在管理状况很差时也不迅速采取行动去通过公司决议或委任新的管理职务；而采取行动的决定都是由单个股东或某一小团体来完成，因此这些决定良莠不齐，有些值得支付，有些毫无意义。如果股东内部反对派在持股上有很大比例，他们可以获得足够的票数使提案通过，届时无论提案多好也得不到支持。同样，我们也几乎找不到这样的案例，即最初由普通股股东投票通过而被管理层反对的主张能得以执行。

第三级是股东是否得到管理层的实际对待。这种情况绝不说明公司状况不好。典型的管理层应建立在真诚、胜任和平等的关系上，从而做出正确的决策（尽管偶尔也决策失误）。或许我们能得出如下结论：出色的管理层造就愚笨的股东；而一旦效率低下，欺诈善骗的管理人员掌握生杀大权，则迫使股东们迅速清醒过来并采取行动。

所以，从三级关系来说，都在万科控制权争夺事件的一年多进程之中得到充分体现。但是有一点可以肯定的是，在目前的这个状态下，万科公司，可能最需要听的是监管部门的建议。当然，各个监管部门看着这个烫手的山芋，也是不太想管，又不得不管。但是在不希望局面进一步恶化的大前提下，很可能最后的谈判各方进行的妥协，还得在监管部门主导下才能达成。

恒大介入，股权争夺战升级

万科股权大战处于胶着的时候，又插入了关键一方——恒大。2016 年 8 月 4 日，有传言说恒大和许家印买入万科股份已达 2%。当日下午 1 点多，万科 A 股突然出现直线拉升，一度上涨 5.59% 至 18.88 元 / 股，随后出现短暂波动后再次迅速上涨，并于 3 点左右涨停，收盘于 19.67 元 / 股，成交额达 69.83 亿。而万科 H 股也上涨 3.22%，收盘价位 18.60 港元 / 股。

根据龙虎榜信息，当日买入金额最大的前五名均为证券营业部，其中前三均是位于广州的证券营业部，合计买入 22 亿，第一创业广州猎德大道证券营业部买入 9.21 亿居首位。前三名的证券营业部均位于恒大广州总部附近。

当日晚间，恒大公告称，已买入万科 A 股份约 5.17 亿股，占万科已发行股本总额约 4.68%，耗资约 91.1 亿元。

根据公告数据计算，恒大购买万科 A 股份每股成本约 17.63 元，4 号当日最低报价为 17.60 元 / 股，且在该报价并无超过一万手的大单买入，这意味着近期万科 A 的上涨有着恒大的影子。

恒大为何加入这场混战？恒大在公告中表示，万科的财务状况非常好，看好这家公司。

2016 年 8 月 8 日晚间，万科公告，恒大在 7 月 25 日至 8 月 8 日透过广州市昱博投资、奕博投资、悦朗投资、凯轩投资、广域投资、欣盛投资、仲勤投资七公司已增持万科股份至 5%，按成交均价 18.06 元估算，涉及金额近百亿元。继 8 月 9 日宣布增持万科达到 5% 之后，8 月 16 日，恒大发布公告称，截至 8 月 15 日，已收购约 7.53 亿股万科 A 股，占到万科总股本的 6.82%，耗资约人民币 145.7 亿元。而万科的股价一举创出自 2008 年 4 月 14 日以来的逾 8 年新高。

恒大集团的许家印是中国富豪榜上的一员，也是中国房地产行业里的一员。事实上，2012年上半年的数字显示，恒大的销售额已经逼近万科，成为房地产业第二。许家印的加入跟原来的宝能姚振华截然不同，许家印不仅是做房地产，而且是专注做房地产，正儿八经在房地产业投入了很多精力和资源，且做得确实不差，假如说，宝能没有能力接盘万科，但是恒大集团是完全有可能接盘的，这样一来，也许这个较量的天平会进一步倾向万科管理层的对立面。可以这么说，随着新加入的机构越来越多，它们跟现在的管理层达成共识的变数就越来越大，对王石和万科管理层的压力越来越大。

2016年8月22日，周一，万科2016中期业绩发布会开始。这不是股东大会，也不会有表决，所以对于轰轰烈烈的万科股权争夺战，也不会构成决定性的影响。但是会上披露的信息，还是比较有价值的。

首先，出席此次发布会的高管只有万科董事、执行副总裁王文金，执行副总裁张旭，执行副总裁孙嘉，董事会秘书朱旭。而官方宣布，万科董事局主席王石、总裁郁亮因处理股权事件缺席发布会，这是以往少见的。万科一向重视业绩推广活动。在2003年非典期间，在香港，虽然参会的只有十几人，但是万科的高管们还是整齐亮相，非常有说服力。真是时移世易。

朱旭呼吁各方股东为了万科的长期未来而走到一起。但是，各方能够顺利达成共识吗？不乐观。

针对万科深铁重组案第二次董事会审议何时举行的问题，董事会秘书朱旭表示，正在积极跟大家磋商，在论证、完善和改进方案。只有在达成共识的基础上，才能举行董事会进行审议。重组案关系万科的未来发展。在2016年6月的第一次董事会上，华润与宝能曾针对万科与深铁合作项目持反对票。事实上，随着恒大许家印以及许背后的大D党（打扑克的粤港两地一群富豪）陆续现身，陆续买入万科股票，万科定向增发股票换取深圳地铁提供的地块的重组方案的实现变得越来越渺茫了。

万科上半年实现营业收入748亿元，增长48.8%；实现净利润53.5亿元，同比增长10.4%。少数股东损益17.4亿元，同比减少10.3%。毛利率17.55%，同比下降3.49%。净负债率14.18%。有息负债914.6亿元。截至报告期末，公司现金资金718.7亿元。比起其他绝大多数上市公司来说，万科的业绩还是很过硬的，确实还是一只强劲的现金牛。

事实上，部分城市项目集中进入结算期导致了毛利率的下降，部分评级机构基于股权事件的影响考虑下调万科评级。董事会秘书朱旭也提醒：公司上半年融资率下降，但值得注意的是，标准普尔、惠誉维持公司考虑到公司股权问题，未来可能会对公司信用评级进行调整。匹夫无罪怀璧其罪，这确实是一个遗憾。下半年公司面临更加复杂的宏观经济形势和市场环境，股权事件带来的不确定性，也可能给公司后续经营带来更大挑战。

面对最新公布的万科收购黑石的商业地产计划，非常吸引媒体关注。而张旭的发言——我们和黑石没有涉及任何股权的合作——这让很多围观者失望，因为股权战貌似打不起来了。而张旭则强调，即使没有股权之争，打造商业运营平台也是我们十年计划的一部分。所以我们和印力商业平台有这样一个合作。如果能合作，可以达成非常好的协同效应。无论是印力还是黑石的资产，都是非常优质的，集中在二三线城市。希望在我们的转型过程中，打造一个属于万科的有竞争力的商业平台。

当然，最劲爆的话题则是恒大近期购入万科股权 6.82% 的事情，万科董事会秘书朱旭表态称，万科股票是二级市场公开交易品种，买卖股票是股东权益。恒大没有透露进一步增持和减持的计划。只要股东利益为公司发展都是好的。同时，被问及在恒大业绩爆发的情况下，是否还有把握 2016 年做到行业销售第一，万科执行副总裁王文金说，"我们不跟别人争第一，尽管有股权之争，但我们还是定义行业领跑者。这个也是万科一贯的风格。毕竟，全宇宙第一大开发商的位置，不会有人甘心轻易让出去的。"

未来万科的走向，还得看 2017 年 3 月本届董事会到期之后召开的股东会。

03

22年交往说王石

王石是谁？

中国企业家的个性化代表，地产业大亨，中国第一房地产品牌万科的缔造人和掌门人，中国人登顶珠峰的最大年龄记录创造者。

王石性格鲜明，风格明快，能言善辩，好出惊人之语，具有优秀的人格魅力，在媒体有极高的曝光率。作为成功人士的代表，他管理企业标榜专业化、透明化，率领万科由一个十几人的贸易公司，做成一个年销售额达千亿元，一年卖出一万多套住宅的房地产龙头企业。为此，他屡屡获得各种优秀企业家奖励。

作为万科的创始人、掌舵人，王石的很多带有创建性的工作其实已不仅属于万科，而且属于整个地产界。而入选2000年经济风云人物之后，他的一系列社会和商业活动，又使得王石的影响远远超出地产界。

除了一个成功老道的商人角色外，他又是极限运动的爱好者，登雪山成就

认得出这是王石吗？

王石和王勇峰

有目共睹。他也酷爱滑翔伞运动，是内地第一个在台湾玉山飞滑翔伞的人。出席《财富》论坛，在哈佛演讲，他的业余生活和职业生涯同样精彩。

当然，王石的张扬也引起很大争议，不谦逊，在媒体曝光频率不低，这也引来了不少街谈巷议。

这个年过半百但是还不断能够制造出新闻的公众人物很有点马拉多纳或者贝利的味道，哪怕多少人说他有这样那样的毛病，哪怕已经不在第一线，但总是有吸引力让人忍不住看看，他到底又干了什么，说了什么。

2003 年 10 月，在胡润制作的"2003 中国百富榜"子榜"2003 房地产影响力人物五十强"中，王石位居榜首。

2003 年 11 月，在第五届中国（深圳）国际住宅与建设科技博览会上，王石被授予地产界的年度特别贡献奖，表彰他一年来为房地产界带来的推动。对于这个奖项，王石的感受是："这个奖我怎么感觉有点像电影界的终身成就奖啊，我不还在干吗？"王石说，无论是万科，还是他个人，都还远未到领这个奖的份上，包括他的同事和所有的人，都还在努力。而深圳当地媒体对此评价："王石不但在深圳地产界，甚至在全国地产界都成了精神领袖。如果这次评选没有王石的话，可能就失去了权威性。这次王石得了一个特别贡献奖，这对王石是一种肯定，但也说明王石在 2003 年的地产界的角色有了微妙的变化。他的影响力太大，已经不局限于房地产界了。"

11 月 30 日，在 2003 年环海南岛国际大帆船拉力赛中，深圳市浪骑游艇会组队的"中国一号"夺得全程比赛总分冠军，实现了中国大帆船航海拉力赛历史零的突破。国家体育总局水上运动管理中心在深圳举行记者招待会，宣布了这一结果。王石以"中国一号"见习水手身份参赛，被授予"启航奖"。

在珠穆朗玛峰登顶后，回来还滑雪，还参加了航海，之后还去了南极洲，一切都让人看得眼花缭乱，又艳羡不已！

青年王石

王石于 1951 年 1 月出生于广西柳州，毕业于兰州铁道学院给排水专业。1983 年到深圳经济特区发展公司工作，1984 年组建现代科教仪器展销中心，任总经理。1988 年中心改组发行股票，更名为深圳万科企业股份有限公司。1991 年公司股票在深圳证券交易所正式挂牌上市交易。王石历任公司董事长兼总经理，1999 年 2 月辞去总经理职务。王石现兼任中国房地产协会常务理事、中国房地产协会城市住宅开发委员会副主任委员、深圳市房地产协会副会长以及深圳市总商会副会长等职务。这是万科公司为王石出具的官方简历。

虽然生在广西，其实王石的原籍是安徽的金寨，一个著名的革命根据地。

王石的父母都是红军时代就参加革命的革命军人，所以他自小就养成了勤俭刻苦的个性。王石小的时候对父母的印象是他们天天工作，就像职业革命家，对家庭顾及很少，所以后来王石也有点这样。

"这不是好坏的问题。你生在一个充满欺诈的家庭，你想有诚信就很难，相反也是一样。我的父母给我的印象就是工作，那我就会把工作看成是一件很重要的事。"

王石很真实地剖析过他的想法，有时候还带着一丝内疚。

"所以我对女儿在尽到父亲责任方面是很惭愧的，她从小在广州长大，我对她的关心很少，但潜移默化的东西肯定是有的。她将来想做什么我会完全看她的个人喜欢。"

在八个兄弟姐妹之中，王石排行第三。而除了他一个人从商之外，其他兄弟姐妹都没有下海。

王石一向不喜欢谁是对他影响最大的人这种略带一点《读者文摘》语境的问题，因此他很坦白地说："与其说是哪个人影响了我，还不如说是哪一段经历影响了我。对我而言，最重要的一是当兵的经历，二是上大学时的自学。"

除了知道他在新疆当兵期间沉迷于黑白摄影之外，王石从军那一段历史现在基本上只能通过他自己的回忆了。

"我们那个时候能去当兵是一件很光荣的事，我当时的理想就是成为一个职业军人。但是到了部队以后，我发现我的个性特征可能不太适合当兵，因为我比较喜欢出风头，喜欢有自己的独立见解，但军人是以服从命令为天职的。"

在当了五年汽车兵之后，王石就离开了部队。这一段经历在当时肯定没有显示出什么来，在服役的后期，他甚至特别盼着离开部队。但是王石认识到："在我日后到深圳创业也好，还是至今做的许多事情，我的部队生涯都给了我许多正面的有意义的帮助。这是非常有意思的一件事。"

因为有在部队艰苦生活的锤炼，在常人看来要吃的那些苦在王石看来什么都不是。例如，初到深圳创业的时候，王石几乎是清教徒一样地全力以赴投入工作。

典型的例子如下：

"有一次一个朋友来找我出去办点事儿。我问他，你吃饭了没有。他说吃过了。我说我还没有吃。他说要不要出去吃一点。我说很简单，当着他的面，撕开一袋方便面，干吃了。那时一块面包当一顿午餐在我看来很正常，领着民工扛 150 斤一袋的饲料，也很正常。绝对不会觉得苦。"

王石自己总结，给他留下深刻影响的还有部队的集体生活和团队意识的培养。"军人是以服从命令为天职的，在部队中你自觉不自觉地就增强了团队意识。有人评价万科的组织纪律严明，我想这是和自己的经历分不开的。"

青年王石的第二段经历是上大学。他是以工农兵学员身份进入兰州铁道学院给排水专业的。而王石的精明，在那个时候就已经慢慢体现出来。

"当时从部队转业后，即使去开车在社会上也是受欢迎的，但我选择了去当锅炉大修工。我只要说说锅炉大修工的粮食定量，大家就会知道那是一个多么苦的职业。当时的机关干部是每月 27 斤粮，司机是 45 斤，而锅炉大修工是 49 斤。选择这个职业是因为我想上大学。那时候上大学需要推荐，我想没有人会推荐司机，但有可能会推荐工作条件更苦一点的锅炉大修工。"

结果，王石如愿以偿上了大学。但他并不喜欢入学的给排水专业，因此王石把很多时间花在自学的两门课上，一是英文，二是政治经济学。

二十多年之后，王石回忆："这两门课对我很重要。英文让我的信息量比别人多多了，当然今天能说英文、能通读英文的人太多了，那时候的情况不一样。我因为喜欢旅游，就去看美国《国家地理》杂志等一些原版的英文杂志，其实那些都是一些公开出版物，是很容易共享的资源。但我一和别人聊天，就发现自己知道的信息别人都不知道。这样的事情发生多了，你就会觉得自己有优势，也很容易建立自信。"

王石对于自己的思想形成也很坦白："选政治经济学是因为当时泛政治化的大环境，我特别希望借助这样一门学科，弄懂当时一些想不清楚的问题。当然学了三年下来我也还是没有弄懂。但是政治经济学至少给了我一个基础，思维方式跟别人不太一样。"

雪山之上学英文

一些跟王石同样年龄段、同样后来做成事情的人，总喜欢津津乐道自己如何通过通读资本论、政治经济学什么的有了多大收获，对于日后的做生意有多大多大的好处云云。而王石则承认自己"没有弄懂"，这无疑更加真实。

可以想象到的是，富有人文情怀的王石当时的感觉是复杂的。虽然上大学离开了重体力工作岗位，但是王石依然对那个专业的课程一点兴趣也没有，更多时间他是自学。王石承认，他的很多书，都是那个时候看完的，尤其是外语和政治经济学，他下的功夫最大。后来他就凭着自学的外语基础，当上了广州市外经贸委的英文编译。

当然，这个工作也没有令一直希望做更多事情的王石停步。把妻子和初生的女儿留在了广州之后，1983 年，33 岁的王石从广州某机关下海，只身来到深圳组建万科公司，当时万科的原始资本为零。王石在万科走过的 32 年，实际上就是一条白手起家的创业之路。刚到深圳，王石只是抱着"试试看，不行就出国"的念头，没想到后半生从此就定格在深圳，打造了万科这么一家卓尔不群的企业。

初识铁汉王石

我是在 1994 年 3 月 30 日的下午第一次见到王石。

那天，做财经记者还不到一年的我，刚好和当时的《深圳特区报》记者田军伟先生通电话。他说起下午两点钟在阳光酒店有个新闻发布会，而我刚好在离阳光酒店 500 米不到的地方，于是也就徐徐踱步过去。当时我根本不知道是怎么一回事，不料这一非常偶然的决定，却带来了以后我和王石以及万科的多年友谊。

我进入会场的时候，宴会厅里和平时的新闻发布会不太一样，有点乱，而众人脸上的神色也和平时那些上市啊招商啊什么的来宾大不一样。我问旁边相熟的薛女士，这里发生了什么事情。这位《上海证券报》的深圳特约记者一脸严肃，连连摇手道不要说话，王石讲话了，先听先听。

我再看台上，前面的一位发言人踌躇满志地坐回主席台，轮到一个面无表情的瘦削的中年男人走上讲台，开始发言。听他说了几分钟，再加上会场上的工作人员提供了一套新闻材料，我才醒悟过来，原来台上这个男人，就是当时在深圳有点名气的企业家王石，他所代表的万科企业股份有限公司，正遭到当时股市上大出风头的君安证券公司的责难。

环境有些被动，王石在讲台上的脸色也不太好看，但他的发言还是很有条理，一直讲了差不多 20 分钟。我当时觉得这人和平时看到的那些厂长局长还有点不一样，起码发言有逻辑、有思路，不会让人听着没劲。

会场上，还有一个很斯文的圆脸青年上来宣读一张声明，当时自我介绍是万科的董事会秘书，后来才查到名叫郁亮。这位 1994 年刚以参股申华一战在金融证券界中知名的北京大学高材生，今天已经是万科集团的总经理了。

有趣的是，在发布会过程中，还有一个身穿白衬衣、西裤，打着领带，"很白领"的男生前后穿插拍摄照片，非常活跃。当时君安证券有人觉得有点不妥，还问了一句，你是谁，干什么呢。那个男生想了一想，说"我是《中华工商时报》的啊"，然后飞也似地就走了开去。当时场面比较混乱，也就没有人继续深究。后来我才知道，这位拿着美能达套机并热心记录历史的典型白

本书作者与王石在万科十周年庆典上合影

领，就是当时《万科周刊》的副主编、研究室副主任丁长峰，后来他成了万科集团的执行副总裁。回看起来，万科培养人才还是很见效果的。而也就是这位丁大兄，约我给《万科周刊》撰稿，从此我的文字生涯一发不可收拾，一度泛滥，最后波及《南方周末》《三联生活周刊》和《经济观察报》等数十份报刊。以此观之，丁长峰先生真有点文化界的吴三桂之感，正是他引我这个粗人进入这个圈子。

这场争战后来被王石化解了，而且经此一役，我对万科的印象极为深刻。王石那时候虽然提出了"健康丰盛人生"的概念，但是公司没有现在这么大，时间也比较多。对于每周两次的网球训练，八卦岭宿舍区的拖拉机牌局，他都常常是主力。而我这个媒体新丁，也乐得多跑企业，多学东西，于是一周总有几次和王石碰面，逐渐和丁长峰等一群万科新生代相熟起来。

《万科周刊》每周出版，需要的稿件数量巨大，我这个半桶水也就开始在上面放言无忌。很多时候，我就是白天听王石一番高论，晚上回去自己捣鼓捣鼓文字，或赞同或反对，总能有一些文字写出来，发表在万科那本最早还是薄薄的刊物上。而王石以"帆生"为笔名亲自撰稿或者口述的房地产业反思、探讨的文章，也确实和外面大多数的陈词滥调大不一样，言之有物又能让人感同身受。

1993年，当时市值已经有十几亿元的万科把总部搬到水贝工业大楼，这幢六层的工业楼怎么也不是志存高远的王石和万科所能够满足的，当时考虑只是两年的过渡期，不料一待就是八年。

记得"3·30"事件过去不久，有一天加班之后，王石和我一起走在水贝二路。他突然有感触地说，水贝可能真的是有点"背"啊，来了之后，很多事情都不顺了。我似懂非懂地点头，说搬到大楼去办公当然好啦！

其间，万科考虑过把总部搬进自己开发的"海神"项目。这个项目本来想做成深圳第二高的顶级写字楼，因为市场变化，最后改成了住宅楼，而且万科从中没有赚到什么钱。还有一次是考虑搬到荔枝公园旁边万科自己开发的荔景大厦。不过，为了更多的利润，万科最终选择了把总部继续留在工业区低矮的六层建筑物之中。这一点，也让我记住了王石的务实。

因为常去万科，所以用不了多久，我也就意识到王石在万科的江湖地位是怎样的。虽然他平时没少给大家来几句幽默，和很多员工也能够玩在一起，但是他天生的那股霸气摆在那里，举手投足，基本上是一锤定音，让万科人颇为敬畏。那时候我还拉着不少万科的员工悄悄问，老王到底有什么东西让大家叹服。答案五花八门，不过有两点很集中：一是王石很聪明，学习能力很强，常常有很多新主意、新想法。二是王石很威严，公事公办，大家基本比较服他，万科里面的关系也比较清晰。

1994 年，正好是万科创业十周年，公司专门在仙湖的大草地上搞了一个大派对。公司上下的表演活动很多，特别是把王石、姚牧民、赵晓峰等"总字号"人物拿来开涮的节目，更让大家笑破肚皮。一问之下，大家都兴高采烈地说，涮老总这可是万科的保留节目啊！

有一次我忍不住问王石，他们给你穿上草裙还丑化得那么厉害，是不是有点过分。王石半开玩笑半认真地说，"日本一些公司不是有专门的出气房吗？里面有个橡皮人，就是给下属职员当作上司来拳打脚踢泄愤的"。平时我这个人比较硬，同事们一年到头，可能有时候也会受点气。借公司联欢的机会，让大家一起玩玩，消消气，多好。

这一次晚会给我印象很深的，除了老总们的群魔乱舞之外，还有晚会散去之时，王石带头和大家一起捡草坪上的垃圾。职员们也很统一行动，没有谁偷

万科水贝二楼总部

懒的，不到十分钟，草坪上就很干净了。这虽然只是一桩小事，但在 1994 年，一家企业能够自上而下这样约束自己，还是令我很感慨。

1995 年，后来当上《新财富》杂志主编的张信东还是活跃在采访第一线的勤奋记者。他在追踪企业文化与众不同的万科很久之后，在当时新锐的《投资导报》上，写出了整整一个版的人物报道《王石：万科教父》，不过编辑怕这个标题容易引起歧义，于是改为了《王石：万科领袖》。凸显王石对于万科的巨大影响力是传媒基本的共识，虽然当时王石还没有全国性的知名度，但是他在深圳以及相当多的新兴企业之中的品牌影响力已经初步形成了。

话又说回来，那时候的王石已经开始关注很多国际上的管理经验和企业文化，因此奉行公开和透明度，不仅说到还能做到。记者和万科总部各个部门之间的沟通都很顺畅。除了财务数字之外，其他大量的企业第一手资料也很透明。这一种自信，确实很罕见。多年之后，有一个记者写了两万字的王石登山始末故事，发表前要给王石先过目，王石说不用了——这种光明磊落的性格是我对王石印象极深的一点。

不一样的企业家

和王石接触用不了很长时间，大多数人都能感觉到他的鲜明个性，但是恐怕很少人真的想到，在商场上摸爬滚打这么多年的他，还会坚毅地在生活中实践自己的理想。

即使是在偏安深圳一隅的时候，王石也一直按照国际惯例来运作万科，在营业额才十几亿元的时候，就为万科聘请海外的财务顾问和会计师事务所。这种事情开始实施的时候，大家都有"自寻烦恼"的埋怨。但是，如果没有这样点滴积累，没有逐步进入正轨的决心和努力，恐怕万科就很难拓展成为今天这种规模的大公司。

这么多年来，很多新兴上市企业的结局，好一点的是赚了一大笔钱，然后上岸作鸟兽散，公司成了个壳；更多的是陷入投资误区，经营顾此失彼，最后于困境中无法自拔，重组几回的都是常事；极端一点地，连公司都给除牌了。

对于现代中国来说，显然更需要做出地产第一品牌的职业经理人王石，而不是那些自己号称有多少亿身家但是连资产来源和权益都说不清楚的能人富豪。

20 世纪 90 年代前期，万科在资本市场上融资不断，于是实施北伐，在上海、北京等地方进行跨地域投资。而王石作为新型企业家的代表，在传媒中保持了较高的出现频率，也对万科业务发展起到了极好的促进作用。

20 世纪 90 年代中期，王石最早在《万科周刊》上提出"高于 25% 的利润不做""追求阳光下的利润"和"建立职业经理人队伍"等很容易吸引公众注意力的口号，以后逐步扩散到社会和商界之中去。即使现在看起来，能达到这些要求的公司也不是太多。

1995 年 12 月 16 日，王石去北京大学进行演讲，主题是"中国新兴企业成长之路"。他选取这个角度也是很有意思的，因为他认为，仅仅用民营企业和国有企业来划分企业性质并不足够，国企也有不少有活力的，民企也不见得就在体制上都能够创新，所以他用新兴企业来概括当时的一批活跃企业。同时，大家自然也把万科视作新兴企业的代言人了。那天的会场其实比较朴素，王石在大黑板之前，很认真地对莘莘学子谈起万科成长的点点滴滴，听众反响很好。实际上，此后万科就成为了很多名校学生的就业首选。我觉得，这很大程度上确实有赖于王石的个人魅力。

认识王石这么多年，最令我高兴的是，王石的登山和摄影，我也出了一点小小的力。1997 年王石去西藏之前开始有意识地进行登山训练，我就给他介绍了活跃的山友，从而促成了后来两人的西藏行、四川行、云南行。

对于王石来说，这次旅行打开了生活的另外一个门，从此王石就不再仅仅以一个企业家的形象出现。他在极限运动方面的努力和成就都有目共睹。而那时候，王石重新捡起摄影的爱好，买 F5，首用正片，尝试不同的滤色片。我和他一起去深圳的港湾摄影，都是很愉快和有趣的记忆。只是后来王石更喜欢登山和滑翔伞，摄影的时间就减少了。不过，2003 年的《中国摄影》上还有他的一个专题。看来，他对建筑的研究，对结构、线条、色彩的敏感，对他摄影水平的迅速提升作用不小啊！

再往后，万科的经营规模和王石的个人声望在一同增加。我看到万科入选"福布斯最佳小企业"和王石出席《财富》论坛等，也很替万科和王石高兴。登山这种雅好让他得以在芸芸企业家之中显得卓尔不凡。在登山过程中，王石又很快爱上了国内尚未普及的滑翔伞。无心插柳之下，摩托罗拉在 2000 年请他为一款新手机拍摄电视广告。同年，王石入选"全国十大经济人物"，其个人品牌价值得到极大提升。同时，万科公司也成为全国地产第一品牌。

2001 年，万科集团的销售额在全国的市场份额为 0.88%，在所有房地产上市公司中排名第一，也是唯一以全国数据为基数计算市场占有率的房地产上市公司。但是，只以不足 1% 的市场占有率就自称是行业龙头老大，多少有点不自然，于是，一贯喜欢新名词、新概念的王石就想到了"行业领跑者"这样一个婉转但是挺抢眼的说法。多年来，这种王石式的机巧，为充斥了陈词滥调的商业社会提供了一些耐人寻味的思考余地。

2000 年秋天，我离开深圳到外地发展，而王石在全国的知名度则进一步提升，成为了媒体的宠儿。我和他见面的机会少了，在北京常常都是匆匆聚散。后来我又从一个城市到另外一个遥远的城市，换了工作。离开时，王石专门腾出时间给我送行。一年后，我回到深圳见到他，他劈头就问我："为什么换工作？是不是利用那个职位得到便利就跑了？"我连忙解释："那可绝对是两回事，完全没有关系。离开是早就定好的安排，回来是开始新的职业生

1995年王石作为知名企业家到北京大学演讲

涯。"王石的脸色才缓和下来。

直到今天，我在职业上的一些努力，王石看到了，也常常给予鼓励。而对于我的不足和缺陷，他也能包容。很多年前，他就一再提醒我："生意人很多人都能做，但是优秀的媒体人就很少人能做到。"多年来，我虽然一直坚持在媒体这一行，但是离优秀还很远，只能在这里道一声惭愧，再次感谢他多年来的谬爱和勉励了。

我和王石见面超过百次，也耳闻目睹了不少王石和万科的关键时刻。我所见到的王石，和媒体上的形象很一致，很能干、很公道、严于律己，真的是一个铁汉。包括我在内的很多人有时也会觉得他性格急躁，喜欢出名，经常追求语出惊人的效果。但是说句实话，这样的性格对于他这种成就的人来说，已经真的不算什么大问题了。就像他在这次攀登珠峰的直播中说的那句话，这是他的选择。何况，他骨子里是一个常常考虑别人感受的人。

我相信，虽然王石成功登上珠峰未必和管理企业有什么关系，但和他的坚毅以及不易为人所觉察的包容，都有着莫大的关系。而今天的王石，正在进入他人生的下一个阶段，他无疑是始终对自己有着更高期待的人。

附录

假如没有王石

2003 年 9 月，胡润版"2003 中国百富榜"发布前不久，他打电话给我，说还要做一个"2003 房地产影响力人物 50 强"，希望我也投一下票，每票选 5 个人。在收到他传真来的选票后，我毫不犹豫地在第一格里填上了王石的名字。

我相信，这也是绝大多数参与投票者的第一反应。

这就是王石，中国房地产业知名度第一、提及度第一的人。

胡润的"房地产影响力人物"结果公布后，我看着 50 个人的名字，突然有一个发现：王石是其中个人财富最少的那个人。

这就是王石，他创立并领导着一家优秀的公司，但他并不是公司的所有者。

1997年年底，在北京的一次会议上，我与王石初次见面。他要万科北京公司的人陪我去看万科城市花园，我看后在《南风窗》上写了一篇短文，题目叫《伟大在于细节的积累》。1998年春，我还邀请他专门到广州做了一次关于"新兴企业的成长之路"的演讲，他特别谈到了如何处理"多元化和专业化"的问题。再往后，我们就只是在一些会议上匆匆见过几次。

回忆和王石相识6年多来的场景，印象最深的不是他对《南风窗》和我写的一些文章、著作的好评，而是我问过两个有些幼稚乏味的问题，立刻遭到他"反击"。一次是我提到君安证券利润奇高，言语间颇为赞赏，问他怎么看君安，他说："在股市赚人家的钱，赚得再多，都不是我想要的。我盖房子，赚钱再少也有个东西放在那儿，人们可以住在里面生活，就像一块碑，将来人家会说，哦，那是王石他们做的。"另一次是我提到王志纲，大概是说他的房地产策划如何赚钱、您有没有想过尝试一下云云，王石说："我退休后还愁这个？既然你是一棵摇钱树，就没必要为自己将来的财务发愁。"

这些话固然凸显了王石性格中强悍的一面，但在更深的意义上，代表了他的企业观和人生观。

通观万科历程，走的是一条"追求阳光下的利润"的坦荡大道。万科早期参照香港上市公司的做法进行股份改造，开始讲究公司透明度和有效的治理结构。王石说："大家都不是规范去做，万科规范去做就束缚了手脚。但是如果我们现在不规范，将来我们会被淘汰掉。我们现在规范，可能市场不规范，我们宁肯被淘汰掉，我们也不能退出规范。这等于是你对将来下了赌注，你认为将来是规范的。如果中国改革开放进程不规范，一直不规范，那么我们还是被淘汰掉的。"

在企业经营的最深层次——价值观和人性的层面上，王石下了他的赌注。一个理想主义者的赌注。确实，理想主义者要吃很多亏，王石曾经很感慨地对我说过，"广州这么大的市场，我们好几年就是拿不到地。"万科在武汉等城市拿到的土地，有的也是偶然，例如某某领导一直收到《万科周刊》，培养了感情，给了万科参与的机会。

对于怀抱理想主义情怀的人来说，只要认对了路，是不怕路远的。碧海青天，大道无欺。万科不靠台底交易，就靠扎扎实实做项目，做企业，终于还是成为长距离竞赛的胜利者。我听王石讲过这样两个例子：一个是，早期万科和金田等公司在深圳竞争的时候，万科很"不识做"，从政府那里拿不到好地，就算拿到同样的地也比人家贵很多。土地成本的压力促使万科在规划、设计、物业管理上下功夫，把产品做精，把服务做好，把品牌做响，于是每个平方比附近的项目可以多卖 1 000 块钱，还是能够赚到钱。另一个是，2001 年深圳市原副市长、主管城市建设多年的王炬因受贿被抓，地产界人心惶惶，被叫去谈话的地产商也不少，有的干脆逃之夭夭。有人见到王石，奇怪地问："你怎么还在这儿溜达，你就没事？"王石答："我做了十几年，就敢说这句话，我没有行过贿。"

时过境迁，不少万科当年的竞争者——拥有更优良土地资源、上市圈得大笔资金的竞争者，已经深陷泥潭不能自拔；反观万科，却成为中国房地产的第一品牌。在我看来，这不仅来自它的专业能力，更来自它始终坚持规范经营。马克思·韦伯在他的名著《新教伦理与资本主义精神》中讲过，资本主义的"这种经济是以严格的核算为基础而理性化的，以富有远见和小心谨慎来追求它所欲达的经济成功，这与农民追求勉强糊口的生存是截然相反的，与行会师傅以及冒险家式的资本主义的那种享受特权的传统主义也是截然相反的，因为这种传统主义趋向于利用各种政治机会和非理性的投机活动来追求经济成功"。这正是我推崇万科的最重要原因，即是说，它不是"利用各种政治机会和非理性的投机活动"而牟取一时之利，而是通过股份公司的形式，通过公司的经营、管理、服务、创新来创造和积累财富，"依赖和平的交换机会来获利，依赖持续的、理性的、自由劳动的组织来获利"。

在中国的企业家群落中，王石还有一个突出的标志，就是他在企业家符号之外的传奇人生。他勤俭刻苦、个性独立、热爱学习、兴趣广泛、朴实自然，内心从不认为自己是个大人物。但是，他忽而登顶珠峰，忽而到台湾玉山飞滑翔伞，忽而在澳洲驾帆破浪，忽而又要远涉南极。他以空间换时间，以极限运动换生命体验，他的经历就是万科"追求丰盛人生""建筑无限生活"理念的最好诠释。如果说居住改变了中国，那么可以说，王石改变了中国企业家的形象。在一大堆"富爸爸""百富榜"教导我们怎样赢得财务自由的潮流中，王石让我们想到了"物的占有"之外的另一些词语和方向：人生的自由、生命的高处、精神的愉悦、幸福的内涵。

无论是在浏览"房地产影响力人物50强"的名单时，还是在拜读陆新之先生的这本著作时，我的脑子里都出现过一个假设：假如没有王石……

假如没有这个人创立的万科，中国的房地产行业会怎样？

假如没有这个人创办的《万科周刊》，中国企业的文化建设会怎样？

假如没有这个人的风采和他传播的观念，中国的企业家群落会怎样？

我无法回答这些问题，但我庆幸，这样的"假如"是不存在的。

在从20世纪80年代开始的中国企业史上，王石和万科注定都会成为标志式的碑记。既然是碑，那么，为了让更多的企业去借鉴，让更多的生命去感受，陆新之先生所写的这部传，也就有了不同寻常的意义。

（秦朔，时任《南风窗》总编辑，《美国秀》《大变局》等书作者。本文写于2003年。）

写在《王石是怎样炼成的》之前

我在1996年同王石相识，我当时是香港华润创业有限公司的执行董事，正负责在国内收购啤酒和饮料公司。得知深圳最大的蒸馏水饮料厂——怡宝蒸馏水的大股东万科公司有意出售控股权，就同王石和他的班子见了面，这是我第一次知道万科公司和王石这个人。确定他们有出售意图后，我们询问了价格范围。我发现他们的售价计算公式极为简单，在我做了第一轮试探性的还价后，我同王石用了不到十分钟就在价格上达成了一致。这个结果虽然有些快，但没有太出乎我的意料，因为根据我在国内收购企业的经验，收购国内企业永远是先易后难。这不仅因为中国商人秉承了宜粗不宜细的中国文化，还因为20世纪90年代企业并购在内地还是一个全新的业务。内地企业的出售者，往往不理解企业是一个活着的东西，不明白在卖的过程中和卖掉以后，出售方都要继续承担一定责任这个道理。我当时正主持的两个啤酒厂的收购，也都是谈判初期容易，可到中期都卡了壳，正烦着我呢。一出万科大门，我就跟同事说："看，这又是一个不知深浅的。"

果然，在怡宝收购中期我发现进度慢了下来。我打电话问王石，究竟出了什么问题。王石在电话里向我抱怨，华润创业的收购条件为什么这样复杂和苛刻。原来他指的是，我们的香港律师要求万科公司在收购前要签署三十多条对怡宝蒸馏水公司的资产和经营状况担保的条款。于是，我很礼貌和委婉地解释这是收购方由于对收购对象有一些不确定问题，要求出售方给予承诺的合理要求。讲着讲着，王石有点急了，他开始指责华润创业不信任万科，没有收购诚意。于是，我也急了，说话直截了当。我说："你也是个商人，请你站在我的角度看看。如果我把怡宝收到手后，怡宝在你经营期间的应收款都收不回来，那怡宝还值这个价钱吗？如果你对你的企业那样有信心，为什么你都不敢保证它的应收款有90%能收回来？如果你说这些厂房和设备真是你合法拥有的，那么你为什么连这个事实都不能白纸黑字地承认？"讲着讲着，我发现王石不吱声了。他沉默了一会说："那我们再考虑考虑吧。"三天后，万科在我们公司律师起草的收购合同文本上签了字。于是，怡宝的收购成了我在收购的14个公司中速度最快的一个。

更让我意外的是，当签字时，王石当着他的一群下属，盯着我的眼睛说："我们今后收购和兼并企业，也要向你们学，你让我们知道了专业和非专业的区别。我们四年前收购怡宝时，只用了1页半纸的合同，而你们收购却用了30页纸。我想专门请黄先生给我们讲讲企业并购的问题。"人呀，都是经得住骂，经不住夸的。我当时真是心花怒放，因为王石是第一个，也是至今唯一一个这样"恭维"我的国内谈判对手。我所接受的第一个职业训练是会计，在国内的国有企业做过会计，又受过正规的经济学和MBA的教育。特别是在我的商人职业生涯中，我亲自主持收购过14个公司，动用过15亿美金。华润创业是香港蓝筹股上市公司，所有的并购必须按照香港上市公司的条例进行。不仅每项收购要聘请专业的会计师、律师，我们还会请世界顶级的银行做顾问。因此，我是在实战中被这些专业人士训练出来的中国企业并购操刀手，我最擅长的就是中国企业的兼并与收购。41岁的我，年轻气盛，酒后曾口出狂言："如果在世界上找十个顶级的中国企业并购专家，我一定会排在前三名。"没想到王石恰恰夸到了我的心里！我知道即使这是恭维，也是高级的恭维，因为一个没有丰富的商业经验的人，一个不善于学习的人，一个不具备一定专业知识的人，一个对自己企业没有信心的人，一个没胆量不敢负责的人，根本就不可能这样快地理解和接受这种不同的企业收购方法。

然而，最让我吃惊和佩服的是：我当时41，王石45，岁数大的中国人总不太情愿承认岁数小的人比他强，再加上同行相轻，又是在他下属面前，王石居然能那样诚恳地说出这番话来。于是，我知道我遇到了一个与大多数中国人不同的中国人，他给了我完全新鲜的感觉。如果是装出来的，他也是一个极其高明的演员！因为一个人的自信不是在嘴上和脸上，而是在骨头和血液里。一个已经有了一定成就，又过了不惑之年的中国人，还能对世界保持这样一种新鲜感和这样开放的学习态度，在我遇到的企业家中实在是太少了。当收购怡宝完成后，一个深圳的记者采访我时问："你对万科公司的感觉如何？"我脱口而出，这是一个可怕的公司，因为他们不拒绝学习。

于是，从欣赏王石到欣赏万科，开启了我同万科公司的不解之缘。当时，华创进入内地刚刚三年，业务发展遇到的最大瓶颈是本土管理人员不足。在怡宝收购过程中，我一下子发现万科有一个国内最优秀的企业管理人员库。可能是因为我当时在内地找人眼睛都找"红"了，不知怎地，我感到他们好像个个都比我当时在内地找的人强。万科的管理人员给我一种很强的职业经理人的感觉。我曾跟人讲过：万科的管理人员都有点香港地区管理者打工的味道，但比香港人又多了一点对公司的归属感。让我更欣赏的是，我所接触到的几员万科大将，都保留着极强和外露的个人风格！我知道如果没有一个宽容的领导人和宽松的企业文化，在国内企业做事的下属们是很难保持那些特点的。于是，我背着王石开始挖他的人，从他现在的人力资源总监解冻开始，到董事会秘书肖莉，当时北京分公司的总经理林少洲……我都亲自请吃过饭，可能我的人格魅力不如王石，结果都没挖动。

有一天王石笑嘻嘻地同我讲："如果你看万科公司好，你不如把万科公司也收购了。"开始，我以为他开玩笑，后来我发现他说的有些像真的。此时，我俩已经很熟了，我单刀直入地问："你的公司经营得这样好，为什么非要找个主子？"他说："我想做大，我必须同世界资本市场接轨。"我又问："公司做大是别人的，职位可是你自己的。难道你不怕哪天华润创业把你炒了？"他说："如果有人能比我做得更好，炒我是应该的。"我像盯着天外来人那样看着他，不太相信他的话。后来听说他同香港新鸿基也在商谈此事时，我才当真。能收购万科，对华润创业来说是天赐良机。因为我们可以一举两得，既可以通过万科进入全国房地产市场，又可以获得万科的本土管理资源。可是我是一个永远不相信天上会掉馅饼的人，因此，仍然怀疑万科公司的经营一定有什么难言之隐。于是，在同万科大股东签收购意向书前，我提出要先请国际会计师事务所对万科进行审计，并要求派华创的人进入万科了解业务运作。王石竟然同意了。于是，华润创业花了200多万港元，请毕马威会计事务所对万科进行了一次特殊目的的审计。审完，毕马威的合伙人同我讲："黄先生，这是我所见到的账目最清楚的中国公司。"于是，有了后来华润入主万科的故事。

八年来，我同王石先是谈判对手，后成为合作伙伴，最后成为无话不谈的朋友。人过中年不容易交友，因为已经懂得了挑选和鉴赏。没有特点的人，是一杯白开水，虽能解渴，但不会使人上瘾。王石是一个能使人上瘾的人，因为，他能不断给你惊奇。他登顶珠峰后，来墨尔本休假。我陪他去滑雪时，下榻在一个德国人开的山中小店。我向店主人炫耀，这位是刚从珠穆朗玛峰下来的中国人。爱好冒险的德国老头睁圆了眼睛，举起了大拇指，转身从酒吧里拿出一瓶上好的葡萄酒送给我们喝。我说："王石呀，你现在可真是高山仰止的人了！"王石说："嗨！这算什么？！我登上去的第二天，一个六七十岁的日本老头也上去了。"

读到此，不认识王石的人可能以为王石是个很不平凡的人了。其实他同你我一样，也是一个普通的人。在读陆新之这本根据对王石和万科的十年跟踪观察写成的书时，你们就会发现王石走过了同我们这代人一样的道路，他犯过我们这个时代每个中国商人几乎都犯过的错误。欧美公司平均寿命13年，中国公司的平均寿命应该更低，可是王石创建的万科已度过了20个春秋。为什么王石和万科公司没有像大多数中国商人和中国企业那样短命？不仅如此，他们的生命力还越来越旺盛？陆新之的书中并没有给出答案，因为，这本书写的是王石和万科的活历史。活历史的好处就像现实电视节目一样，读者都能成为剧中人，因为每个读者都可以根据自己对环境和事件的理解得出自己的结论。

王石和他的万科是一个发生在我们同类身上的奇迹。人们对自己同类的卓越往往怀有更多的嫉妒。基于同样的嫉妒，人们分成两类：一类是从别人的成功中找出更多客观原因来为自己开脱；另一类是找到了榜样，减少了借口，增加了斗志。我曾说过：中国是块商品经济的盐碱地。在这块盐碱地上要长出水稻不容易，这不仅需要环境的改变，还需要特殊的种子。因此，任何在过去20年曾在中国严肃做过生意的人都应读读这本书，分析一下王石这个普通人如何成就了这些不普通的事，看看这个没有背景又宣扬不行贿的万科公司究竟是颗什么种子。

（黄铁鹰，曾任香港华润创业有限公司总经理，时任北京大学光华管理学院访问教授。本文写于2003年。）

04

王石之初

王石的职业生涯和万科的发展用专业化之前、之后来区分是一个比较好的解读角度。对于万科和王石本人来说，万科草创阶段约十年的商业经验，都还是在摸索，属于革命前的夜路，而专业化这一役之后，王石才真正找到用武之地，使万科找到方向，从而走上高速发展轨道。

事实上，在专业化之前，万科已经发生很多有趣的故事。王石领军，比起大多数同行来说也更为出色。但是，套用一句坊间的俗话来形容他的志向，那就是"由优秀到卓越"，王石确实为实现这个说起来容易的目标不遗余力。

由 1993 年开始，王石开始做减法。

连他自己都没有想到，说起来简单的减法，竟然一直延续了九年，直到中国加入世贸组织后的 2002 年才彻底完成。

如此长的调整期，原因是什么呢？2003 年的夏天，王石身穿着一身白色登山服，在他的办公室里面淡淡一笑说："家家都有家家的难处嘛。"

由 1992 年意识到犯错误，王石开始调整万科，"但是一边调整，一边还在继续犯新的错误；直到 1995 年之后，才能真正集中精神不犯错误"。

深圳创业

1983 年，王石刚到深圳时，正是改革开放初期，一个人只要有几千把折叠伞、半吨味精，由特区倒回内地，一转手就能发大财。但王石没选择做这些生意。

"当时许多人都在做这些生意，去找批文、换外汇。我没有做这类眼前就能赚钱的生意，是因为我知道一个很简单的关于供求关系的道理。等我跟着大家把这些事情都做完了，市场上肯定是供大于求了。我并没有把更多的关系用在找批文、换外汇上。"

无疑，青年王石的想法已经比大多数同时代人要更进一步。很多年后，某个周末他和我一起乘车到蛇口一带摄影采风的时候，路过那一家依然兴旺的饲料厂，他很感慨地指着那些巨型的大罐子说，这就是他在深圳创业成功的第一站。

当时，离开了在广州的妻子和女儿、稳定的政府部门工作，王石加入深圳特区发展有限公司下面的一个贸易公司的一个科的一个组，什么行政级别也没有了，可谓真正从零做起。

即使是这样，王石没有被经济泡沫所惑，经过调研，他决定去做饲料生意。当时深圳有两个饲料厂，都存在对原料的潜在需求。他发现瓶颈在哪里——那就是谁能解决运输问题，谁就能赚钱。

"我的朋友都说我傻，放着眼前赚钱的买卖不做，去做一件看不到结果的事情。事实证明我是对的。这就是我说的那种不同的思维方式——不是很急功近利，一定要春种秋收。但我确实是属于那种目标设定比较清楚的人。"

没有人能比王石自己更清晰地描述了他自己在深圳刚开始的创业经历："1983 年我来深圳时已经 33 岁，但一切都是从头做起，货场搬运、鸡饲料推销，还兼司机、出纳，是个典型的小人物。这么多年过去了，万科做大了，我也水涨船高成为所谓的公众人物，但骨子里我更喜欢 80 年代的创业生活，我愿意保持已经形成的生活态度和习惯。内心我不认为自己是个大人物。"

20 世纪 80 年代初期的深圳就是个大工地，到处掀开的黄土工地，推土机、重型运输车烟尘滚滚！王石开始做饲料生意的第一步要多艰难有多艰难。"在火车站的货场，我领着临时召集的民工卸玉米包，自己仗着年轻也跟着扛，因为当时我才 33 岁，体力还可以，而一包玉米的重量有 150 斤。"

在扛大包休息之余，有一位农民工不解地问王石："你一个城里人，随便做什么生意，也不至于同我们一起扛麻袋呀。"那时候就开始有点酷的王石没有回答，但心里却想：燕雀安知鸿鹄之志！

生意做了半年蛮红火，给贸易公司赚了钱，因此王石一度被称为"饲料大王"。

"到了 1984 年放弃饲料生意，组建万科至今。公司出名了，公司的创建者也出了名，风光的一面百分之百地被外界传诵，经历的酸甜苦辣、切肤之痛只有自己知道。"这些都是王石的真实感受。

1995 年 12 月，已经被社会看作成功企业家的王石，被邀请到北京大学和青年学生座谈，他在大黑板前面讲了差不多两个小时。他自己回忆："万科 1984 年从经营贸易起家，原始资本是零。万科原始资本积累是这样进行的，比如内地一家企业想进口一批录像机，就需要跟我们公司合作。虽然我的公司只有营业执照，账号上没有钱，但是我可以进口，它在内地却不可以。双方经磋商，签合同，打了 20% 的订金。然后我们公司找到外商进口一批录像机，要求货到付款。我就可以到银行换外汇支付给外商足额货款，同时自己账上也有了可观的进项。深圳很多公司原始积累就是这样形成的。说白了，在共同的需求下产生的是同样一种经济行为，在深圳是合法的，在内地就是违法的。深圳企业就在这种夹缝中赚钱获利。"

王石讲起这个阶段，经常提到一个故事，叫作"两条香烟行贿未遂"。谁"行贿"呢？竟然是一直在万科主张阳光体制的王石。这个"行贿"的对象是谁呢？是当时深圳火车北站的货运主任。

为什么"行贿"？因为王石做贸易生意，需要计划外车皮，不过说送两条香烟也叫行贿，也就是王石的修辞手法了。1983 年的时候"555"牌香烟是 10 元钱一条，两条 20 元钱。王石让一个小伙计了解到货运主任家的门牌号，就让他拿着两条烟送去了。两小时之后，小伙计又提着烟回来了，说他不收。王石摇头说，你啊，赚钱不会，让你花钱也不会。于是他亲自骑了自行车，带了两条烟，找到这个货运主任家，敲开门。

王石自己说起来也觉得好笑："我没有直接和他打过交道，敲开门就很不自然地把烟放到了桌子上。因为是第一次为了商业上获得某种额外的好处给对方送礼，所以还是很不自然的。那时候，1983 年，我还是比较纯洁的。把烟放了之后，货运主任就笑着对我说了，说你是不是要车皮的。我不好说是，也不好说不是，因为太突兀——你明明是，你就说是，这显得有点像做交易；你说你不是，那你来干嘛。他一看我，就说：'这两条烟你拿回去。你想要车皮，你第二天来，或者叫你的小伙计来，我就给你办了。刚才那个小伙计说了，不就想要个车皮嘛。'听他这样快人快语，我反而有点弄不清楚了，是不是嫌两条烟少，于是就不肯走。对方继续乐呵呵地说：'你是因为想要车皮找到我这个货运主任，你知不知道，我早就注意到你了。'我心中一愣，他早就注意到我了？"

原来王石带着那些农民搬运工扛玉米引起了别人的注意。货运主任说："我发现这个民工队伍里怎么有一个城市人模样的人，在跟着一块扛。我就觉得奇怪，我看你不像来劳改的，也不像干苦力的农民，因为你干活好像兴致特高，"货运主任就觉得王石这人很特别，"我觉得你这个人想干成事，就很想帮助你。但是我根本不知道该怎么帮助你，（正好）你找上门了。"王石听他这么一讲，就觉得这个逻辑是通的，就想他真的是想帮自己，很好。第二天，王石就去办手续拿车皮，结果很顺利就办成了。

这件事给王石一个启发，就是走正道也能做成事情。王石其后多年都在谈这个启示，说人当然可以采取这种寻租的方法，用行贿的方法来寻租，获得好处；同时你也要检讨一下，就是中国市场将来到底是怎么样的，是不是就是这样的。如果不是你现在做的这一套，可能现在（你这样做）还行得通，但是将来你要去适应正规的市场的话，就非常非常困难了。

1983 年的深圳，有两家海外投资的大饲料厂，年产量均在 20 万吨以上。玉米主要从美国、泰国等地进口，也有部分中国北方玉米通过香港中转再运到深圳。饲料厂家也知道如果直接从内地组织货源，就能降低进货成本，但苦于对内地人生地不熟，没有渠道。北方成千上万吨的玉米要运到深圳，就必须通过海运，关键是如何解决北方港口到深圳港口的问题。王石能够看到这个生意机会，然后把握住。其做法首先是联系刚开港的深圳赤湾港，解决了万吨船停靠问题，接着在广州海运局租到了万吨船，因此生意很顺利地做成了。到年底通过王石这个渠道转卖到两个饲料厂的玉米有三万多吨。到了 1984 年 5 月，其中一家饲料厂的采购部门负责人就兴冲冲地来找王石，大大咧咧地说："你有一笔钱在我这里！"

这下子，即使是一贯精明的王石也感到很奇怪："我怎么会有钱在你那儿？"

对方解释说："你提供了新的供货渠道，使饲料厂降低了成本，获得了新的生意机会，按行业惯例，回扣千分之五。之前担心你不接受，有误会，因此等生意全部做完之后，才谈这件事。一共二十几万港币，是存在香港，还是汇到哪里，你说句话就行了。"

王石当下表态不要。对方为难了，说："这笔钱公司已经打入成本，做了账，你不要，公司就有偷税的嫌疑。"对方的充足理由使人没法拒绝，于是王石想了个变通的办法，建议给他的上级主管公司——特区发展公司买两部车。对方仍面带难色，说："钱是给你的，跟公司没什么关系，公司该赚的已经赚了。再说，给我供货的还有五六家公司，他们知道了，都要求我送车，我送不送？"王石反问："你不是说这钱是我的吗？那我说就这么办了。"

结果对方买了两辆面包车，还有余钱又捎带了两辆摩托车，送给特区发展公司。很多年之后，特区发展公司都还不知道这些车是为什么送的。

万科之初

王石着重回忆的是当时创业的悖论环境。或者，我们可以换一个角度来看这家公司传奇式的成长。

王石 1983 年从广州到深圳，1984 年成立深圳现代科教仪器展销中心后，做过很多种业务，刚开始是做家用电器仪器，以进口日本产品为主，像索尼、松下、JVC 这些。当然其他业务也做得很热闹，像搞服装厂、手表厂、饮料厂、印刷厂、K 金手饰厂。"这样说吧，就是除了黄赌毒、军火不做之外，基本万科都涉及了。"王石很多年后回忆的时候打趣地说。

当时王石就有一句名言，说过很多次，当然现在已经不说了，也没有必要说了，就是"万科一不赚女人的钱，二不赚死人的钱"。女人的钱不赚，万科就绝不会涉足色情娱乐行业，而 20 世纪 80 年代，歌舞厅一直是深圳最赚钱的行业。死人的钱不赚，万科绝不会把手里的地皮用来做墓地。当然，当时要说服手下员工执行这样的政策并不是一件容易的事情，不过王石做到了。

万科什么赚钱的生意都做

"万科创建于 20 世纪的 1984 年，当时公司的全称为深圳现代科教仪器展销中心。一群二三十岁的年轻人聚集在一起，开始创业的道路。办公地点为罗湖区建设路南口一座多层建筑的两层。顶层竖立着硕大无比的红蓝绿公司标志和公司名称的霓虹灯，到了夜晚，彩色的霓虹灯在程序的控制下跳跃着，流光溢彩。整个建筑物坐东朝西，面对着高架铁路。凡夜间进出特区的火车乘客都会被万科的霓虹灯招牌所吸引。"

这是王石多年之后颇为抒情地回忆创业之初的感觉。

这一家名字冗长的贸易公司是深圳特区发展有限公司企业集团的下属，是非常典型的靠进出口贸易起家的深圳公司。二楼的公司总部就像是个卖场，陈列着摄像机、录像机、投影机、复印机及部分办公文具，员工大约40人。顾名思义，公司应该是做教学器材的，但从展场的商品来看，除了影视商品可以称得上教学器材之外，万科经营的内容同公司的名称并不相符。因此当北京师范大学和北京协和医科大学的采购部门慕名专程到深圳现代科教仪器展销中心采购教学器材时，公司经理王石才意识到公司名称原来不是那么合适，得名正言顺。没过多长时间，公司名称改为深圳现代企业公司，看得出来王石追求缔造现代企业制度的雄心。

由于生意越来越好，业务一再扩展，1986年还没有改名为万科的这家公司继续发展，在保留建设路展场的同时，把总部搬迁到高架铁路对面的和平路50号，离今天的广深铁路公司总部也就50米，离罗湖口岸不到1千米，算是占尽了地利。这个新的办公楼是由一栋九龙海关三层单身宿舍改建而成的，简洁的几何外形用镜面玻璃包装，按王石的说法就是"显得现代、简约，富有时代气息，尤其是当镜面玻璃上映衬着的蓝天上的白色云朵缓缓移动时，你会感到这座建筑物在行走"。此时，万科的决策者正做着"贸易王国"的美梦！也就是在这座小楼里，万科完成了股份制改造，正式更名为万科企业股份公司，那是在1988年11月。

因为当时是20世纪80年代，处于计划经济向市场经济过渡之中，赢利空间比较大，可选择机会比较多，所以基本上是做什么赚什么。因此那时王石在深圳有个外号叫金手指，意思是他指什么、做什么就赚钱。但是当时王石自己可不敢这样想，"我非常清醒地认识到，有了这样千载难逢的机会，你要赚钱并不是很难，但并不等于万科有核心竞争力。"

不过，知易行难。王石第一次营造万科核心竞争力的努力没有成功。

万科成立之初，经营摄录像器材的进口贸易非常有成绩。1986年，其经营的摄录像器材数量一度占有国家计划外市场60%的份额。只是好景不长，后来受水货市场的严重冲击，该项业务的前景不容乐观。当时，万科曾经设想先引进录像机的散件再在国内组装和销售，并与国家定点生产厂家中的三家签订了协议，但最后仍然无法纳入国家计划，无疾而终，令王石深感遗憾。

在万科创业的头几年，深圳正好处于大进大出的阶段。当时深圳的整个社会都呈现出一种畸形发展的态势。比如说当时倒卖钢材、水泥非常赚钱，很多人就是靠倒卖起的家。以万科当时的实力和精力也完全可以做，但是王石不做。他宁肯去做手表、首饰、服装，这些也许没那么赚钱，但是他觉得至少要高雅一些。王石骨子里的这个东西，决定了他的第一个合资公司，也就是 1986 年成立的国际企业服务有限公司，走的就是文化产业的路子。这家公司做的是展览、装饰方面的业务。这个后来和外国著名的智威汤逊广告公司合作的合资公司，一开始做了二十几个展览，包括山西石窟展、摄影展等艺术类的展览，当然也包括一些经济类的展览，虽然不是很叫座，但是很叫好。发展到后来，公司开拓了广告业务。深圳的很多名牌，包括金威啤酒、阿波罗、特美思的品牌设计等都是由它包装出来的。该公司再后来发展出模特队、影视公司，还有境外发行的期刊和彩视印刷，总之是有声有色，很替王石和万科长脸。

还有一个例子很能说明王石的价值观。1990 年，万科和深圳电视台合作搞了一个万科杯卡拉 OK 大赛，王石还亲自上台颁奖。由现在保存下来的模糊的录像来看，王石看这个节目时很投入，确实乐开了花。原因无它，因为王石真的喜欢这类东西。那时，就算中央电视台也不敢和企业合作搞这样的娱乐节目，因为当时媒体控制还很严，而深圳电视台因为在特区，所以步子就走得比较大一些。另外，万科还搞了万科影视基金会，组织创作了一些脍炙人口的歌曲，像曾经红遍大江南北的《血染的风采》《黄土高坡》等等，都是由万科组织创作和推出的。

王石掌舵改变方向

20 世纪 80 年代万科做电器生意的时候，利润率是 100%～200%，大家当然做得非常开心。然而随着很多公司的跟进，自然供大于求，只能降价，结果暴利变成了平均利润，变成了平均以下，变成了亏损。一个做 200% 利润的队伍，面对 2% 利润率的市场，不亏才怪。据内部统计，1984—1992 年，万科做贸易的盈亏相抵，结果竟然是赤字。不仅钱最后都让市场拿回去了，还附带利息。故王石说，市场是非常公平的，以暴利获取的利润，最后市场还会让你掏回去。

在众多的行业当中，万科早在 1988 年就进入了房地产。万科在 1992 年做出决定，应该从众多的行业中选择一个项目来进行重点经营，最后万科选择了房地产作为主业。

"这个企业做到十个亿的时候，你再往上做就非常困难了。你会发现你的资源本身就不多，人力资源、资本资源，实际上你本身就只有这么点儿资源，又被分到十几个行业当中去。绝对不能一味追求大规模，因为如果一味追求大规模又不能做到，再砍掉，规模不是反而越来越小了吗？"

王石这方面的账算得很清楚。

"我们慢慢发现房地产市场在中国刚刚开始，市场非常大，而且能够维持比较长的增长时间。同时，市场很大，没有垄断，我们就选择了房地产。我们曾经选择做录像机，但是已经有九家国家定点的厂，每年进口的指标分给这九家，所以根本行不通。已经确定房地产后，万科开始做减法。因为资源集中了，虽然调整恰逢房地产非常不景气，1992 年、1993 年因为宏观调控很多人不做房地产，但到了 1998 年房地产真正热起来的时候，万科情况很好。"

不过，王石回忆起这一段惊心动魄的多种经营的经历之后，仍然保持比较清醒的头脑，从来没有过分乐观，觉得自己做什么都可以。他很谨慎地说："房地产本身的产品也是种类很多的，写字楼、住宅、商场、厂房，有很多品种，我们只做住宅。虽然我们做得很单一，但是正因为很简单，我们现在才做了 15 个城市，再投的话就很慎重。这是一个加法、一个减法，是不同的概念。"

公司规模不大的时候，王石还常常和新职员座谈。兴之所至，他还会拿出万科以前发展的图片给大家看，其中有一张照片给我的印象特别深刻，好像是1988 年照的。当时王石留着一头同台湾爱情电影里男主角一样的长长的大分头，穿着很时髦的吊带裤，拿着教鞭做万科的对外推介，样子很可爱，感觉跟邻家大哥似的。

万科 1984 年成立时的经营环境，和现在完全不一样。那时候刚改革开放，

股份制改造期间王石讲解推介

深圳又是特区，几乎没什么规范可言。万科在 1984—1987 年的经营当中更多的不是遵守规范，而是打破原来的规范。

1988 年，万科成了第一批吃螃蟹的公司，进行股份制改造。因为当时没有什么先例可循，只有参照香港上市公司的做法，要求透明度，设立董事会，董事会下面有股东大会、管理班子。股份制改造方案是请香港顾问公司来做的。王石今天回忆道："（这些变化）对公司来讲带来一个问题，（就是）大家都不按照规范去做，万科按照规范去做就束缚了手脚。但是如果我们现在不规范，将来我们会被淘汰掉。我们现在规范，可能市场不规范，但我们宁肯被淘汰掉，也不能退出规范。这等于是你对将来下了赌注，你认为将来是规范的。如果中国改革开放进程不规范，一直不规范，那么我们还是会被淘汰掉的。事实证明中国的市场经济是越来越规范的。"

很多年后，企业战略研究专家姜汝祥博士在拜访王石的时候，谈到这一段万科主动规范的历史时，他很感慨地说，王石这是在进行一个赌局，把万科的前途都押在中国社会的变化是否进入正轨这一个因素上。今天中国走向成熟，因此万科能够脱颖而出。如果中国陷入一些东南亚国家似的权钱交易黑金政治，可能万科早就坚持不下去了。

关于地产作为主营行业的确定，和万科其他一系列重要战略决策一样，有着完整的会议记录档案。

王石强调，他到深圳已经 33 岁了。他的生活阅历很丰富，也属于智商比较高的，该做什么、不做什么、怎么做都非常清晰。"万科的战略调整都是记录在案的，我绝对不是说事后偶然成功了，去美化历史。因为还有以后，偶然的成功，对不断成长的企业来说是不够的，维持不下去的。"

除了战略眼光之外，王石清教徒式的自律也是万科整个企业充满活力和动力的根源之一。很多年前，亚热带的深圳夏天，一个烈日炎炎的下午，当时从事摄录像设备买卖的王石参加一个和日本供应商合作的维修部开业仪式。据说我方来宾全热晕了，站得东倒西歪，而那些西装革履的日本人即使一头大汗，也始终保持战斗队列。万科的自己人之中，只有王石和日本人有一比，一米七四高的他就那么站着，在火红火红的日头下，身体笔直，目光深邃……

投资祖国大地

邓小平南方谈话发表之后，老人家"要敢闯""胆子要大一点""步子要快一点"的指示如滚滚春雷，在960万平方千米的中华大地上回响，经久不息地震动着中国的每一个角落。逼人的形势、难得的机遇，使得全国各地的政界和企业界都变得热血沸腾、雄心勃勃，拉开了一副大干的架势。老人家的指示给激进的人吃了定心丸，给稳健的人以鼓励，给保守的人以鞭挞，也给所有的人指明了方向——搞活经济是唯一的出路。于是，各地政府纷纷考虑如何加快本地经济的发展步伐。

在这样的大环境下，万科同仁也热火朝天，积极性一经激发，就如火如荼。来自五湖四海的万科人纷纷研究起自己家乡的特点和条件，而且几乎不约而同地发现自己家乡发展经济的潜力实在太大了，不迅速起飞实在说不过去，于是，也都纷纷要求万科到家乡去投资，觉得这样"于公于私都是两利"。

大家的理由听上去都很充分！

海南，没得说，中国最大的特区，地理位置优越，基础薄弱正好是一张白纸，可以画最新最美的图画。也有人把话说活了，即使画坏了也不影响大局。

上海，中国最大城市，新中国成立以来长期扮演全国经济发展龙头老大的角色，基础良好，实力雄厚，在全国经济发展布局中的地位至关重要。

珠江三角洲，改革开放中崛起的新秀，毗邻港澳，具有侨乡优势，有望成为"亚洲第五小龙"。

郑州，地处中原腹地，交通极为便利，铁路交通更是全国第一。古人言"得中原者得天下"。这里日后将建成世界金融中心，为商家必争之地，看你敢不敢来中原逐鹿。

还有北海，大西南的门户，对内辐射西南各省，对外连接澳洲和东南亚各国，是天然良港，有漫长而优良的海滩，实在是得天独厚；乌鲁木齐，欧亚大陆桥必经之地，有丰富的地下宝藏，随着中国经济重心的西移，作为西北重镇的地位将日益突出，此时不去开发，更待何时？还有丹东、齐齐哈尔、怀化、陆丰……再有京津地区、胶东半岛、闽南经济区等。

但中国如此之大，潜质良好的又何止于此？于是就有许多不甘寂寞的"乡亲"们出于热爱家乡的感情，操起了战国纵横家苏秦、张仪的游说本事，到处启发和引导投资者前往开拓大事业。真是各有独特优势，各有优良条件，真是"谁不说俺家乡好"。在这个热火朝天的年代，投资者实在会遗憾自己没有三头六臂，照顾不了方方面面，不得不忍痛放弃许多良好的机会。

但是王石很快就能够从这些集体发热中冷静下来，他抛开这一切热闹的表象，往深处一看，发现许多无法超越的界限和无法摆脱的规律。

王石是这样分析的："很多城市都做了宏伟的规划：开发几百、几千平方千米土地，建起几百万吨的乙烯厂、几百万吨的炼油厂、几千万吨的炼钢厂，建起多少个万吨泊位，开发多少千米的海滩等。这些美好的远景规划，令人不由得不动心、不向往。很多人虔诚地、执著地相信自己的设想一定会实现。"但是，这些设想又包含有多少现实根据呢？

王石不客气地说："很多这样的设想只是一种一厢情愿的主观想像，一种神话，是严重脱离实际和经济规律的。"

他由他自己亲身往北海商业谈判的例子来说明："北海市现有常住人口15万，地区生产总值15亿元，但其城市规划已做到了3 000平方千米的范围。从经济角度粗略地测算一下，仅开发300平方千米的土地，以深圳的标准计算，就需要700亿元的投资，而700亿元的投资又需要有1 000亿元的地区生产总值的产出能力。现实与理想之间的距离，已经大到了假如没有奇迹发生就永远都不可能缩短的地步。有人也许会以深圳为例来反驳这个结论，但是深圳的发展具有'只此一家'的背景，其特殊性是其他地区难以比拟的。目前全国性的投资热潮显然已经造成了资金分流的局面，忽视这种局面必然会得出错误的结论。"

令王石吓出一身冷汗的北海投资梦，结果套住了一大批勇敢的投资者。

1992 年，仅 20 多万人口的北海市，因其独特的地理位置和市政府的"筑巢引凤"政策，引来了大批外来地产商。在公开允许炒地炒楼的宽松环境下，房地产公司由 1992 年的 6 家猛增到 1993 年的 1 700 家，政府批地 80 平方千米，报建商品房 340 万平方米。不少人从土地和楼盘的炒卖中赚取了惊人的利润，但万科并未加入他们的行列，而是实实在在地搞地产开发。1992 年 12 月，建筑面积 1 万多平方米的"万达苑"破土动工，市场定位为多层中高档商住楼，包括 60 套公寓和 1 000 多平方米的商场，主要销售对象为外来投资者和知名厂家。由于在政策许可之下预售楼花，公司赢得了宝贵的时间差，在北海房地产发展到高潮时得以迅速回笼资金。后来，"万达苑"基本出售和出租完毕，万科算是能够顺利撤退。但是，接下来的事情众所周知，北海房地产的泡沫和沉没，成为 20 世纪 90 年代中国经济最大的问题之一。

经过这场投资大发烧之后，王石体会到，无论何地，发展经济都需要有一个全局观念。"任何地区性的经济发展，都必须摆正与全局的关系，找准在全国经济发展布局中的位置，才能找到一条符合实际的发展道路。冷静地分析形势，客观地衡量自己，而不是想当然地设计、以自我为中心地规划，这才是明智之举。"

"经济的发展自有其特点和规律。尊重科学、尊重客观规律不能仅仅当成一句口号。如果用一种类似于搞政治运动的方式和思路来发展经济，那么难免碰壁和犯错误。"此后，王石一直这样提醒自己，还有合作伙伴。而 1994 年之后，至少在投资方向上，王石掌舵的万科，都没有出现大的失误，年年的业绩稳定上扬就是最好的证明。

在 1995 年祝贺万科公司成立 11 周年的纪念文章上，署名南丁的丁长峰的总结很有意思："1992 年对于公司的革命意义在今后几年中将持续不断地体现出来。在这一年中，公司做出了两项战略决策：一是将房地产业务作为核心业务发展，并推动该项业务的跨地域投资；二是发行 B 股，引进国际资本和管理经验，建立一个开放的组织架构。虽然 1993 年国家开始进行宏观调控，控制基建规模，卖方市场也向买方市场转化，但在三年中，公司的业务结构趋于明朗，房地产业务成功被确立为核心业务，今年上半年房地产部门的营业收入和利润分别比去年同期增长了 49% 和 43%，外地业务占公司利润的比重已上升到 70%，说明了公司主动变化、调整自己以适应市场的努力已初见成效。"

经历了 1992—1994 年带着阵痛的变革，王石率领万科，终于走上了一条专业化发展房地产的快车道。在确立地产业务主导地位的同时，万科跨出深圳，在全国各区域经济中心开发房地产或进行土地储备，突破深圳市场日趋饱和的发展局限，抢先占领内地市场，成为深圳北上发展较为成功的地产企业之一。在宏观紧缩，多数地产商或楼盘积压或陷入停顿的情况下，万科以合理的地域组合，借助多年积累的专业经验和专业队伍，降低了经营风险。1995 年中期，万科房地产营业收入和赢利较上年同期分别增长了 49% 和 43%，在同类公司中表现不俗。

专业化努力初见成效，不过万科地产享受到专注缔造的真正辉煌，还要到四五年之后。

围绕万科的小故事

很多人都议论过"万科"这两个字的含义，有些从"百科知识"想到"万科"，可能是意味着多种经营，又有些人以为凡带"科"的就是要搞高科技，众说纷纭，并无定论。那么"万科"这名号究竟是什么意思呢？这还要从它的来历说起。

公司的前身，在股份制改造以前的正式名称为"深圳现代企业有限公司"，英文名称即"SHENZHEN MODERN ENTERPRISE COMPANY"，缩写为"MEC"。在股份制改造以后，考虑到工业生产所要求的品牌一致化，王石觉得，在股份制改造的筹备工作中，为新的公司起一个响亮、上口且意义深远的名字就成了一件大事。在讨论过程之中，有人提出，干脆不起中文名字，只取"MEC",但是考虑到与"MEC"相仿的名字实在太多,如"NEC""CMEC"等,结果并不足取。又有人提出,换一种思路,以"MEC"的中文语音"迈克"为名,显示公司的现代气质。当时这个主意一出,公司里的广东籍职员大叫"唔得",因为"迈克"一词在广东话里跟"卖黑"的发音几乎一样,不太吉利。于是,大家又陷入困境。

最后,还是后来去了贸易公司的一位万科老员工提了一个建议,用"MEC"的广东话发音"万科"来取名,得到了王石为首的管理层的一致认同。为与广东各地众多"万"字头的企业相区别,王石还同意,英文名称不用"WANKE"而选用"VANKE",选"V"字头取胜利的寓意。名称方案确定后,国企公司设计了标准字体和标志。万科希望这个设计能够显示傲群、脱俗的气质和追求、创新的精神。

后来,有一位英国客人来万科访问时,感觉"VANKE"好像是德语中的词汇。恰好王石经常用德国人的严谨、思辨来激励职员,这巧合也不错。

洋灰色,是公司的主色;暖红色,是公司的辅助色。选择洋灰色做公司的主色在当时很少见,也很大胆。这也可以看出王石风雅的一面。据说,自万科选定公司色后,洋灰色逐渐成为流行色。这种别出心裁的选择表现了王石与万科喜欢开一时风气、领一代潮流的风格。

至于如何及为何选择洋灰色和红色作为公司色,当然有许多饶有趣味的故事。我曾多次听过最早参加公司创建的王石的同事们绘声绘色地说起往事,然而关于公司色,一直没有权威解释。可能是万科人的想象力特别丰富,难以形成统一的意见。即使存在正统的官方解释,恐怕相同的颜色在不同的眼里也代表着不同的含意。

万科公司色的寓意一直没有标准答案,据老万科人相传:灰色代表和谐,红色代表活力和希望。灰色是黑色与白色的调和物,黑色太过抢眼,白色太过单纯,两者都有苍白无力的感觉,唯有黑色、白色调和出来的灰色方显和谐。在儒家思想充分浸润的社会里,黑白分明显得个性过强,反而会受到各方抑制,孤立无援,难以生存;和谐、包容方能兼收并蓄,不被敌视,方能根深叶茂,与周围环境相映成趣。万科公司个性特别分明,喜欢独树一帜,照理应选择与其个性相称的颜色,而这正是万科的独具匠心之处。姑妄听之吧。

1988年,深圳现代企业公司借股份制改造的机会更名为深圳万科企业股份有限公司。五年之后的 1993 年，借增发 B 股的机会，万科曾想更名为中国万科企业股份有限公司，但工商管理部门不批准公司名称前冠以"中国"两个字，理由是：不是国字头的公司申请冠"中国"两个字必须有国务院副总理或政治局委员级别的批条。万科哪有这个本事？也许是出于同情或安慰，国家工商管理局同意万科公司的全称去掉"深圳"两个字，自 1993 年 12 月 28 日，"万科企业股份有限公司"的名称延续至今。

万科初期的"各大产业"

万科年产"汽车"数十万

现在很少有人知道，万科曾经年产"汽车"数十万。

深圳有一座"微型汽车城"，20 世纪 90 年代初，很多深圳人第一次听闻。赵晓峰是当时集团的副总经理，负责的是工业口，也是深圳万科精品制造有限公司总经理。

赵晓峰最自豪的是，这座"汽车城"，年产 50 万～70 万部仿古精品车。

这座"汽车城"在水贝工业区的一幢厂房里。这幢厂房，后来做了八年的万科总部，见证了万科由一个什么都做的公司，成长为全国顶尖房地产企业的光辉岁月。

当时的万科精品制造公司，生产劳斯莱斯、拿破仑、奔驰等名牌仿古"汽车"和旧式英国"火车"，甚至"日皇座驾"在这里也大批量生产。长长的装配线上，一辆接一辆的"名车"经过一百多个零部件的装配之后，宛如真车一般。它们犹如"小人国"里的建筑，按比例缩小，但其材料的选择、零部件的制造和工艺流程的要求，如原型汽车般严谨、复杂。在成品检验处，工人们试验着旧式英国"火车"开动的性能。看着那微缩的火车轮在袖珍的路轨上奔驰，幻想着 19 世纪的英国大地，面前宛如是一幅活生生的历史画卷，而其精湛的工艺、工业化的大生产，又展现出今日之科技。

这是一家以工业化手段生产仿古精品的企业，产品 100% 外销，年创汇

300 万美元。无论与美国，还是与中国香港相比，它在同类企业中都是一流的。谁会想到，它竟是从"来料加工"中学来的企业。

1988 年，万科企业与著名的美国精品制造企业——富兰克林铸币有限公司合作，开展"三来一补"业务。西方工艺品的先进理念和生产工艺拓展了万科人的视野，使他们看到了这一领域广阔的市场。两年后，自己投资了 200 万元建起了万科精品制造有限公司，当年就收回投资，三年获利 1 000 万元。

王石曾辖 12 名模特

20 世纪 90 年代，深圳市模特中心是深圳唯一以法人身份注册从事模特业务的企业，因经营不善，该企业一直亏损。万科为发展文化经营业务，经研究和论证，决定参股深圳市模特中心，并于 1991 年元月正式收购了该企业 80% 的股权。然后，王石派大将鲁东勇接任模特儿中心经理，担负起使这个亏损企业彻底改变面貌的使命。

万科在认真分析了国内模特行业的形势和模特中心本身的实际情况之后，决定进行彻底的调整。第一项调整措施就是解散模特队并裁减部分行政人员。12 名模特被遣散，离开这家可以悠闲自在但奄奄一息的企业。模特中心改以聘用制方式召集模特演出。这确实是一项大胆的改革，在观念上和心理上都遇到了障碍，但经营过程中简单却致命的道理使改革成为必然。模特中心本身经营范围单一，内部不存在由专门的模特队提供长期演出服务的需要；在整个模特行业市场依然比较萧条的情况下，对外演出的业务量也无法保证。在这种情况下，常设模特队给企业造成了沉重的负担。模特队解散的意义，一方面在于通过降低经营费用减轻企业的生存压力，另一方面是使企业可以集中注意力和资源进行更有力的突破。实践证明，管理上这种果断的调整是在困境中取得突破的有效手段。

在完成企业内部调整之后，万科使出浑身解数，拳打脚踢，开辟了歌舞厅节目综合策划和制作、大型演艺项目经营等业务；并开展了镭射影碟的发行业务，建立了全国性的镭射发行网，在此基础上成立了激光影音部，不断拓展业务，自身的实力和影响力也逐步扩大。昔日奄奄一息的模特中心终于出现了喜人的生机。

夭折的服装品牌

三利华服装厂自 1990 年 6 月由万科贸易口的协和公司承租，至 1991 年 11 月由服装公司结束承租合同止，共在成都市万科系统内存在了一年零五个月，这是一个品牌从出生到夭折的完整的故事。

服装业是一个拥有广阔市场的行业，能在这个市场中占据一席之地，无疑是一件令人高兴的事情。正是出于这一美好愿望，当时服装项目的操作者提供了创立"万科"牌服装的雄心勃勃的计划。但由于在具体操作过程中忽视了一系列无法回避的客观事实，没有按照行业的特点和自身的情况采取切实有效的策略和步骤，在经营管理中犯下了无法挽回的错误，创立品牌的设想最终夭折。

创建品牌，首先必须有质量过硬的产品。三利华工厂的生产设备很不配套，只有生产西裤、短裤的能力，西装上衣只能委托武汉的厂家生产。工厂的工艺水平并不过关，在生产过程中又忽视了对产品质量的控制。生产出来的产品，在用料、款式、质量等各方面都存在缺陷。市场是产品开发的一个重要环节，但操作者对此没有给予足够的重视，市场开发很不得力，销售局面没有打开。为了补偿工厂较高的生产费用，工厂在定价策略上又犯了一次错误。在产品滞销的情况下，生产没有得到及时的调整，仍然盲目进行，结果出现了大量的库存积压。1991 年 11 月，在总公司的干预下，由连锁事业部出面对服装项目进行了调整，服装公司开始向贸易型的专业公司方向发展。这个品牌夭折的故事，为公司的产品开发工作留下了深刻的教训。

行业龙头彩视电分公司

彩视电分公司是万科与仁达国际（香港）有限公司于 1987 年 10 月合资成立的，以来料加工为主要方式经营彩印制版。几年来，公司业绩取得长足进步，利润总额由 1988 年的 37 万元上升到 1991 年的 204 万元，逐步成为在深圳乃至全国制版业具有较大影响的制版公司。

香港海洋电子分色有限公司是一家专业制版公司，1990 年开始同彩视电分公司合作开发来料加工业务，对其生产技术的提高、海外市场的拓展发挥了积极的作用。

近年来，随着世界制版业加工中心的东移和香港制版业的内迁，深圳面临着新的机会和挑战，单纯的来料加工已不能满足市场的需要。鉴于此，彩视电分公司决意扩大规模、引进技术。经多次磋商，于 1992 年签订彩视增资扩股协议，吸收香港海洋公司入股，双方由原来的来料加工合作经营转型为合资经营。

包括原有股东新增投资，彩视电分公司最后共增资 768 元万人民币，为实现万科提出的"在五年内把彩视公司建成全国最大，在香港及亚洲具有较大影响的彩印公司"的目标奠定了夯实的基础，也为万科工业的发展提供了成功的借鉴——在本身对工业不甚熟悉，盲目性多于自觉性的情况下，借助合资、合作等方式实现从无到有是可行的，而在发展中不断调整的方式更是十分必要的。

万科工业赚辛苦钱

当现代企业有限公司的贸易做到 1988 年，倒腾视频记录仪的王石和他的工友们听到了特区政府要大办工业的深情呼唤，终于咬咬牙，从口袋里摸出 500 万元，买下了水贝工业区的那栋六层厂房。

如今这厂房的价值据说已经翻了 N 倍，可那年头这物业投资的意识到底有多少恐怕谁也说不清了。一帮人只知道这厂房要用来办工业，用来赚钱，可不知道工业究竟怎么搞……想来想去，只有来料加工省心。一方面可以有租金、管理费等稳定收益；另一方面不担风险，还可以学到些工业管理经验。

他们这种看上去挺保守的算盘还打得不错！没多久，外商来了，项目来了，工人也招来了。眼见上千工人齐刷刷站成一片，年方 37 岁的王石"小总"对当年的利润增长又格外添了几分信心，当下指手画脚，排兵布阵：一、二、三、四层做车间，五、六层做工人宿舍。

可谁知没过几天，问题就出来了：厂房在设计之初并没想到要解决上千人的吃喝拉撒、衣食住行。一时间，供水不足、供电不足、电梯爆满、食堂爆满，只设两个"坑位"的厕所也爆满，纤细的排污管时时被堵塞以至遍地流污……富有创新精神的"小总"们自然想出些怪招：缩减"坑位"间隔，增加"坑数"；甚至有人想出要在厕所里安装录音机，循环播放节约用纸、提高效率等注意事项。

这些高招还是没能避免悲剧的发生，有一天在疏通堵塞的管道时用力过猛捅漏了车间的天花板，于是乎……

猴急的伙计们探头四望，终于在1989年的小阳春有了重大的发现——工厂附近那家食品公司的养鸡场突然少了许多黎明的聒噪。听人说，它们遭受了严重歧视，被迫迁出特区之外。于是这里出现了一大片空地，改制伊始的万科打起了用这片空地建个生活区的主意，于是有了太阳下头戴草帽、腰别白手巾的赵晓峰"领衔大干"的形象，于是有了半年之后一个能容纳2 400名职工的有生活设施配套的小区……

初生的万科工业选择了一条看似简单实则不易的路，而备受迁徙之苦的养鸡场的住客们如果知道它们帮助万科解决了劳动密集型产业最基本的人口生存问题，并在那风雨飘摇的一年，这里成了万科利润构成中的"大哥大"，大概也会颇感欣慰吧。

这些笑话转眼都已是多年前的故事了，可当时却没人视之为笑话。几年之中，"小总"变成了"老总"，"万科乡"成了集团，"大哥大"的位子也是"风水轮流转，不再是我家"了。然而王石和他的手下干将们，走过了一段由不懂到懂、由灵感冲动到理智思考的历程。

20世纪80年代中期，由贸易起家逐步成长壮大为多元化经营的万科公司，顺应当时特区政府发展工业的政策，由来料加工业起步，寻求在工业领域的发展。

进入20世纪90年代后，随着特区经济的发展和政策优势的淡化，外商逐渐把企业转移到劳动力更便宜的地方，与万科合作的苹果牌服装和遥控开关也分别与万科结束了合作关系。在这种情况下，万科在继续与美国富兰克林合作的基础上，成立了自己的精品厂，形成自己的创意力量，开发新产品，建立自己的市场销售网络，完成了由单纯的来料加工到自产产品的嬗变。除了将厂房转向深圳的二线关外，在特区外重新购买厂房。但此时房地产市场十分活跃，厂房已比过去贵了很多，而员工成本也在上升，加工代理收入却在下降，经营难度日益增加。

在特区的来料加工企业中，面临这一困难的不仅仅是万科工业一家。

值得指出的是，虽然万科前期的很多投资进行得有声有色，也衍生了很多感人至深的小故事，但是，对于由自己一手做大的这些非主流行业的小企业，即使常常带着复杂的感情，王石在往后的八年里，也还是坚决把它们一一变卖。

成功，有时候需要太多的舍弃。正是因为王石在不断做着很多包括万科人都不是很理解的减法，才有了接下来的万科地产业的辉煌。

05

坎坷股改路

股份制改造无疑是王石在万科发展历程中若干重大关键性决策之中的第一个。由主动尝试的勇气到排除种种困难的毅力，都折射出在体制变革之中，把握机会和自我创造条件的重要性。而在股票发行和上市的第一关过去之后，就面临着上市之后怎么办的问题。在这里，王石率领的万科又一次给出了完美的答案，那就是在一个还不太规范的大环境下，自我先行规范。这种把现代企业改革进行到底的决心，除了魄力和胆识之外，更加需要的是智慧和自律。坦白地说，多年后，回望万科的这段坎坷股改路，我们不禁捏一把汗。因为，有太多的理由和外在因素能够令王石和这家企业的努力半途而废。而对于许多仍然徘徊在规范化和灰色地带之间的企业，对于许多还在寻找做大做强途径的企业家来说，万科股改进程中的反复和艰辛，相信他们会有共鸣，也希望能够给他们勇气。

股份制改造

20世纪80年代，全国各地都有许多以不同形式不规范发行类似股票的企业。以"深圳现代科教仪器展销中心"的名称注册的万科是中国内地第一家向社会公开发行股票的企业。实际上，万科的股份制改造之路绝不平坦，敢闯的王石遇到了当时的上级主管部门的不同意见，双方一度到了僵持的境地。于是，一场惊心动魄的上市游击战就在王石的指挥下悄悄地进行着。

时钟拨回到20世纪80年代中期，那时候深圳的企业家确实很不明白，为什么生意做得好好的万科会如此大胆迈出股份制改造的第一步。

早在1986年，深圳特区政府就下达红头文件，在国营的集团公司系统推行股份制试点工作。不过在20世纪80年代中期，特区刚进入第一轮发展的快车道，经济发展迅猛，国营集团公司的日子都很好过，没有危机感，很多公司老总都普遍认为搞股份制、设置董事会等于增加了个婆婆，多此一举，太麻烦了，因此没有大的集团公司响应。

但是血气方刚的创业者王石，比其他人多了一些深思。多年后，他自己回忆，看到这份文件很兴奋。

"万科在企业的发展方向、利润留成比例、人力和资金调配等方面和上级主管公司有很大的分歧。万科正处在十字路口，该何去何从？我强烈意识到：股份制改造是一个让万科能独立自主经营的机会。公司的决策层很快统一了思想，要把万科改造成一家符合现代企业规范的股份公司。但怎么改造，能否完成没有一点把握。"

任何改革都不可能一帆风顺，尤其是在很多方面都还只能绕路走、打擦边球的 1988 年，万科的股份制改造遭遇了难以想象的困难。

当上级主管公司得知万科管理层的想法时，采取了断然拒绝的态度。为什么会有人一口拒绝呢？道理不复杂，有人就是对王石平时的态度很不满意，觉得他在全资公司还不听招呼，改制后还不得另起炉灶、占山为王啊！因此，当时连同提出股份制改造的金田和原野两家公司，都同样遭到上级主管公司的拒绝！

集团老总自身不响应企业改制，还拒绝下级公司的改革尝试。面对这样的领导者，即使是一贯倔强的王石也束手无策。好在新生事物总是有生命力的。深圳特区政府主管体改的部门对三家公司申请改制采取了欢迎态度，而且当时的体制改革办公室对于他们的态度岂止是欢迎，简直是喜出望外——总算有三家国有企业愿意试点搞股份制改造。万科、金田、原野成了体改办的宝贝，但同时遭到上级公司的反对，又成了烫手的山芋。

于是，如何绕开中间层的阻挠，把股份制的创举进行到底？为此展开的这一场博弈就变得耐人寻味了。如今回望，这是新旧体制转变过程中必然的一环，但是对当事人而言，当时的感觉显然不大好受。

好事多磨

王石回忆其后的进展："中国的改革采取自上而下的方式。在遇到中间阻力时，只有争取政府的支持，做上级公司老总的思想工作。当时通过朋友介绍，结识了在政府领导身边工作的秘书班子。他们能理解万科的处境，并积极帮万科疏通渠道。当时的市委书记李灏同志特意安排他的秘书唐火照不定期地约见三家公司的老总，听取公司改制的进展。这种安排完全避开上级主管公司、政府有关部门，属于市委书记的秘密渠道，有点地下工作的味道。感受到市委书记在暗中支持，我心里有了底。"

不过，好事多磨，这关系到未来万科是否能够轻装上阵。一飞冲天的股份制改造，虽然一直暗度陈仓，但是最后还是到了需要正面交锋的时候。

传说就在市政府正式确定万科搞股份制改造前夕，发生了"上级公司大闹办公厅"事件，万科的股份制改造差点儿因此搁浅，为此还发生了铁汉王石向市长"状告"上级公司老总的插曲。

王石对这一次事件印象深刻："随着股份制改造进程的加快，万科同主管公司的矛盾公开化。当上级公司得知市政府准备下文同意万科的股改方案时，派了一个请愿小组到市政府办公厅，强烈要求办公厅撤回股改文件，理由是政府越权干涉企业内部的正常管理。鉴于上级公司的强烈反对，办公厅只好暂停下发同意万科股改的文件。事后上级主管公司的老总公开得意地表示：你王石能耐再大，也跳不出如来佛的手心。"

在这种情况下，王石看到形势急转直下，也不能前功尽弃，于是只有硬着头皮去找深圳特区的市委书记兼市长李灏求援，这也就是所谓的"告状"的由来。而这就是王石第一次面对面同市里的一把手对话。

王石回忆："市委书记的办公室很小，李灏坐在办公桌后面，手握一支毛笔，边听汇报边练习书法。"听王石倒完苦水，书记把笔一搁，一字一顿地说："改革是非常不容易的事。你们年轻人不要急躁，要沉得住气，困难越大，就越是要注意工作方法和策略。"当时的王石年轻气盛，并不满意市委书记原则性的回答和含蓄的批评。"可是，这个事情，最后还是全靠书记才能够解决。现在回想还是老姜辣呀。"这是他十年后真情流露的回应。

股份制改造文件在市政府办公厅耽搁了一个多月，"我急得像热锅上的蚂蚁。为了股改能进行下去，我们也开始疏通各个层面的关系。最后是市委副书记秦文俊亲自做上级公司老总的工作，老总才勉强同意"。

王石到了这一步，心头总算是放下了一块大石头。

卖股票原来很难

外部矛盾化解了，公司内部对改制却弥漫着迷惑和抵触的气氛。

在万科和平路颇有现代味道的小楼之中，围绕着股份制改造，大大小小的争议不断。

一次座谈会上，老职员中的一位代表说，我们原来是国家的职工，给你们这么一改革，那不就是让我们成了没有组织的人！这不行！还有一人急了就摊牌，大叫道：你把公司的房子私有化给个人，解后顾之忧，之后你王石愿意怎么折腾都行。

当时万科的净资产是大约 1 300 万元人民币，其中住宅资产占了 500 万元。如果把这部分资产分了，那么公司的资产规模将一下缩小很多，不利于增资扩股。王石自然没有妥协，顶住了压力，反复跟职工做思想工作，告诉他们，没有退路，反而是多了其他出路，未来的机会更好。值得庆幸的是，万科比较浓郁的理想主义企业文化起到了作用，相当一部分职工都愿意把股份制改造进行下去。

为了顺利开展改制和招股工作，万科专门聘用了三位"秀才"负责此事的具体工作。老职工讥讽他们为王石身边的三位"公公"，并按姓氏冠以"孙公公""李公公""冯公公"，这也是一个趣事。

过了审批这一关，下一关就是股票的发行。那时候，股票对于绝大多数人来，还是《子夜》里面吃人的资本家的玩意。谁知道，谁明白，谁又愿意掏钱出来给这家不起眼的万科企业呢？

万科招股

　　王石又一次遇到了难题。

　　但是，不知道是王石的能干还是运气起了作用，在万科进行股份制改造前后的几个月里，光在深圳当时的主流媒体——《深圳特区报》上，关于万科的文章就有 36 篇之多。万科的宣传攻势，即使换到如今的媒体传播，也相当不错。

　　王石对这个事情是这么回忆的："当时的万科在深圳还不是一家很有影响的企业，自身的能量还不足以造出那么大的声势。主要是当时的《深圳特区报》非常敏锐，一捕捉到万科要搞股份制改造的信息，马上意识到这是一个意义重大的社会题材。当时负责头版的五个编辑全部投入组稿、选稿的工作。这五位编辑号称特区报的'五虎上将'，对一个选题投入这么大的力量是很少见的。我们和编辑聚在一起，通宵讨论宣传策略，直至第二天星期日继续讨论。万科和特区报一起度过了激动人心的日日夜夜。"

　　在社会上大部分人对股份制还一无所知的情况下，《深圳特区报》用了很多篇幅来介绍股份制，宣传股份制，并且及时跟进报道万科的股份制改造进展。主流报纸的大力宣传，不但直接推动了万科的股份制改造，而且对深圳特区企业的股份制改造起到了推波助澜的作用，在一定程度上还促进了深圳证券交易所的成立，从而带给了无数人一夜暴富的机会。

万科提出的改造方案是扩股 2 800 万。万科原来为百分之百国有，净资产达 1 300 万元。扩股之后，深圳经济特区发展集团公司的持股比例一下子降到 30％，但还是第一大股东。1991 年 1 月万科股票在深交所上市交易，1993 年 4 月万科又发行 4 500 万 B 股。此后万科多次扩股融资，深特发所占股份一降再降。王石就曾戏言，股份制改造上市的过程，就是给万科松绑起飞的过程。当然，真正脱离上级主管公司，那还得到上市十年之后华润入主成为大股东才完成这一进程，这恐怕是当初参与这事情的各方都没有想到的。对于换了几任老总的主管公司来说，没想到王石毅力这么顽强。在公司做大之余，终于能够完成这样一个几乎不可能完成的任务。而对于王石来说，恐怕也没有想到，这一场股权拉锯战，竟然成为他生命的黄金十年中挥之不去的阴影。

还好，一切总算都过去了。

体制改革，这一个几乎每天都能看到的字眼，即使在改革开放前沿的深圳，有时候也需要相当长的时间。

孙路是万科第一任董事会秘书，是万科的三大"秀才"之一，后来到了深圳中侨任股份化筹备组秘书长，再后来就做了上市后的中侨的总经理。

清华大学助教出身的孙路是 1988 年 6 月在刘冀民（当时任国企公司展览部经理）的游说之下来到万科的。当时他糊里糊涂地到了国企公司。一个月后，王石找他谈话，提出进行股份制改造的设想，要他参与其事。

1988 年 7 月，万科开始着手股份制改造的具体操作。

我见到孙路的时候，他已经离开万科有几年了，是中侨的副总经理，还很年轻，思维也很活跃，回忆起当时万科股改工作之中的种种趣闻轶事，如数家珍。

所谓的股份化改造，有两大难点，一是文件的起草，二是招股。先说文件起草。万科选择的方式是在公开媒介上刊登招股通函。招股通函国内从无先例，怎么写？万科当时的年轻人们参考了大量的海外资料，在香港顾问新鸿基证券的指导下，经过了 17 次修改才最后定稿。

而准备在《深圳特区报》刊出招股通函的时候，万科又遇到了难题。在党报上刊登介绍一家企业详细情况的材料，在国内从无先例。报社不敢做主，上报市委宣传部和当时主管宣传工作的市委副书记秦文俊批准，最后还报到省新闻出版局审批，总之是把所有能够遇到的问题都忙乎了一遍。

文件工作忙完了，招股是万科股改的第二个难题。当时社会公众连股票为何物都不清楚，更何况万科还是一家没有多少名气的小公司。负责招股工作的孙路天天拿着一把彩笔，设计什么"天使计划""龙年计划"，又骑着自行车跑了250多家企业试探反应，然后回来做统计分析，看哪些企业可能购买万科的股票。

1988年11月21日，中国人民银行深圳分行正式批准万科发行股票，每股按照面值一元销售。万科股份制改造的三大"秀才"之一、现在著名的地产全程策划公司国企公司的总经理冯佳回忆，当时万科股票发行可谓甜酸苦辣、五味俱全。

股票发行在当时是个新鲜事儿，全国包括境外的媒体都非常关注。从当年8月份上市到年底的股东大会，短短几个月，光《深圳特区报》就刊登了万科上市的各种资料、消息，乃至花絮一类的文章36篇。像这种免费的宣传，并非后来的上市公司都能享受得到的。

但光靠宣传，想让当时的老百姓从心里认同股票这一新生事物，进而掏腰包买万科的股票，这并非易事。冯佳在这一场轰轰烈烈的万科股票推销大行动之中，也着实出了很多力。

1988年万科发行总股本为2 800万股。特区证券和中行信托两家公司作为包销商和承销商各承担了600万股，剩下的很大一部分是万科的一些老客户出于对万科的信任购买的，再就是万科招股队的功劳了。

万科招股队那时被公司内戏称为"打狗队"。有时在菜市场，真的可以看到万科股票的摊子和大白菜摊摆在一起。而"队员们"除了摆摊设点，还分成几个小分队，走街串巷，对一个个居民区进行地毯式搜索、上门推销，就和今天的人寿保险推销差不多。包括王石都曾经自己跑到蛇口工业区，上台演讲做推销。可有时即使你说得口干舌燥，市民就是不理解股票是什么东西。有一次请工商局帮忙，由个体工商协会出面，邀请个体户开了个会，在会上反复向他们宣传股票发行的意义和股票的投资价值，可最后，个体户不耐烦了，说不用说这么多了，该摊多少我们就捐多少吧，让人哭笑不得。当时公司还派人到国库券认购大户巢先生家里去推销。巢先生看是新生事物，慷慨地认购了3 000 股，表示对改革的支持。在当时，个人一次买 3 000 股绝对是了不起的大户了。

从某种意义上说，万科发行股票在企业内部不亚于一场暴风雨式的革命。而在全国范围来说，其意义也非同小可。

1990 年元月，国家计委、体改委、国有资产管理局和中科院四部门在北京召开了一次股份制研讨会，王石和冯佳都去了。万科作为第一家试点企业在会上发了言。这次会议可以说是国有企业股份制改造的分水岭。从那以后，股改工作才渐渐在全国推广，从而形成了一次新的改革浪潮。而万科也就在之后的一段时期，理所当然地成为了众人关注的对象。到万科去取经，成了国家体改委对前来咨询的一些想要进行股改的企业的建议。

万科股份制改造后，企业就由原来的国有企业变成了股份制企业，性质变了，自然营业执照也要变。这次万科又给工商局出难题了：当时营业执照上的性质这一栏，可没有"股份制"这个词啊。最后，想了个万全之策：把全民、外资、集体、个人等性质全写上，好让人挑不出毛病来——恐怕这本营业执照在中国是绝无仅有的了。

王石没要白分的股权

和万科多年来的蒸蒸日上形成对比的是，深圳以及上海最早进行股份制改造的相当多企业普遍呈现老态、疲态，成为并购重组的主要对象。有一个有趣的统计：深圳最早进行股份制改造上市的数十家企业的老总，一直在企业留任至今的第一把手，似乎只有王石一人。这些离开上市公司的老总们，许多是因为企业发生比较大的变化，被兼并收购，自然也不得不离开；也有一些是个人行为失当，东窗事发而被迫去职；当然，也有很少一部分是高升了。像王石那样，把一家公司从无到有、从小做到大的，而且一直至今能够稳稳掌舵的，确实在中国的企业家之中寥寥无几。

回顾这一段城头变幻大王旗、各领风骚没几年的上市公司岁月，王石的评论还是比较清醒和理智的："早期上市的一批公司，包括万科在内，有很大的局限性。以万科为例，进行股份制改造的动力是摆脱上级公司的行政干预。为了稀释上级公司的控股比例，最好的方法是到社会上募股。至于怎么运用募股筹集到的资金，想得并不是很清楚。还有，企业规模不大，业务架构也不尽合理。一方面是上述的先天不足，另一方面是股民对投资回报要求的压力，迫使早期的上市公司为每年的利润奔命。市场好的时候，利润尚可；市场持续几年不好时，企业若不能积极调整就会陷入困境。"

直到今天，王石还是很喜欢跟企业和社会公众人士讲"万科的教训"。他承认，万科在上市的头五年里，走了多元化的道路，投资带有一定的盲目性。等到意识到的时候，要做调整已经很不容易了。"1993—1997年，万科进行了专业化的调整，付出了相当的代价。一些犯同样错误的公司现在才开始进行调整，就有些为时过晚了，有不少成为资产重组的目标。"

不过，万科的股份制改造有一个与众不同之处，就是以王石为代表的管理层并没有大量持有公司股票。换而言之，在万科，企业的产权和经营权一开始就是彻底分离的。而在西方，所有权和经营权经历了一个合–分的过程，现在甚至又出现了合一的趋势。

这对于王石来说，确实是一个相当重要的决定。因为，当今天万科已经成为庞然大物的时候，王石的股份也不过只占万分之一。因此，很多人为王石当初的决定而惋惜。如果当时王石要在自己创业打造的公司之中占有一定比例的股权，也是顺理成章、天经地义的。事实上，只要王石当时持有1%的万科股权，这么多年送配下来，价值的财富就可以用八位数来衡量了。这样一来，王石早就可以退休，毫无顾虑地去登山、航海。

万科在1984年创建的时候，政府没投一分钱，万科也没让政府担保过一分钱，每年还上缴利润。1988年，核算已经有四年历史的万科公司的资产时，一度有官方的建议是三七开，国家三成，企业七成。但是万科人还是思想上比较慎重，总觉得还是国家应该多占一些比例。因此实际落实的方案是深圳市体改办的决定，60%归国家所有，40%归职工所有。

"不是说全部都归我个人所有，但这个40%可以分，应该说我可以分到10%、15%、20%，40%要全部给我也是不可能的，当然当时我绝对没有要。"

15 年后，王石谈起这个问题的时候还是很坦然。"没有要主要有两个原因，其中一个和我的价值取向有关系，我不愿意是暴发户的形象。不是我不爱钱，我只是不愿意成为暴发户。"

对于王石来说，他认为，企业管理权和经营权是合是分，是一个在实践中才能明晰的问题。哪一种形式更有利中国企业的发展，恐怕不能一概而论。但是在当时的情况下，万科选择了分离的形式——"从我个人来说，因为我给自己设定的一个目标就是，通过万科公司的创立和发展，培养出一批适应市场运作的职业经理队伍。我是这个队伍中的一员。人各有志，我的志愿不是当所有者，而是当管理者。中国目前缺少职业经理阶层，但现在的年轻人更想当老板，既当所有者又当管理者。我只想当后者。"

我们今天没有必要为王石错过了暴富机会而惋惜，但是有一点非常清楚的是，正因为王石自身一直对于财富有着鲜明的态度，他才能够以德服人，能够维持万科掌门人一职很多年，能够成功地聚集起一支万科的职业经理人队伍。而过去这些年来，一直会有这样那样的声音对好露面的王石进行指责，针对其个人财务状况提出疑问的也不少。不过，这些能够击倒相当多企业家的致命招数对于王石并不适用。

"在今天的中国，要名就不能要利，要利也不能要名。"虽然王石经常提到的这个逻辑听上去有点怪，但是他身体力行，而且做得不错。或者，换一个角度看，王石一直避免暴富，也是保护自己和万科的一个重要手段，绝非是书生之见，断不可以等闲视之。

股份制改造余波未了

当然，股份制改造的事情还没有一劳永逸，后续的风波一点也不比股份制改造的过程轻松。

1988 年在深圳会堂第一届股东大会上，主持会议的王石曾出示两万股（1元／每股）的凭证，表示对万科的业务前景有信心，自己也掏钱来认购了。此举博得股东的掌声。

万科1997年股东大会

　　后来有人开玩笑，说王石那天急了，怕大家反悔不给钱，先后数次出示认股凭证来安抚股东。王石也笑着更正："那天只出示了一次。"

　　1992 年 3 月，在和平路 50 号万科总部二楼会议室，王石接待市体改办 H 副主任一行四人，话题是制止国企股份制改造中国有资产流失问题。三年前，H 还是位处长，参与了万科股份制改造的整个过程，彼此很熟悉。但坐在对面的 H 副主任表情严肃，显得一本正经："根据中央精神，万科股改中的职工股应该属于国有资产，政府要考虑收回。""你是开玩笑吧。""没有开玩笑。""那怎么收回？""涉及的不仅万科，还有金田……""别人不知道，这样说还情有可原。你是参与了两个公司的整个改造过程，政府批准的红头文件还是你起草的，怎么说变就变了？！"王石越说越火，啪！一巴掌拍到桌面上。"你起草的特区政府下的红头文件就不算数了，是吗？"王石的声调继续提高，感到脸颊的毛细管在充血，"这 40% 你现在也要拿回去，讲不讲道理呀。"H 副主任原本无光泽的脸色此时呈现铁青色，听王石把火发完，站了起来："我们走吧，不谈了。"

　　股份制改造就是打开鸟笼子的过程。股改前的公司是笼中鸟，被人养着、管着，命运掌握在别人手中。股改后笼子打开了，从此可以"天高任鸟飞"，但也要经常面对饥寒交迫的困境，得时刻警惕被猛禽吃掉的危险。从依赖到独立、从稚嫩到成熟都必须经历痛苦。怕苦，就别出来闯荡；想飞，就别在笼子里待着。

企业股份制改造最根本的好处在于从根本上转变了企业的经营机制，由原来的对上级单位负责变成了对全体股东负责，由原来的按计划经济规律办事变成了按市场经济规律办事。有的企业进行股份制改造后，原来的上级母公司变为占绝对控股地位的第一大股东，股份公司领导仍由上级公司指派，有的干脆就是一套班子两个公司。这种股份制改造往往是换汤不换药，换笼子不换鸟，企业经营机制没有得到根本性的改变。万科的股份制改造从一开始就进行得比较彻底，公司股权非常分散，万科是名副其实的公众股份公司。没有控股母公司的支持，万科一切都得靠自己。所有权和经营权的彻底分离，使得万科的经营管理必须面对更多的监督和压力，同时也更加规范，更加灵活，可以完全按照市场经济规律办事。

1998年12月，王石接受《上海证券报》记者采访时说道："不要说20年前，就是在10年前发行股票的时候，我也决没想到发展会如此之快。而在其中起关键作用的并不是我们这些人，而是市场这只巨大的无形之手。"

这句话的后面，确实有着王石的切身经验。在一个大时代，很多事情都超出了个人的预期和把握。

万科发行股票没有半年就遇到北京春夏之交的政治风波，经济走势偏软，一些股东沉不住气，低价出售万科股票。一年之后，深圳柜台交易的股势发生微妙变化，一路追涨不停。当时股票交易的规则还比较粗糙，交割的方法还是背书式的手工操作，但有一条是现在深沪两地股市想做却做不到的：个人股、法人股、国有股都一视同仁，可以自由挂牌买卖。20世纪90年代初，能在深圳证券公司柜台挂牌的就那么几只股票，僧多粥少，股票狂涨！万科股票从一元零几分盘升到38元，柜台外交易（黑市）则接近50元。投资也就是一年多的工夫，就有百分之几千的利润啊，此时不出货待到何时？

万科最大的股东是特区发展公司，当时拥有800万股，按平均每股25元计算也值2亿元。在母公司总经理办公室里，王石热情鼓动王新民总经理趁昂扬的行情抛售股票，回笼资金。被资金短缺所困的老总苦笑着：公司是政府所有，企业股也是国有资产，变卖等同国有资产流失，谁敢卖？

同是国有企业的北京广播器材厂（非董事股东）却采取了市场化的做法。厂长王殿圃心急火燎地通知深圳沽售 40 万原始股，在市场上以每股 30 元的价格抛出，获利近 1 200 万元，投资建造职工宿舍，获得全厂上下拥戴。几年后，王厂长调到深圳任赛格董事长，提起此事依然视作得意之举。

同样是在体制的约束之下，做法不同，结果完全不一样啊。

大股东担心的是卖出万科股份犯了禁忌，万科担心的是原来的上级公司也就是第一大股东，如何按市场价格参与扩股。尽管不能在市场价格好的时候出售股票回笼资金，但是为了保持控股地位，要在每次扩股时按市场价格跟进，这时，特殊的制度结构导致了大股东陷于两难的局面。自从改制为股份公司后，许多人都羡慕万科股权的分散，认为万科的股权架构避免了一股独大的局面，完成了所有权同经营权的分离。而王石只能苦笑。他说，根据万科发展的历史得到的体会：在企业还没有足够大以前，获取大股东的支持是非常重要的。但由于万科的第一大股东的股权只占 9%，不会全力以赴支持万科的业务拓展，尤其在需要资金支持时更加会造成很多摩擦。实际情况是，自 1989 年万科股票实现柜台交易以来，万科一共扩了四次股，除 1993 年增发 B 股外，每次扩股都同第一大股东发生矛盾，尤以 1997 年增发最为激烈。

王石对于这一场和母公司的博弈过程，自己有过长篇的文字回忆，摘录如下：

……1997 年母公司的总经理姓陈，是位有魄力、霸气十足的人物。为了获取第一大股东的支持，王石同郁亮到特发大厦，动员其增持万科的股份到 20%～25%，以此获得母公司对万科的重视和支持。按这个增持方案，母公司要拿出 1.5 亿元。哪来这么多资金呢？陈总单刀直入。用土地啊，母公司光在香蜜湖的一家合资企业就拥有土地储备 100 万平方米，只要投入 20 万平方米土地，万科就还得倒找银子。陈总听得眉开眼笑，爽快地表态：非常赞成！但才过三天，陈总就一百八十度否定了增持的建议，说道：总公司业务的三大重点是通信、旅游和高科技，不能分散资金到房地产。面对食言，王石却隐约意识到：万科引进有实力的财团的机会出现了。

一个星期之后，还是王石和郁亮向陈总提出第二个建议：卖掉万科的股票，回笼资金，支持通信、旅游、高科技三大重点业务。按法人股以净资产为定价的参照，可回笼资金 1.8 亿元。陈总又被说动了心，斩钉截铁地表示：这次不会变了。

没多久，万科介绍的买家——香港华润集团旗下的华创执行董事黄铁鹰先生现身。在紧锣密鼓的谈判中，陈总表现出强悍的一面：签订合同的当天要一次性全额付清股款，而且信不过香港公司，不要外汇支付，要人民币。

距签订合同的时间还有一个星期，王石打电话给陈总："没有什么变故吧？"陈总说："谈好的事怎么会变？"王石反问："下个星期不会出差吧？"陈总说："不会。"

黄先生责成属下北京华远董事长任志强携全额人民币支票南下深圳。距签合同还有一天时间，王石仍觉得不踏实，要求郁亮再次打电话落实。陈总爽快回答：明天见支票签合同。翌日上午，任志强还在飞深圳的路上，王石接到母公司一位副总的电话，为难地通知：陈总不卖万科股票了。王石说，人家带着支票在路上，你让陈总自己和黄先生、任总解释吧。那位副总说，陈总交代我来接待，他有事不能出面。"这个王八蛋！"王石只能心里骂，"谁让他是你的大股东呢，还得扩股啊。"

两天后，王石再次约陈总谈扩股，丝毫没有歉意的陈老板既不愿意放弃大股东的地位，也不同意扩股。你这不是有意刁难吗？忍无可忍的王石一巴掌拍在茶几的玻璃板上，摆出斗鸡的架势。

情绪已经失控，非亲身经历不能感受个中滋味。

王石的回忆可谓栩栩如生。

我们可以研究一下当时万科董事会的运作程序，便知道王石为何会如此了。

根据证券发行的有关法规规定，上市公司扩股需董事会形成决议案，提交股东大会表决，通过后才能上报北京的中国证监会会审，批准了方可发行新股。

这个机制下，第一关是董事会。1997 年的万科董事会由 19 名董事组成，母公司有 3 个席位。尴尬的是王石投票时候的决定，因为他占的是母公司的董事名额。作为董事长，他应该代表全体股东利益投票赞成扩股；而作为母公司的代表，他又不得不违心反对。

不过，即使母公司的三票全额反对，没有另外七名董事响应，也无法阻止扩股方案提交股东大会。有可能联合的是控股母公司的深圳投资管理公司。1991 年，万科第二次扩股，母公司没有能力跟进配售的新股，结果由投资管理公司买下，并因此获得一名董事席位。1997 年投资管理公司持万科股票的比率是 2%，这 2% 非同小可。因为根据有关证券法规，母公司的 9% 为法人股，而投资管理公司的 2% 属国有股。如果在上报证监会的报告中显示国有股持反对意见，甭管股份比率是多少，都会对参加会审的专家产生微妙的负面影响。

国有股的一票成了关键，赞成方和反对方都在乎这具有象征意义的一票。不过从盘面上看，显然万科争取到支持的可能性小于上级母公司。且不说隶属关系的亲疏，当时万科的经营规模只有 11.78 亿元，如何同启动百亿工程的母公司相提并论？在深南路深圳投资管理公司宽敞的总经理办公室里，王石、郁亮向投资管理公司第一把手夏总陈述了万科同母公司的难点。具有长者风范的夏总态度和蔼，倾听之后解释：按培养超百亿企业的设想，投资管理公司拥有的 2% 也要划拨给下面这家公司啊，只是还没办手续……

第一次去西藏时候的王石

虽然形势不如意，但是王石还是硬着头皮找了时任市长李子彬。听取了王石关于失态拍桌子等问题的检讨和申诉后，李市长表态：怎能拍桌子呢？要谦虚谨慎嘛。（王石连忙惭愧地回应：失态失态！）上市公司因业务需要进行扩股是天经地义，但市长也不好直接干涉一家企业的投资决策。

这"不好直接干涉"的含糊语气，似乎意味着天平是向超百亿企业倾斜的。王石和万科人都是心中无底，忐忑不安。

到了董事会表决万科扩股方案的关键时候了。母公司自然投反对票，但代表国有股的董事没有投反对票，不过也没有投赞成票，而是弃权。王石他们心中大喜，暗呼这事成了！

一个月之后的特别股东大会上，投资管理公司同样采取了弃权的方式。这意味着投资管理公司对万科扩股的态度是不投赞成票的赞成，又不使母公司尴尬。

不久，上报证监会的扩股方案顺利通过。

也就是在这一年，王石第一次休长假，8 月起到西藏、四川、云南待了一个月，开启了他大规模户外活动的人生。

股权变化尘埃落定

2000 年 8 月 10 日，深万科发布公告，其大股东股权转让协议正式生效，中国华润总公司取代深圳经济特区发展集团公司，成为万科新的第一大股东。

一大早起来，王石就按捺不住复杂的心情，写下了"再见，老东家"的帖子。

经过三年多的反复谈判，华润集团及其关联公司成为集团第一大股东，持股占集团总股本的 15.08%。华润集团的入主及其可能提供的支持将为万科的长远发展提供新的空间。

"华润入主万科之后，虽然看上去没有直接给多少钱，也没有给土地储备，但是在董事会这个平时大家看不到的层面，对于企业经营者来说有很多的改善。"王石很详细地解释了华润入主对万科的革命性意义。在华润入主之后，"三年不到的时间内，万科两次顺利融资，大股东的支持是非常重要的"。王石表示，"新股东能够从市场经济角度着眼，不像以前的那种上下级关系，对于万科发展也能够更加客观地进行决策。因为衡量标准由原来的对大股东是否有利变为是否对企业有利。管理层能够集中精力去想企业发展。同时，华润推荐的独立董事起到了很好的作用。"

更换股东三年多，万科无疑有摆脱束缚一飞冲天之感。王石的万科股改大计，十三年后，终成正果。

06

"3·30" 事件

王石率领万科，通过股份制改造融资上市。1994 年年初，在发行 B 股顺利筹集四亿港元资金之后，万科上下正是踌躇满志感觉良好之际，而来自自己往日盟友猝然发难的"3·30"事件，给了年轻的王石和万科管理层沉重的一击。博弈稍有失当，万科就有易主的危险。在整个事件中，王石沉着应对，各方沟通，步步为营，最后能够化险为夷，显示出他在商业社会强大的适应能力和生存能力。难得的是，万科保卫战成功后，他能抛开成见，一分为二地去考虑对手质疑的价值，从而使得万科利用这一次重大危机，逐步进行脱胎换骨的改革，走上了可持续发展的正确轨道。

铁汉王石

1994 年 3 月 30 日下午，在深圳阳光酒店的新闻发布会上，王石所代表的万科企业股份有限公司，正遭到君安证券公司的责难。

当时中国股市才只有几年历史，资本市场上合纵、连横的手段大多国内人还不甚了解，所以面对发难，万科的反应直接决定了其管理层的去留存亡。不过当日下午，就在证券公司发表长文，信誓旦旦地要改革万科之后，王石立即上台讲话回应，表现中规中矩，让在场的媒体觉得他至少是很有诚意的。而且王石还对媒介承诺，对于当天回答不了的问题，次日将请大家移步到万科总部继续深入交流。

当天下午的采访比较混乱，我回到办公室，理出了一个思路，然后专门打电话给主管财经部的主任。他当时很快就拍板，说这是件事情，要大做！于是专门划出了半个版面，第二天的"国企红筹"版面就刊登了这样一篇稿件：

称受四家万科股东委托授权

君安提改革万科倡议　重组业务结构管理层

万科表欢迎但强调公司经营特点

（本报记者深圳 30 日电）持续低迷的深圳证券市场今日突起波澜，年来发展迅猛，资产规模在证券市场上领先的君安证券有限公司下午举行新闻发布会，称受四家万科企业有限股份公司的股东委托和授权，向万科全体股东倡议，对万科的产业结构和董事会进行重大改组。万科公司董事长王石也在新闻发布会上发言，欢迎股东提出意见，称有两家君安所言的委托股东已经退出这次倡议，万科董事会今日的决定也与倡议有八成内容相同，不过有些问题要解决也并非轻而易举。

君安称代表委托的四家股东分别是深圳新一代企业有限公司、海南证券公司、香港俊山投资有限公司和创益投资有限公司，四公司共持有 1 950 多万股万科股份，占万科总股份的 10.73%。君安作为改革倡议行动的财务顾问，提出了一份近万字的改革倡议书，首先对万科的业务情况、公司结构、股本构成和股份走势做了概括介绍，并逐一分析了万科一向自夸的房地产、股权投资、工业、贸易和文化经营五大产业状况。之后，倡议书又对万科经营和管理中存在的问题，如业务透明度不足、参股申华公司无实效、房地产经营业绩欠佳和股权投资利润不稳定等提出质疑，指出万科的"以房地产为主导，以贸易为基础，以股权投资为支柱，以文化经营为门面，以工业经营为补充"的产业结构分散了公司的资源和管理层的经营重心，已经不能适应现代市场竞争。因此，倡议书中最后提出了对万科的业务结构和管理层进行重组，包括收缩贸易、商业和工业经营，将安华公司和股权投资公司独立出来，全力发展和充实房地产业务，同时宣布将推荐八到十位董事候选人进入董事会，以及力争在董事会内部设置一个常设的项目审批委员会，对重大政策进行监督，避免和减轻项目的盲目性和随意性。

君安总经理张国庆在发言时显得信心十足，称已经向证券主管机关做了汇报，并将在媒介上刊登《告万科企业股份有限公司全体股东书》和《改革倡议》。张总经理对万科员工的敬业精神和廉洁作风、服务水平和工程质量做了充分肯定。

王石在做回应讲话时相当平静，称欢迎股东提出意见，强调这次君安的行为不属于收购，也不属于控股。而且倡议提出的改革建议和万科29日召开的董事会决议有80%是相符的。深圳公司有95%以上都是综合类型，既是特点，也可以说是弱点，像万科本身的许多先有行业并非是说压就压，讲减就减得掉的。万科的股权投资产业回报率很高，本身价值不能轻易否定，其优劣可以从实际角度去理解。

王石对君安的倡议书的评价也很高，称其具有专业水准，同时又指出倡议书中有一些数据不够准确，如房地产业利润仍占万科的49%，上海万科公司不仅没有大量占用万科总公司的资金，反而是个资金来源。万科现在参股共有30家公司，除了两家控股外均占份额不大，利润并非倡议书中所言的占总额的30%~50%，但兼并、收购和控股不仅是1993年，也是1994年、1995年万科投资的方向之一。

王石又指出，君安所称的行业透明度不够与公司管理透明度不够有不同的含义，行业特色不明显与公司情况不清晰是两回事。至于记者提问的万科部分股东是否对管理阶层有不满，万科对此事有何行动反应等，王石均没有明确解答，只是说最近也是今天早上才接到君安的知会，就此事的进一步反应，在31日下午2时召开的发布会上再谈。

就发起倡议股东问题，双方各执一词。君安总裁办公室主任何伟称深圳新一代有万科6.2%的股份，海南证券公司占1.1%，其他两家B股持有公司俊山投资和创益投资共占3.43%。另一家占3%的中创公司曾表示过赞同这次倡议行动，但后面退出了。必要时君安公司可以出示新一代公司授权的委托书。

万科董事会秘书则在会场宣读一份称作新一代总经理签署的声明，称对3月29日召开的万科四届六次董事局会议达成的共识没有异议，也无必要再参加这次倡议行动，即新一代已经退出此次行动。

君安的办公室主任何伟则坚持说，在三点半召开会议前仍未收到新一代退出倡议的消息。对于万科的声明，何伟不予置评。

据悉，昨日万科举行的四届六次董事会对今年的方针、组织和运作都有完整的规划。但君安方面认为君安今日举行倡议行动纯属巧合。

深圳证券业内人士知悉此事后普遍认为，这是内地股份制改革走向成熟的另一标志。对于此事，深圳有关主管部门反应审慎，没有公开评论。

这篇报道如今看来基本上还是符合实际的。

事实上，多年之后我才得知，3 月 30 日晚上，王石就和副总经理赵晓峰，连夜到了深圳发展中心大厦十几楼的某一发难方总部进行沟通。当时万科跟着去的几员中层干部，被对方的几个彪形大汉挡在了会议室之外。当时还是物业管理公司一员小兵，后来打响万科物业管理品牌，做到万科物业总监的陈之平，也跟着到了那里。他还多了个心眼，事先布置了几个精壮的保安在楼下观敌料阵，这边一旦有需要，就用对讲机呼叫上来增援。

当然，最后没有发展到这么紧张的局面。

但是，会面中，双方激辩了一个多小时，还是不欢而散。王石立即回到公司总部，和其他万科骨干们彻夜研究对策。

对于这一惊心动魄的恶战，王石自己有过一个温和版本的回忆：

1993 年 4 月，万科公开发售 B 股。20 世纪 90 年代中国大陆的经济越来越呈现对外开放的态势。B 股品种是为吸引海外投资者特别设计的，只允许海外资金进场买卖。新品种一推出就引起香港券商的极大关注。尽管市场前景有很大的未知数，但是哪家以香港为内地跳板的证券商愿意错过搭头班车的机会呢？万科按证管部门的指导原则，发行市盈率 13.3 倍，偏高于资本市场的预期。物以稀为贵呀。主承销商为 JT，JA 以及 SC，按 7：2：1 分配。JT 是一家香港注册、英资财团旗下的证券公司，本来并不热衷也不擅长中国大陆业务，因聘用了贯通中西生活背景的"海龟"N 先生，在内地 B 股承销业务中异军突起；JA 公司则是一家刚成立的在深圳注册的证券公司，其创始人 Z 先生数月前还是特区金融监管部门 W 首长的得力助手，下海伊始，依仗人脉关系，承接欲发 B 股企业的经销权易如反掌；SC 是中国银行下属的一家金融公司。

券商承销企业股票的利润来源于承销的手续费，按承销金额的百分比收取，比率视筹资的规模、同行的竞争、发行的风险而定。万科首发 4 500 万股，每股港币 10.53 元，筹资港币 4.5 亿元，手续费为 5%（费用 2%＋佣金 3%），手续费偏高。

市场对 B 股的认可如何呢？接近认购截止期，相当比例的股票还没有被认购，市场并不看好 B 股。在发股票企业正式签了承销协议之后，其股票能否售出的风险已经转移到承销商身上，因为按照协议，承销商必须对未被认购的剩余股票买单。理论上，无论市场好坏，万科都能如期收到 4.5 亿元港币，不能全额或超额认购只是个面子问题。但此时万科的老总们却忐忑不安，担心 JA 这家冲劲有余、资金匮乏的券商新锐的偿付能力不够，因为同一时间，JA 还做了深圳另一家上市公司金田公司的 B 股承销。直觉告诉我，JA 证券公司无法在如此短时间贷到如此数量的资金。但事实是万科和金田两家公司都按合同规定的期限收到了全额的定向发售的 B 股资金。JA 赢得了信用，也显示了其总裁 Z 先生的筹资效率和敢于负责的强悍作风。令人刮目相看！

5 月，万科 B 股开盘就跌破发行价，承销商的 B 股握在手上。两个月后，Z 先生给万科老总捎话：JA 拆借短期资金购吃下了万科的 B 股，建议万科反贷给 JA 一笔钱来解燃眉之急。这样做明显违背发行 B 股的初衷，并且挪用筹资款借贷给证券公司是非常不合适的。尽管账上放着几亿港币，但是我以没有商量余地的口气回答：不可以。实际上，此时的 JT，JA，SC 都已经成为万科的大股东。

一年之后，1994 年 3 月 30 日上午 10 时 30 分万科总部总经理办公室。此时，万科总部已经搬到水贝二路的万科工业大厦。由于是工业厂房改造成写字楼，其办公环境的特点是宽敞。在宽敞的总经理办公室，我接待了 JA 总司的总裁 Z 先生和常务副总裁 Z 先生。见面的时间是提前一天预约的，并未明确谈什么事，大股东约见也不需要理由。Z 先生开门见山："JA 公司准备给万科的行政班子提一些意见。""好啊。"我心里嘀咕着，有必要一、二把手一起来吗？"JA 准备下午开一个新闻发布会，正式提出 JA 对万科的意见。不要误会，对你王石没有其他的意思。你也知道，股市不好，需要创新，需要题材。我们认为：JA 代表中小股东给万科的经营战略提意见，会对万科的长远发展有好处，对你王石有好处，对中国证券市场的健康发展有好处……"这一番话确实让人感到突然，明显感到十足的火药味。"我可以参加下午的新闻发布会吗？"我稳住情绪，只是提了一个问题。显然，有备而来的两位老总没有想到我要求参加新闻发布会。"你就不要参加了吧。只是因为给万科提意见，事前通知一下。你看，一、二把手都来了，表示 JA 很重视。""既然是给万科提意见的新闻发布会，那么为什么万科的董事长不能参加呢？"我越发感到来者不善。"你要参加也没问题。既然是创新，提意见是以'告万科全体股东书'的方式，并于明天在特区报上全文刊登，建议改组万科董事会。形式显得激烈些，但还是为万科好。改组后的董事会还是由你王石担任老总。"

一切都明朗了。我不动声色送走了两位 Z 总，不愿多谈一句话，因为给万科准备对应的时间只有两个半小时了。

万科反击战

第二天是周四,万科股票停牌。

下午穿过一个工业区，来到水贝二路简陋的工业大厦时，我一边感叹，这个上市公司怎么不找一个好点的地方做总部，一边在彬彬有礼的物业管理人员引领下进了二楼大门边万科的会议室。

因为消息当天见报后，会议室里的媒体人士比前一天更多，前后陆续超过50 人。在 1994 年的财经新闻界之中，这已经算是大场面了！

那一日，王石右手方坐着的是负责财务的副总经理陈祖望，左手方是谙熟

陈祖望

财务运作的郁亮，他以万科财务股份有限公司总经理的身份在旁协助。我当时就坐在陈祖望副总的右边，离王石不到三米，看着他侃侃而谈，心中暗道，君安这次恐怕讨不了好处了！

有了一群万科骨干护驾登场，王石益发气定神闲，发言也饶有章法，先把公司情况陈述，然后徐徐展开反击。会上万科出示了经深圳证券交易所豁免责任得以公布的财务状况，还针对改革倡议之中的许多不尽不实之处详细予以分析，让听者觉得其发言有根有据，而王石也得以暗暗把竞争对手的各点指控一一化于无形。在场的媒体，也由前一天的凑热闹、起哄变为逐步同情万科。记得当时在场的，除了当地的《深圳特区报》《深圳商报》外，还有《中国证券报》《上海证券报》和《证券时报》这三家证券类日报的记者。《金融时报》的女记者金萍也很活跃，她最关心的就是万科的第一大股东是否在整个事件中首鼠两端。《中国日报》的记者张兴波当天也觉得收获很大，回去写了一篇被暗算的万科可能起诉君安的报道。这在香港等地的 B 股投资人之中，也为万科争得了不少同情分。

而我当日回去，又写了半版的报道，内容如下：

万科反驳改革倡议　公开内部资料运作
谓君安论据不足自称受委托活动失实
指实质是不想付代价而全面接管万科

（本报记者深圳 31 日电）"改革万科"事件今日又有新高潮。万科公司今日下午召开记者招待会，由董事长兼总经理王石等高层管理人员对君安证券昨日提出的倡议书中的内容一一进行澄清和反驳，并表示君安这次行为已经不仅是股东提建议，还是想全面接管万科公司。对此，万科不能接受，同时对君安公开在传媒上刊登有关声明的做法表示迷惑，称已经和海内外有关律师和财务顾问联系，会在适当时候做出相应的回应。王石等人还详尽回答了在场海内外传媒的提问。会上万科公布了最大股东——深圳新一代实业有限公司从今日起取消委托君安证券作为财务顾问的授权的声明。

王石首先表示，万科对君安在多份报刊上刊登《告股东书》和《改革倡议》的做法"感到很迷惑"。由万科了解所得，深圳新一代公司已经于 30 日发表退出声明，今日又发表了取消授权声明，而海南证券公司也从未书面正式委托君安为财务顾问进行类似活动，君安在倡议中的几个发起人股东委托有不实之处。同时，万科董事会只有 14 名成员，倡议书中一下子就推举 8～10 名董事，无疑已经超出建议范围，实质上是想不花代价就全面接管万科。

王石又称君安的倡议书虽然从格式和方法上有专业水平，但具体内容中不实之处甚多，而且多处引用万科公司一本内部刊物上的内容。如对上海万科城市花园的规划问题，仅仅是重复一位公司员工的意见。王石称，一个造价 13 亿元人民币、总面积达 50 万平方米的项目有四五十处修改是完全正常的，倡议书的说法过于偏激。王石强调，作为一个专业的财务顾问报告，其分析立论仅仅处于一个万科内部员工对公司提出意见的水平，其制作者从职业道德和专业水准方面来说都是不妥的。在房地产方面，王石列出一系列数据，证明万科的房地产开发仍是主要业务。1993 年，万科的房地产项目无论是从开工数量还是竣工数量来看都创了历史最高记录。从目前经济形势来看，万科不会改变大众城市住宅的开发初衷，也从来没有想过改变。今后五年内房地产仍属于万科的主导业务。股权投资方面，王石称总额有 1.31 多亿元，已经回笼 9 540 多万元，现在仍占用的资金不足 4 000 万元，投资的 27 家公司已经有 9 家在深沪两地上市，另有 6 家也即将上市。在目前已经公布的 12 家控股公司的 1993 年分红方案中，万科仅现金息收入一项就有 452 万多元，还未包括送配股，因此回报是非常满意的。万科仍然会进行此方面的工作。

万科副总经理陈祖望则称，事先获得了证管办和深交所豁免，在会上公布了一系列财务数据。他说，去年万科在宏观调控的情况下仍超额完成利润，总资产从 1992 年年底的 9.6 亿元发展到现在的 21 亿元，其他净资产值、股东权益也都有一倍以上的增长幅度，是无愧于股东的。今年的每股收益也会超出预测。

在回答记者的众多提问时，王石称万科目前只是与有关法律顾问联系，并不是说要和君安打官司。万科已经将此事的感受汇报给深圳的证券管理部门。对于万科 B 股价格长期套现不佳、处于发行价之下，王石解释，这固然和整个股市走势有关，客观上而言，由于万科是综合性公司，一般海外资金判断起来比较吃力，但并不能说明综合经营的方式不好。万科 B 股不受追捧不在于综合经营，而在于没有形成非常有实力的地位，要达到目标大约还要十年的发展时间。按照倡议所提的做法单纯发展房地产是行不通的，更容易带来风险。

王石又补充说，万科没有一间应该关而没有关的公司，欢迎对任何一家公司进行质询，万科一定有合理的解释。

当记者问及万科是否在公关和宣传定位方面仍有不足，才导致一些中小股东不满时，王石也解释万科本身也做过大量工作，定位也很得体，但不排除某些方面仍有未尽善之处。

除了主文之外，笔者当时也捕捉到了王石的一些微妙态度，写了一篇附文：

王石笑言欢迎收购
保护股东利益继续申请停牌

（又电）今日下午的新闻发布会上，王石笑言万科欢迎收购。

由于从去年年底起，深圳股市就一直传言有公司企图收购万科，昨日又发生君安倡议改革万科一事，因此今日记者纷纷追问王石关于收购的意见。王石则再次重申，君安这次行动并非收购，而是想全面接管万科。万科本身属于综合经营，行业特色不明显，不符合海外资金收购的意图，国内直到如今仍未有哪家公司有收购的表现。

王石更笑言，欢迎有心投资人士进行收购，购买万科股票总是好事。同是，万科又发布公告，称为保障广大股东不被误导招致损失，已经在今日停牌的基础上向深交所申请明日继续停牌一天。

这一天是万科全面反击日。但是，也不得不赞叹万科的动作很快。万科因早上迅速获得了证券管理办公室和深圳证券交易所的豁免，才能在下午披露业绩。而在公司净利润、净资产值和股东权益也都有一倍以上增长幅度的背景下，再去反驳对手的指控就有力得多了。

值得一提的是，王石在31日的发言之中，不点名地指出了，"作为一个专业的财务顾问报告，其分析立论仅仅处于一个万科内部员工对公司提出意见的水平，其制作者从职业道德和专业水准方面来说都是不妥的。"

事实上，王石在这里强调其职业道德有问题的，就是指这篇《改革万科倡议书》近万字的执笔者 N 君。N 君曾是万科发行 B 股时的一个香港投资机构的中层职员，因为是海外归来的，而且个性活跃，雄辩滔滔，一度在万科很受欢迎。

N 君为万科 B 股发行做了不少工作，因此也长期得以在万科各个部门走动，几乎像是一个万科的编外员工了。而他就利用这个特殊身份，直到事发前还在万科总部为对万科发动致命一击收集资料。因此，王石对其的愤慨程度也就可以想像了。

接着第三天是周五，万科股票继续停牌。这一招是最厉害的，因为参与提出改革倡议的某主要人物事前买了 200 多万股万科股票，其他一些关联方也有增仓行为。当时还没有《中华人民共和国证券法》，一些管理条例也有空子可钻，因此，王石虽然第一时间发现了这些暧昧的仓位，但还未能技术性击倒对方。但是这样连续停牌，使得市场冷静下来，特别是王石多次重申这既不是参股也不是收购，更加令万科股票炒风渐息。

这一天，我写的报道如下：

新一代释授权始末　王石续谈改革问题
万科已度过被接管危机并取得相应支持

（本报记者深圳 1 日电）在日前改组万科事件中占有重要影响的万科第一大股东——深圳新一代企业有限公司今日下午在深圳阳光酒店举行新闻发布会，向公众解释今日其授权君安为财务顾问后又取消一事的始末。由于新一代的高层张西甫在回答了几个简短的问题后就仓促离场，并授权万科董事长兼总经理王石代表新一代担任这次新闻发表会的发言人，于是，会场上便出现了先是新一代提出要改组由王石主持的万科公司，而后王石又为新一代解释辩护的戏剧性场面。但由于王石应对从容，饶有分寸，会议才扭转了被动局面。

张西甫在离开前短暂的回答之中承认，新一代曾于 3 月 28 日委托君安证券为该公司财务顾问，对万科发展提出专业化建议，并表示当时认为君安知名度很高，专业水平也比较好，而新一代公司本身对证券及公司内部认识不够专业化，才做出了授权委托。而授权委托的有效期是今年 3—9 月。但到了 3 月 30 日，当接到王石电话询问后，张随即决定新一代不参加当日下午的倡议活动，并通过电话通知君安有关人士，但并未与君安总经理张国庆联系上。当日下午，由于找不到适当人选，仓促间才通过万科董事会秘书将该份书面声明转送到张国庆处。

对于记者提问新一代为何在授权君安仅两天后又中止，是否对于广大股东有所忽视；具体的中止授权手续是否具有法律效力，程序是否不妥；新一代为何不将授权君安一事提前或及时告知万科董事局等等，张西甫没有作正面回答，只是反复解释事件过程，最后也承认最近处理有不慎重之处，还解释说人无完人。

随后，张宣读一份新一代授权王石为今日下午新闻发布会的全权发言人后，匆匆离去。当时会上有部分股东代表认为张西甫没有完全解释清楚，也愤然离场表示抗议。王石则解释张的立场是不习惯这样场合下的提问，有关问题由其作答。

稍后，王石称，整件事情是有些人的善良愿望被利用，有些人有心活跃股市但具体措施出现了出入。万科本身很希望看到由于与万科有关的事件而带动深圳股市走出低谷，活跃市场气氛，但不愿意看到某些人操纵股市而导致中小股东受到损失。王又举出证明，据登记公司材料，在事件前一周，有许多未曾持有万科股票的股东突然大量购入万科股票。

王石又称，万科律师在君安处查阅有关文件时得到君安积极的配合，虽然事实与君安所称有出入，但情况基本属实。海南证券公司处君安也派人专程前往等候办理书面授权，但现在海南证券已经正式授权王石为全权代表人。

王石强调，由于内地证券市场发展仅处于初步阶段，因此在处理股权等范畴的工作方面，上市公司内部确实存在一些不尽如人意的地方，甚至令公众觉得不合理的情况，但希望大家能够谅解。万科同仁也很希望看到一段时间之后，内地出现与香港类似的有序和合理的兼并、收购或者其他合乎国际惯例的做法。万科也随时欢迎海内外人士对万科内部情况进行建议和查询，万科将全力协助。万科股票也从下周起复牌。

对今日的改组万科风云，本地业内人士普遍认为，由于三天来，王石对传媒和社会公众的恰到好处的表态，现在的万科管理层已经度过了被接管的危机，并且在公众中争取到相当多的支持。但新一代公司在整个事件中欠妥的处理手法对万科和君安都带来一定程度上的影响，事件的发展还有待观望。

在即将召开的股东大会上，君安及其关联公司持股多少将对万科日后发展有影响。

而同一日，笔者也赶赴了君安证券，了解到了他们一方的最新动向。

报道如下：

万科股东财务顾问　君安乐意继续担任
拟征集万科股东委托投票权

（本报记者深圳 1 日电）今日下午君安证券有限公司组织了一个证券商座谈会，共同商讨这次改革万科倡议。君安发言人在会上称，只要还有一个万科股东有一股的委托，君安仍会继续担任财务顾问，表示希望各证券商配合，为君安征集万科股东的委托投票权。

由于这次座谈会没有公开邀请记者参加，会议以君安与深圳各证券商交谈为主。各证券商对于君安下一步的行动较为关注。君安总裁办公室主任何伟则表示，近日来中小股东对改革倡议的反应较好，即使有先前委托的股东退出，只要还有一个万科股东一股的委托，君安也会继续担任万科股东的财务顾问。稍后，也会继续征集万科股东在股东大会上的投票委托权。何又解释，倡议中只是提出八到十名锐意改革的董事候选人，并非指全部候选人都加入董事会。何也否认了有关君安在事前大量购入万科股票的传言。

对于万科和新一代公司今日的声明，君安人士称不做公开评论，也没有透露下一步的具体回应。

深圳证管部门对此事仍未有公开反应。

实际上，经过三天交战，胜负强弱之势已分。

王石和万科诸将连日来不眠不休，有四处争取盟友者，有和主管部门反复沟通协调者，也有不少年轻员工自发地待在公司以壮声威。第三天，经各个层面明暗交手后，万科筹划得宜，成功地把发难中的一家大股东分化争取到本方，局面上已然反客为主。于是王石再次乘胜追击，在阳光酒店第一天被人发难的同一地点召开新闻发布会，顺水推舟地把万科准备进行的改革措施强势推出。

至此，在传媒舆论上，已经是万科一边倒地占据上风。虽然其后君安证券积极征集股东投票权，希望在一两个月后的年度股东大会上再度阻击，但是形势已经大不一样了。发难方也因为内部意见分歧，"改革倡议"之举遂不了了之。

事件过后，万科的机关刊物《万科周刊》刊登了一篇文章，这基本可以代表王石和万科对这件事情的态度。

有关"君万事件"的几点疑惑

"君万事件"一般人均因其提出了"行使股东权利"的命题而给予了充分的肯定。细细推敲事件的整个过程，却感到有几点疑惑：

第一，君安的身份是财务顾问还是万科股东？随着事件的演化，有关的几家大股东中，新一代、中创相继退出倡议活动，海南证券从未正式授权，君安所代表的股东单位实际上只有俊山和创益两家，占万科总股本的3.17%。而据君安自己的说法，这两家都是君安的关联企业，君安是其权益持有人。因此，君安所言受万科部分股东委托，实际上成了自己委托自己，这种做法是否合适，值得商榷。关键是君安一再强调其财务顾问的身份，力图表明它的行为的中立性质，这就使人大惑不解了。实际上，这对公众已经产生了误导。

第二，改组倡议能否成立？众所周知，去年5月份，君安是万科B股的国内主承销商。作为承销商，显然必须向投资者承诺其所推介的公司具有良好的经营业绩和管理素质。而事隔不到一年，君安的改组倡议几乎全面否定了万科的产业结构和管理能力。在万科公司经营管理状况并未发生重大变化的情况下，君安对同一对象在不到一年的时间里做出了两个截然不同的结论，这种行为对投资者和社会公众是否负责？在职业操守上是否有值得检讨的地方？

第三，公开披露上市公司业务信息是否合法？有关证券法规对上市公司的信息披露有非常严格的规定。上市公司的信息发布往往要经审计师审核、证券管理机构批准，由董事会发布且对信息内容承担法律责任。关于以财务顾问身份直接通过公开媒介发布倡议书的做法，内容本身缺乏严谨性，而且披露方式没有相应的责任限定。假如对这种做法不加以限制，势必使证券市场趋于混乱。

第四，证券商能否接受客户的全权委托？1991 年 6 月 25 日发布的《深圳市证券机构管理暂行规定》第 50 条第 3 款明文禁止证券商接受客户的全权委托。而君安公司与其授权股东签订的是全权委托协议，显然与规定是相违背的。

第五，提出重大改组是否合适？根据国际上的惯例，提出对一家公司进行重大改组，一般只发生在以下两种情况下：一是股权结构发生重大变化，绝对控股方可以按照有关规定提出对原公司进行重大改组；二是公司因经营不善面临严重财务困难，甚至濒临倒闭，由债权人提出，经法院裁决，可以对原公司进行重大改组。此惯例的目的无非是保证公司经营运作的正常化和连续性。君安显然没有获得对万科的绝对控股权，在其倡议书中又称万科是一家优秀的上市公司，却又提出对万科进行重大改组，实在令人迷惑不解。众所周知，即使对一家经营运作尚属正常的公司进行重大改组，其破坏性和后果也将是非常严重的，何况是一家优秀的公司？

第六，谁能代表全体股东利益？君安发出改组倡议，举起代表股东权益的旗帜。事实上，上市公司的股权结构呈多样化状态，对于国有股、法人股、社会公众股、A 股、B 股，不同股东有不同的角度，相互之间在利益动机上存在明显的分歧，有的重视企业的长远发展，如国有股；有的重视短期回报，如社会公众股和部分法人股。对于利润分配方案，不同类型股东有不同的偏好，公众股东喜欢多送红股，国有股和 B 股股东喜欢送现金。对公司产业架构，各类股东也有不同看法，境外股东喜欢业务比较专业化的公司，特别是基础产业和工业企业；境内股东多数喜欢经营范围灵活的企业，尤其是房地产公司。因此，泛泛而论代表股东并没有任何实际意义。当然不同类型股东都有权利发表自己的意见和建议，关键是要按照合乎规范的方式行事，否则必将对上市公司的运作造成干扰并损及其他股东的利益。

经此一役，王石在媒体间留下了开放、革新的个性形象，这使他个人和公司都受益匪浅。

1994 年下半年，就有一位学者提到：

仅以今年 3 月底的"君万事件"来看，万科董事长王石的儒将风度给公众留下了深刻印象。兵临城下却又兵不血刃，胸怀、社会关系网络、水平、风格乃至学识、阅历、思路一下子全"爆"了出来。商家心向往之而实难企及的境界，却被万科兼而收之。由于学经济法出身的缘故，我特别赞赏万科董事会4月3日声明中的一句话："对未委托授权的股东，征集委托权，没有法律依据。"我以为，在现代商场的台前幕后，鸿门宴式地、重庆谈判式地，有理、有利、有节地掌握节奏进而掌握主动权较为可取，这才是力量型的智斗。在"一个个像乌眼鸡似的，恨不得你吃了我，我吃了你"的情势氛围下，不轻易说对方"违法非法"而说"没有法律依据"。即使在今天看来，这也恰如其分，因而便给有思想的人们"毕竟是万科、到底是万科"的感觉。

王石在"3·30"事件之中的反应和表现，赢得了这些。

应变的幕后

1993年4月，我第一次专访王石的时候，他还是用万科五大产业的模式来说未来发展，不过，其后他率领万科行进的方向，早就超越了这种综合商社的模式。

说实话，当时王石面对媒体时，还有点拘谨。当时万科提供给媒体的王石照片，也是西装革履，多少带着一点柔光的那种标准照，和今天面对镜头闪光灯时候的挥洒自如还是有很大差距的。而且关于那时候的王石，媒体对他最深的印象是辩才无碍，气势逼人，但是不会笑。

人的自信和经验，也是需要逐步积累的。今天王石即使是一个大光头也还能面对媒体开怀大笑，这不是一天的修为。

"3·30"事件是万科内部的说法，而在证券市场上，被更多地称作"君万之争"。这一战，对于今天已经遍地开花的万科地产的新职员来说，已经不太清楚是怎么一回事了。但是，对于王石和最早一批合力打造万科的人来说，这是一场激动人心的争夺战。

当时的万科高层管理人员作风都很俭朴，当然，现在也差不多。"3·30"

事件期间，大家都很紧张，家也不回，在办公室不断讨论对策。在公司对面的一家新地酒店定了两间房，谁累了就去睡一觉。有这么一个传说，有一天大家在新地酒店房间里面吃盒饭，实在太难下咽，有人突然提议，不如我们几个出去吃一顿好的！旁人说不好吧。此君愤然地说，如果这次事件我们失败了，明天坐在办公室里面的就是 XXX 了，我们为什么要替他们省钱。而如果我们赢了，公司这么大一件事情，事先庆贺也好啊！于是，众人都说对头，就咬咬牙，出去吃贵的菜。后来有人说日本菜贵，大家就开车到了深圳阳光酒店旁边当时的第一品牌禾田日本料理，算是美美地吃了一顿。不过，据说大家当时也还是挑着便宜的东西点，毕竟万科还不富，大家都还自觉按照王石的勤俭要求办事。

王石事后不无自豪地提到，平时，万科经营层已经习惯于通过董事会来进行经营决策和意见交流，也正是因为董事会运转正常，面对突发事件，董事之间的联络非常顺畅。3 月 30 日上午九点半，得知"君安接到部分股东委托，要在下午三点有所行动"的消息之后，万科董事在 30 分钟内同包括远在美国、加拿大、北京、青岛、海口等地的 13 名董事全部取得联系。假如没有平时的正常沟通，是不可能在这么短的时间内做到这一点的。

不过，截至 1994 年，万科改组成股份公司五年多以来，万科的董事们为公司的发展付出了不少心血，但他们个人从来没有得到一分钱的董事酬金。这与他们的付出是不相称的。这一点可能不符合国际惯例。此后，万科董事就开始多了每年数千元的车马费。

比起其他上市公司，1994 年成立，已运作了近十年的万科公司自然成熟一些，其总体的运作程序由一套比较严密的会议制度构成。首先是周一的联席会，由总经理办公室主持，各分公司和各部门均派代表汇报上周总体的业务和工作情况；总办以此为基础，加上平时掌握的业务情况，汇总形成一份《要情简报》，提交周四的总经理办公会，作为对公司整体情况的基本判断。总经理办公会由公司管理层的主要人员参加，研究解决公司重大的业务和管理问题。议题分成五个方面，依次是：房地产、股权投资和文化、贸易和工业、集团管理、务虚，五个星期循环一次，在特殊情况下会临时调整议题。有关总经理办公会讨论决定的内容会形成一份《总经理办公会纪要》，下发公司主管级以上人员作为必阅文件，并随时供董事会查阅。在总经理办公会的基础上，董事会的秘书班子再形成议题报董事会，由董事会讨论决定。而若干重大议题，经董事会讨论决定后再提交股东大会决定。这一套一环扣一环的会议制度，为决策层充分掌握公司情况，有效指导和调整公司业务起到了积极的作用。

很难说是善意的"'3·30'发难行为"被王石化解开了。照常理，他应该把这一群人的意见都看作邪门歪道，统统扫除干净才对。难得的是，他能一分为二地去考虑对手质疑的价值。

"万科的竞争实力在哪儿呢？它的贸易没有国优拳头产品，股权投资本身无法形成竞争优势，工业产品中没有全国名牌，文化经营没有形成规模效益，真正有点优势的是它的物业管理，而物业管理本身是不赚钱的，单独形不成经营气候。能够形成行业竞争优势的只有万科的房地产。目前看来，万科的房地产并不具有竞争优势。"

这是挑战万科的对手的分析，然后，他们提出倡议：改组公司的产业结构，收缩工业、贸易和股权投资业务，保留已在业内具有较高声誉的文化经营业务，重点发展大众城市住宅开发和写字楼出租等房地产业务。

这些未必很准确的判断，印证了王石当时模糊的担忧。这场争战再次提醒王石和万科：转型已迫在眉睫。于是，也就有了后来长达八年的调整期。现在想来，八年对于很多企业来说，已经是一个生命周期了。要坚持这么长时间的调整，可能当时王石也想不到。不过，熟悉他的人也可以理解，对于这个意志坚定的人来说，除非他没有想清楚，没有下决心，否则他一旦深思熟虑决定要做的事情，即使是十年八年，也不会轻易动摇。

事实上，即使是还未能在全国打响，偏安一隅在深圳的时候，王石就一直按照国际惯例来运作万科。营业额才十几亿元的时候，就为万科聘请海外的财务顾问和会计师事务所。在这种事情开始实施的时候，大家都有"自寻烦恼"的埋怨。但是，如果没有这样的点滴积累，没有逐步进入正轨的决心和努力，恐怕万科就很难拓展成今天这样规模的大公司。

这么多年来，太多新兴企业的失败例子告诉我们，如果没有王石追求建立现代企业制度的努力和强势应变的领导能力，好一点的结局就是王石和部分万科高层赚了一大笔钱后上岸作鸟兽散，公司从此黯淡，而更可能的就是像同时上市的一些深圳公司一样，陷入投资误区，经营顾此失彼，最后转入困境，重组几回都是常事，极端一点地，连公司都给除牌了。

对于现代的中国来说，显然，更需要做出了地产第一品牌的职业经理人王石，而不是那些自己号称有多少亿身家，但是连资产来源和权益都说不清楚的能人富豪。

虽然王石和万科刚刚度过了"3·30"事件，但是在企业还处于调整期的时候，又爆发了另外一场超乎他们意料的股权之争。

07

万佳的争夺和放弃

万佳百货的二次创业无疑是万科在地产业务之外的又一个亮点。在零售业，万科同样经历了一个先是头脑过热，接着实事求是进行调整，然后起飞的过程。当然，万佳能够于败处复活以及万科在股权争执事件之中表现出来的强大的应变能力和执行能力，都显示出万科经营运作步入正轨，职业化经理团队渐成规模。而坚决要把热闹红火的万佳减持套现，也是王石和万科管理层早在万佳再起时候的共识。有所为有所不为，取舍得失之间，有更多的东西耐人寻味。

大举扩张受挫

万佳前身为深圳万佳连锁商业有限公司，是深圳万科企业股份有限公司开拓连锁零售事业的主力军。公司创立当年在深圳开了一家 2 300 平方米的传统百货商店，1992 年营业额为 2 000 万元。由于当时缺乏零售业经验，加上万科跨地域投资蔚然成风，因此 1993 年年初，万佳又接连在乌鲁木齐、武汉开设了两家不大的百货商店，其他开展业务的城市一度多达九个。

第一批分别在深圳、武汉和乌鲁木齐等地开办的三个以"万佳"命名大型连锁商场，采用国际连锁业统一管理、统购分销的标准做法，与原来广州建立的大型外资鞋业产品批发中心等连锁网点相呼应，铺开了连锁之势。万科希望，万佳百货的绿色"V"字标志能够与其富有创造性的独特的经营理念一起大举进军"南海之滨，大江两岸和西北边陲的商业界"。

在深圳位于友谊城 B 座四楼的万佳百货商场与 A 座四楼的国货商场连成一体，相辅相成，形成规模效应。昔日与国贸、国商等大型购物中心相比相形见绌的友谊城购物中心在消费者心目中的地位日渐上升。

在汉口繁华的商业地带——民众乐园之内，万佳百货开辟了它的第二个商场。独特的经营思想和全套深圳风格的装修环境、柜台结构和商品特色引起了武汉三镇一片震动。

在乌鲁木齐，这座人均收入居全国前列、长期物资缺乏的西北边城所潜藏的购买力大大超出了常人的意料，边民们对北上列车长途跋涉运载而来的商品怀有一种如饥似渴的期待。1993年2月22日，开业的第一天，争先恐后的人群挤坏了商场的大门，很多商品刚摆上柜台就被抢购一空。自治区的领导对这个千里迢迢而来的合作者也表示了极大的兴趣，并做出了积极的姿态。

不过，虽然外部环境反应很好，但是这样大跨度的零售业扩张，即使在今天也未必能够顺利进行，何况是在市场经济还不发达的当时。这些兴冲冲北伐的万佳各个分部，在短短一年之内纷纷宣告败北，而在深圳商业旺区友谊城四楼的万佳传统百货商场，也面临业务滑坡的问题。加上各地的投资失败亏损，点算一下，保守估计已经损失了2 000万元。这在当时，对于利润只有几千万元的万科企业股份有限公司来说，当然是个很大的问题。于是，万科管理层在王石的率领下，开始了对万科零售业的全面反思。

万科最早是做贸易起家，因此由贸易过渡到商业很自然，物流配送什么的业务都很容易搞起来。实际上，在之前几年，万科贸易公司还做过鞋业、西装乃至K金项链首饰业。20世纪90年代初期，有短暂的一段时期，万科提出的企业发展口号是，要做中国的综合商社，对于五大块产业（工业、文化传播、股权投资、房地产、贸易）都很重视，大有齐头并进、分进合击的态势。

不过，当时整个社会对零售业理解不深，加上市场开放程度也不够，政府也有一定的限制，对于国营商业的保护倾斜政策很明显。

面对万佳的首度扩张出师不利，万科想到的是取经，到资本主义零售业最发达的美国去。1993年，万科总部的考察团就去了美国，专门参观了沃尔玛等被称为"新业态"的零售企业，慢慢找到了感觉。王石第一次去美国，感触很深，回来后就确立了万佳新的发展方向。为了做好零售业，还专门引进了一位在新西兰做过卖场管理人员的刘先生，这应该算是内地最早的一批"海归"了。

新商场一炮走红

1994 年 12 月 30 日，万科企业股份有限公司发布公告，本公司增持万佳百货股份有限公司的股权，由原来的 35% 增至 60%，为万佳发展连锁零售业奠定了基础。

而在这个用官方语言表达、看似平淡的公告后面，隐藏着一个紧张的商业博弈。

1994 年年初，曾经在全国多个城市扩展受挫的万佳百货痛定思痛，把主战场集中在了深圳，完成了股份制改造，万科占新扩股融资后的万佳百货公司的 35%，其他有两家股东各持有 25%，一家持有 15%。据说，因为当初有投资方担心其中任何一个股东独大，所以才有了相互持股都不是很多的股份分布。如今已经很难说清楚，当初设计这个方案的人，是否已经埋下了联合三家股东制衡、约束万科的伏笔。

不过，对于已经上市几年，正踌躇满志地在全国各地投资的万科来说，显然对于股东可能的发难没有太多的心理准备。事实上，当时筹备万佳新分店的管理层基本上都是万科公司的员工。为了充实万佳人手，万科还由总部派遣了总经理办公室、财务部和人事部的大将前往加盟，一时间颇有革新气象。

1994 年 7 月 17 日，当时全国最大的仓储式百货零售商场在深圳工业区的华强北路华联发大厦一楼开业。开业当天，出席的只是深圳贸发局副局长，没有市一级的领导，也没有其他行业公司的竞争伙伴，仅仅是一个简单的开业仪式，然后人群如潮水一样涌进去。

事实上，当时 4 400 平方米的卖场和传统的百货大楼截然不同。简单的水泥地面，天花板也没什么刻意装修，加上一个个大型的货堆，给顾客一种全新的购物感觉。

在万佳转型成功之前，深圳只有几家诸如天虹、大江南、兴华之类的大型传统百货商场。多少年来，深圳市的消费者主要围着这几家商场转，这些商场也一直很有把握地吸引和控制着全市的客流量。由于缺乏适当的商业竞争，深

万佳位于深圳的三分店开张合照（1995年）。左一为万科党委书记丁福源，左二为当时万科副总裁、万佳百货掌门人徐刚，左三为王石，右一为郁亮

圳零售商品毛利率一般都在25%左右，远远超过内地其他城市。居高不下的毛利率一方面反映出深圳零售业的发展潜力，另一方面也给深圳消费者带来了较大的压力。

1994年上半年，深圳的零售业出现了一些陌生的面孔。以百姓购物俱乐部为代表的一种集零售、批发和货仓于一体的仓储式销售模式悄悄呈现在市民面前，打破了深圳大商场一统天下的局面。随后半年，三九人人购物城、马尔斯平价超市、大家购物乐园、百家惠购物俱乐部如雨后春笋般在深圳相继开业，表现出深圳消费者对这类新颖独特的经营方式以及实惠的商品价格的认可。虽然一直就有"狼来了"的叫喊声，但深圳几大商场因为看着自己的营业额没有多大影响，所以谁也没真正在意这些呼声。直到万佳百货平价广场出现，才有如一块巨石投入平静的水面，立刻引起层层波澜，给深圳的零售业带来了始料不及的冲击和震荡。

万佳将仓储式销售与现代百货商场的优势集于一身，既有仓储式商场装修简洁、商品价格低廉的特点，又保留了百货商场规模品种齐全、环境舒适的优势，开业仅半个月，就吸引了越来越多的顾客。一些大商场眼看日渐下降的客

身穿背带裤的王石

流坐不住了，便派出自己的"侦察员"，去万佳摸清价格，只要发现对方比自己低，就马上调价，竞争的结果几乎把价格降到了无法再降的地步。于是，一场以价格为中心的商战开始了。

结果，万佳开业几个月，深圳市场上的食品、家电、床上用品等商品的售价，在扣除季节性削价和不定性降价因素之后，仍比去年同期下降了5%～10%。由万佳平价广场推动的这场削价大行动，显然已经使饱受通货膨胀之苦的消费者得到了实惠，对深圳的物价水平也产生了一定的影响。

当时身穿吊带裤的王石，常常亲自去视察卖场，和一群万科高级管理人员看着商场里面的热闹气氛。他对于如此热烈的场面若有所思，不知道是不是从这个时候起，他就预见到了万佳后来巨大的成长空间。开业几个月，因为营业额出奇地好，所以万科公司总部很快决定，要加强对万佳的投入，把这个行业做大做好，因此，万科主管贸易的副总经理将会亲自督战万佳。

不过，事情发展出乎意料。当时万佳的一位吴姓总经理和一位吴姓副总经理联合了其他三家股东，达成共识，提出了更换董事和经理层人员的要求，潜台词就是希望减少万科在万佳的影响力。这一切，对于几个月前才遭遇部分股东阻击要求改革公司管理层的万科来说，无疑又是一个不小的挑战。

再遇股东发难

虽然只是下属公司的股权纷争，但是引来了王石和万科高层的高度关注。因为，无论是从王石的性格还是从万科发展的战略来看，把辛苦了几年刚刚闯出一条新路，且自己占较大股份的万佳管理权拱手让给别人，似乎都是他们不太希望看到的。记得万佳其他三家股东提议的事情传到万科总部时，已经是黄昏了，万科紧急召集总部人员回去开会，其中一个女职员已经到了网球场打球，闻讯情急之下从小路赶回公司，结果遇到了打劫。这虽然不是一个愉快的花絮，但是也看得出万科令行禁止的管理风格多么深入职员内心。

在万佳其他的三家股东之中，华西是建筑公司，天安在深圳开发了很多物业，都和万科有一些渊源，唯有 H 公司是靠万佳吴总经理的关系拉来的。实际上，在这次"改革万佳"的行动之中，王石和万科的最强大对手是李彬兰女士，而她就是后来在零售界闯出大名堂的新一佳公司的总裁和创办人。有"铁娘子"之称的她，祖籍兴宁，1994 年才只有 30 岁出头。不过接触过李彬兰的人都公认她处事作风硬朗，特别是那些谈判对手，都不得不承认李是一个果敢决断、忘我投入并且很难"对付"的高层管理者。当然，有一点也是业内公认的，即李彬兰是一个相当讲究信用的人。有一次，李彬兰与某位业内人士约定第二天下午在珠海见面，当时她身在宁波，买不到当天从宁波直飞广东的机票，于是就当晚连夜从宁波赶到上海，由上海飞到深圳，然后再乘车从深圳赶到珠海，最终在约定的时间出现在约见地点，令对方叹服不已。

这一次李彬兰和王石对垒，无疑是一场紧张刺激的商业较量。

记得事发后双方代表第一次会晤的时候，李彬兰很诚恳地对王石说："王总，我很崇拜你！"这句话使得当时紧张的气氛稍为缓和。

不过，接下来的一个多月，在华联发二楼简陋的万佳办公室和会议室里面，双方代表唇枪舌剑，软硬兼施。因为是典型的市场商战，所以双方也会充分调动社会资源关系，力求技术性击倒对方。

本来，这一场争战，万科本身股份居于下方，以48%对垒对方的52%，加上有两名大将"阵前倒戈"，因此如何化解对方咄咄逼人的攻势，又要维持万佳商场正常的营业运作，确实极为考验王石和万科的智慧及应变能力。

而万科这边，派出坐镇在万佳办公室火线的是万佳董事长丁福源。1990年就加入万科的丁年纪与王石相仿，当时是万科的人事部经理，后来任万科集团的监事会主席和党委书记，是仁厚长者，在万科有"大佬"之称。丁董事长一面和股东谈判，一面在万科派驻的其他职员支持下搞经营，而万科集团的副总徐刚则在外围策应，逐步化解对方的压力。原来的万科旧部包括副总经理孙安健和刘小平，以及其他管理人员罗琼、毋英勇、何建元、邹进生和卞双成等都是在这一次风波之中成长起来，继而成为万佳的核心管理团队的。时至今日，他们大都成了全国零售业独当一面的人物。

这种局面一直维持了四个月，直到12月谈判取得部分成果，万科增持一方让出股份成为占比60%的大股东，才告一段落。

在谈判之中，万科同仁感觉到，虽然李彬兰在江湖上还没有什么知名度，但是在具体的谈判过程中非常厉害，总是能够从许多不易注意的角度提出对自己有利的意见，而且还和万科两名立场转变的大将关系极为紧密。本来，这样的对手应该是王石最不喜欢的，交易看上去很难达成。不过，王石还是表现出了大家意想不到的气魄，经过权衡利弊，万科最后购入的是李彬兰所代表的公司的股份。这12%的股份，成交金额是3 000多万元，比起原来的1 200万元投入，一年不到的时间，股份升值接近3倍。这显然是一笔相当划算的投资。

由万佳套现退出不久，李彬兰就带着部分离开万佳的员工，争取到了中国核电集团投资，开办零售企业新一佳公司并任总裁。这绝对是零售业一匹狂飙的黑马，1995年崛起于深圳，在短短几年间，就打入了广东省零售业前几名，并跻身国内连锁业百强前列。

万佳崛起的经验

在万科增加股份到了 60% 之后，万佳百货的局面也安定下来；而不同意见者的离去，使得万佳得以专心从事经营。1995 年 2 月，丁福源功成身退，回到总部，徐刚正式入主万佳，并起用万科贸易的老部下何志东担任万佳的总经理。

不久，华西公司也把剩下的 12% 的股权转让给了万科。而天安则因为看好万佳前途，自己本身也没有什么经营管理万佳的欲望和条件，转为全力支持万科管理下的万佳发展。2001 年 8 月，万科向大股东华润转让它所持有的万佳全部股份的时候，有些人会很奇怪，为什么只是 72%。其实，剩下的 28% 一直是其他股东拥有的，一直到 2002 年 2 月才转让给华润。虽然转让的金额是商业秘密，没有公开，但是这笔十年的投资，其回报相当可观，这是不成疑问的。

说回 1995 年，引入了新的零售业态的万佳业务蒸蒸日上，迅速成为深圳零售业的龙头，半年营业额达到 8 000 多万元，远远超出原先最乐观的估计。

当年春节，万佳商场因为来的顾客太多，结果不得不采取分流措施，就是每隔十分钟才放一批顾客进去，营业额经常创出新高——每日两百万、三百万元。这在当时的零售业之中，是相当难得的佳绩。春节期间，王石多次亲临现场，看到如此兴旺的景象，兴奋不已。而这个时候，由万科继承而来的高度职业精神也在万佳继续得到发扬。王石亲自带头，率领万科总部的高级职员，在繁忙时段，分批到万佳卖场的收银台旁边，替顾客的商品装袋。第一天，大家还觉得新鲜，挺好玩，但是到了后来几天，看着几十台收银机前面都排起了人龙，而且装袋还需要区分不同的货品，两三个小时下来，在办公室待惯了的白领，还真的有点腰酸背疼。

其实，在万科之前，深圳就有其他的零售企业尝试采取仓储式销售的业态。曾经有一家总部离万科不到一千米的企业，雄心勃勃地在深圳要开大批这样的仓储式商场。不过，由于规模小，管理也跟不上，因此后来大多很快就被淘汰了。

万佳成功的原因很多。

万佳在华强北的迅速崛起，带旺了附近区域的零售业，使这个原来的工业区逐步转变为深圳的商业中心。随着商业化发展，深圳市区原有工业区的功能变更是城市发展的必然趋势，而工业区外迁之后，遗留的大批工业厂房就成了有先见之明的企业及时占据的阵地。20世纪90年代上半期，华强北一带除了一个赛格电子市场之外，其他一片沉寂。而万佳从国贸旁边的友谊城搬到华强北，事先也经过周密分析，先是考虑到了附近的居住人群的密度和消费水平，同时更主要的就是因为这里租金便宜，根本不是个商业区。而万佳在这里的巨大成功，很快吸引了同行的跟进，附近改装过的厂房很快成了曼哈和新大好等零售大卖场。万佳确实直接带动了深圳商业零售区的形成和发展，当然这也是歪打正着的事，事先谁都无法预计。到了1997年，华强北已经成为深圳两大主要零售商业中心之一，集中了顺电广场、男人世界、女人世界等数十家商场，餐饮服务业也由小到大兴旺起来。在这种英雄和时势互相依仗的气氛下，万佳和华强北的兴旺，堪称双赢的最好例子。

在相对平淡的市场形势下，万佳百货生意何以如此兴旺，引来购物人流趋之若鹜呢？分析起来有三个原因。

一是商品结构的设置。万佳百货商品品种逾3万，其中食品、日用品占到1/2以上，形成了一批家庭消费品的稳定客源。据统计，有5 000名顾客每天固定光临万佳，选购当天的成菜及第二天的早餐食品。虽然是薄利多销，但是也逐渐形成了一个非常聚集人气的地方。

二是中国人购物心理因素影响。在国外，食物和日用品的购买一般是每周一次，购物相对成为不得不为之的一种行为。而在中国则大不相同，对绝大多数人而言，购物成为人们生活中重要的休闲方式，是一种享受。特别是逢年过节，举家去逛商场真是从小孩到大人欢欣鼓舞的事情。到万佳购物，不仅是消费的需要，更有娱乐休闲、精神放松的作用，再加上羊群心理驱使，使万佳越是时逢节日，越是人气兴旺。春节期间万佳每天客流量达两万人次。即使这样，每天还有一部分顾客在门口望而却步，害怕耗费时间。

事实上，在万佳购物，高效率是一个非常大的特点，这亦是其生意兴隆的第三个原因。在万佳5 000平方米的卖场中，超市占到八成，超市的大面积应用实际上能节省不少时间。万佳有关部门统计过，春节期间购买年货的顾客，如消费 500 元金额，其采购时间约为 30 分钟左右。也就是说，在半小时之内，可以购买到一个家庭需要的各种年货，其效率显然不低。由于品种齐全，不少人认为在万佳购物确实可以满载而归，但收银花费的时间过长。春节期间，万佳出现过这样的现象，16 个收银台前同时等候付款的顾客，往往达二三十人之多。甚至有人说，在万佳购物，付钱的时间比采购的时间还长。事实上，由于万佳采用了当时世界上较先进的条形码处理系统，本身的速度是很快的。万佳收银小姐估算，节日期间，万佳人均消费为 500 元左右，人均付款时间仅为 1 分多钟。而深圳为数不少的商场还处于开售货小票、到收银台付款、再凭票取物的繁琐程序状态。相比之下，万佳要显得更为简易方便。顾客感觉等待时间过长，一则是心理因素，再则确实是万佳的人流量太大。

当时，笔者就万佳百货自重新开张以来的调整思路采访了主管商贸口的万科集团公司副总经理徐刚。

这位后来成为零售业大腕的徐刚当时的介绍很平实：万佳实行股份制后，万科作为控股企业和发起人，负责万佳的全面经营管理。事实上，万佳从友谊城迁出，原来的想法是选在车公庙，后经调研，才选择了华强路新址，其中带有一定的偶然性。万佳平价广场于 7 月中旬正式开张营业，当时感觉经营压力很大。万佳实际已有三年的经营历史，但基础管理方面一向较为薄弱，因此，开业之后顾客盈门固然是好事，但倘若基础管理跟不上，导致今后走下坡路，这是万科作为经营管理者所不愿看到的。

万佳从 1993 年下半年开始进行股份制改造，直至华强路新址重新开张，其间管理层总体上没有大的变化。由于管理基础薄弱，万科先后向万佳派出了一些骨干和管理人员。徐刚指出，万佳管理上并不是无章可循，而是有章不循，因此，最令人担心的是有了制度不执行。在万佳刚开始营业的一段时间里，部门之间存在相互不配合、把矛盾向上转移的现象。有些矛盾甚至连更高一级管理层都无力协调，显示出管理力量的薄弱。万佳百货提出的"平价销售"经营理念在平抑物价方面取得了良好的社会效益，销售量在开业后不久直线上升。这样，费用控制就成为企业能否取得较好回报的关键。

而根据万科集团公司企划部的统计分析研究，和其他深圳同类大商场比起来，万佳的费用率仍偏高。徐刚分析原因时指出，这与万佳原先的管理层在进货、卖场等方面缺乏清晰的思路有关。1994年下半年一位女业务员因向供货商索要回扣而遭辞退，反映出进货渠道尚存在不少漏洞。一般而言，国外的类似商场实行会员制，以批发式销售为主，而万佳则实行少量的会员制，并以零售为主，这势必导致人力成本大幅提高。万佳开业后不久，公司人员增至近400人，使万佳成为一个劳动密集型的企业，与仓储式自动中心节省人力的宗旨相背离。卖场管理方面也有很多值得检讨之处，电脑收银系统、防盗系统、导购等跟不上销售的情形屡有发生。

加强管理见效益

针对万佳自1994年中期开业后出现的问题，万科从人事、基础管理方面对万佳进行了调整。首先，将万佳划入商贸口统一管理，从基础着手，对卖场、进货、财务、分配等环节落实有关制度，做到有章可循、执行必严。在抓销售的同时，也强调"节流"，控制不必要的费用开支。万佳于1994年下半年对人员进行核定，结合工资制度改革，提高职员的积极性。其次，充实万佳的经营管理层。一批高中层管理人员先后被派至万佳的重要岗位，对不适宜的人员进行了必要的调整。最后，对万佳的中层干部进行集中培训，使他们不同程度地开阔了眼界。万佳于1994年8月前后进行了系统的调整，9月、10月的销售业绩均取得了20%～30%的增长幅度，充分说明万佳的调整思路是正确的。

万科对如何发展连锁零售业的经验不足，因此组织了部分人员赴泰国万客隆进行了考察，希望对提高万佳的管理水平有所帮助，因为通过自己摸索，需要走很长一段路。徐刚认为，零售企业的出路在于连锁和规模化，万佳也不例外，但是如何进行规模经营，如何建立统一的财务中心、采购中心和完善的电脑管理系统，一定要学习国外的成功经验。

回头看，万佳的调整事实上并不复杂，问题在于迅速调整配置了一批合适的管理人员，这才是万佳发展的坚实基础。值得一提的是，鉴于万佳良好的销售业绩和发展前景，万科已于1994年年底增持了万佳25%的股份，从而使万科占万佳的股份达到 60%。这一举措也表明经过三年多的培养，万科零售业开始走向成熟，相信经过进一步积累经验和发展，连锁零售业有可能成为万科业务的第二个增长点。

2000 年，万佳百货以 16.2 亿元的营业额跃居广东省连锁业的龙头。徐刚一手打造的"超市＋百货"的经营模式被业内总结为"万佳模式"。

同一年，郁亮在回答投资者提问的时候透露，2000 年万佳的销售净利率是 2.58% 而不是 1.64%，虽然只有 2.58% 的销售净利率，但是万科的年投资回报率已达 17%，而且在税收、就业、繁荣市场等方面创造了巨大的社会效益。

不过，除了天时地利之外，万佳的管理也起到了相当大的作用。面对上千名整体教育程度不是很高的员工，以及数万种货物，管理执行能力以及先进的技术手段都不可缺少。万科在巩固了万佳的管理权之后，召回了以前因为意见不合而出走的电脑人才熊杰。

原万佳百货副总兼电脑部总经理熊杰，后任华润万佳的副总裁兼首席技术官。曾经希望独立在 IT 行业创业的他，在全面推进万佳的电脑货物管理系统方面，起到了巨大的作用。

万佳六周年庆典

当然，万科物业管理的优良传统也是万佳成功的因素之一。有一位已经离开万科的员工在回忆起楼下的商场时说："万佳的卖场总是那样的光洁明亮，地面亮得可以照到人的影子。外面的广场也是一样，我找不到一点顾客随手丢的垃圾。尤其是广场外面的桌子，一到吃饭时间便坐满了在万佳买快餐吃的人。但当你吃完后，如果没有注意随手清洁，他们就会马上赶过来清理掉桌子上的垃圾，不经意间，使那些在我们万佳吃饭的人方便、舒心。闲暇时间他们还会将购物车推到一起，摆放得整整齐齐。夜深人静了，除了上夜班的同事，其他人都回家了，但我们的保洁员还在那里为商场第二天迎接顾客做准备，在卖场里打蜡，在广场外清洗地面等。"

这些都是细节小事，点滴留心、持之以恒，自然能够让顾客感受到其中的服务。

管理方面值得重点提出的是万科集团最早的老臣，曾任人事部经理的徐刚。他带队的特色很鲜明。徐刚，军人家庭出身，作风硬朗，其强势的领导作风和王石有异曲同工之妙。因此徐刚能够牢牢掌握纷繁复杂的万佳零售业。2003年1月，徐刚辞职离开华润万佳之后，华润万佳主席宋林接受媒体采访时也承认："以往我们说华润万佳，业界会直接联想到徐刚本人，这是由他个人魅力决定的。"

作为万科集团主管零售业和贸易的副总，在万佳平价百货广场开业初期，徐刚每周有四天坐镇万佳。作为万佳的董事长，徐刚在商场上面的写字楼二楼，经常都要工作到晚上八九点，春节期间，甚至到11点钟。

1995年的腊月二十九，徐刚接待了一宗投诉，一位顾客买了一袋面包，食用时发现面包片中间有两颗小石子，他担心会生病。徐刚当场派车把顾客送到市卫生防疫站，经过检验，发现顾客健康没有问题，就先赔偿了顾客十倍的经济损失。然后，他再找厂家，要求厂家提高产品质量，并赔偿商家的损失。

类似上述的商品质量问题，万佳明确规定在几分钟之内包退包换。事实上，随着深圳零售业市场竞争不断加剧，提高售后服务的质量已成为各路商家的共识。后来，深圳不少商场虽未明确提出如万佳这样的口号，但也基本上做到出现质量问题可以退换。但万佳同他们有什么区别呢？徐刚解释说，一是退换权归属不同。不少商场的退货权在副总经理一级以上，而万佳则在服务台就可解决，这在速度和效率上给顾客的感觉不一样。二是先赔后处理。有的商场货物发生质量问题，是先与厂家联系，让厂家来解决；而万佳是先赔偿顾客，再找厂家处理，力争早退早换，越快越好。当然也会发生不是由于质量原因，仅是顾客的喜好发生变化要求退货的情况。针对这种情况，万佳的宗旨是只要符合《退货公约》，电脑小票齐全，时间不超过七天，不影响商品第二次销售，同样在最短时间予以处理。

那一年春节，深圳异常寒冷，各商场的被子、毛衣、电暖气等过冬商品十分畅销，万佳也不例外。但春节一过，天气转暖，不少人来万佳退换这些用不着的商品，而只要符合《退货公约》，万佳全部予以退换。徐刚总结说，从经营角度讲，这样处理是不利的。有些货品要削价处理，给商家造成损失；有些要换包装，给厂家带来麻烦，这些可能会给短期利润带来影响。但我们要权衡得失，因为从长远来看，提高顾客的满意程度，可确保长期竞争优势。因此，不仅要把焦点瞄准顾客，更要把注意力延伸到顾客的家人和朋友，结果可以产生高度的重复购买率，由此可保证公司的长期利益。"顾客不一定永远都是对的，但永远是最主要的。"

08

挺进上海

王石从不讳言自己的上海情结。立足上海并且壮大，是当时中国市场份额最大的房地产公司——万科企业股份有限公司跨地域投资开发最成功的例子。上海的十年征战为万科锻炼出了一支专业的房地产队伍，打造了"城市花园"品牌，也为这家参照国际惯例公开招股的上市公司提供了数以亿计的利润。那时中国的房地产业正处于高速发展阶段，波澜壮阔与龙蛇混杂，理想住宅与过度营销，建筑价值与破坏城市，这一切问题，都牵动着社会各个阶层的敏感神经。在上海，万科的典型失误和突出成功，不乏值得商界同仁玩味和圈点的地方。

上海西郊花园首战告捷

1989年年初，万科开始尝试进入上海。上海从来都是中国的工业、商业和金融中心。王石在20世纪80年代末就觉得，一个企业能否在上海施展拳脚，一个产品能否在上海占一席之地，一个品牌能否得到上海消费者的认可，既有象征意义也有实际意义，得上海滩者得半壁江山。

于是，1988年他亲自陪同一位港资企业的老总到上海闵行开发区考察。闵行开发区的一位官员主动地给港资企业老总送上了一份闵行开发区的介绍材料，而当这位在深圳已经发展很顺利的老总提出希望也得到这份资料时，这位官员却连连摆手，"材料不多了，不多了"。显然，一直到20世纪80年代末，上海人仍然没有给予深圳企业足够的注意。在上海人的眼中，尽管深圳特区那时已经过十年的发展，但是深圳企业的规模及经营能力都不及上海的"正宗老牌"，而且大部分企业从事贸易，因此上海人更多是对包括台资、港资在内的海外资本感兴趣。万科无功而返。

不过王石是不会轻易气馁的，也不会因此而记恨上海。

20 世纪 90 年代以后，深圳企业不但调整了产业结构，而且开始了跨地域发展。上海正是深资企业所要争夺的重要市场。1991 年 8 月，上海市土管局推出古北新区第 24 号地块进行国际招标，王石再次飞赴上海，小心翼翼地询问：特区的企业有资格参与吗？得到土管局一位处长的肯定答复和细心指引。这位官员诚恳的态度和热情的眼光给特区来的投资者留下了难以忘怀的印象。上海人观念转变之快和务实的办事态度着实让万科人吃了一惊！上海在对外开放的同时，也打开了对内开放的大门。就是在这一年，万科联合香港某房地产公司以高价一举中标，取得"西郊花园"的开发权，进入了上海房地产市场。该项目成为万科地产跨地域发展的第一个项目，也是新中国成立后上海新建的第一个大型高档别墅区。

虽然一贯豪语，但是实际做起生意的时候，王石是一点也不托大的。他亲自带队于 1991 年 6—8 月对上海的房地产市场进行考察，发现上海别墅奇缺，与上海这样一个特大型城市的地位极不相称。经过分析论证，万科高层领导确定以潜力大、回报高的别墅为突破口，借此打开上海市场。当时上海市的土地招标对外商优先，万科志在必得，便联合香港仲盛公司绕道香港投标，但是万科地产要先垫付对方投标要出的 750 万美元，以后再以合作公司的名义贷款冲还。万科地产调往上海三个人，就开始了整个项目的经营操作，全部业务的技术人员都由深圳地产分阶段派出人员。

1991 年 8 月，万科联合仲盛公司以高价中标取得"西郊花园"的开发权，在此基础上组建了上海万盛房地产公司。"西郊花园"是万科房地产业务跨地域发展的第一个项目。"西郊花园"的地价为 1 500 万美元，万科仅以 400 万美元投入就启动了该项目，其余资金就靠抵押贷款和预售房款来支持。通过少量资金启动项目，再以当地资金滚动发展，这成为万科以后开发物业的重要法宝。1992 年 3 月"西郊花园"开始发售，设立深圳和上海两个销售点同时销售，结果成绩很不错，连广告都没有做。深圳方面，只有后来成为万科地产副总的车伟清小姐一个人在卖别墅，结果就卖出去 27 套，每套约 40 万美元，折合当时的人民币为 9 720 万元。别墅第一年就卖完了。"西郊花园" 88 幢别墅于 1993 年 6 月份基本完工。"西郊花园"项目成功，使万科进军上海市场的信心大增，为万科跨地域开发房地产项目积累了经验。

再接再厉，开辟城市花园

1991 年，上海的房地产市场尚处于培育阶段。万科投资建设的"西郊花园"在上海推出后，引起市场强烈反应。上海市土管局也给予万科高度评价，认为万科带动了上海房地产市场和促进了上海市土地制度改革。万科趁热打铁，于 1992 年 4 月获得现"万科广场"的土地使用权。1992 年 8 月，上海万科房地产有限公司成立，这标志着万科正式全面进军上海房地产市场。

花开两朵，各表一枝。王石率领万科在上海顺利进军之际，1991 年的深圳房地产市场竞争得十分激烈，而且凡是万科地产接触的新项目，最后全被其他同行公司以抬高价钱的方式中间截走，包括雅园路口的四块地、长安路口的三块地、翠竹路口的两块地，还有市政府对面的那块地。结果那几块地上的房子，有的已经造好了许久，但到了 20 世纪 90 年代末还有许多没有卖完。面对着在深圳搞房地产如此艰难的形势，万科羽翼未丰的地产业务将往何处去？

总舵主王石发出指示：万科地产到上海去，到中国最大的、人口最多的城市去争取生存和发展。

1992 年 4 月，万科获得"万科广场"的土地使用权。1994 年年底，南北两座对称的 18 层浅灰色塔楼，在古北热情洋溢的酒红色楼群中卓然独立，深受青睐。

"西郊花园"和"万科广场"的成功开发，标志着万科进军上海房地产市场初战告捷。

确定"万科广场"项目时，王石的理由是，当时上海外销商住楼尚不多，像上海国贸中心这样的商住楼租金正不断上涨，因此投资高层商住楼，将来无论是外销还是出租，都是有利可图的。"万科广场"所处的虹桥古北新区是上海近两年来新发展起来的市区，在"万科广场"的周边都是高档写字楼和住宅，故称为高尚住宅区。由于地段好，市场需求旺，万科曾考虑将"万科广场"用于出租，这样可以取得长期且稳定的回报。那时候，上海高档商住楼的日租金为每平方米 1.5～2.0 美元。即使以每平方米日租金 1 美元计，上海"万科广场"每年的租金收入也在 1 000 万美元以上。不过要找到发展和利润长期稳定之间的平衡点并不容易，而万科自取得"万科广场"的发展权后，于 1992 年 8 月又取得"城市花园"项目的发展权，因此存在一定的资金压力，迅速回笼资金成为当时的主要任务。这样，"万科广场"于 1993 年 4 月开始正式发售，以缓解因"城市花园"开工而带来的资金紧张局面。

在上海的西南角有一个名为七宝的小镇。1992 年年初，万科率先在七宝地区取得位于吴中路、吴宝路交接口，占地 34.13 公顷的住宅小区——万科城市花园的开发权。在万科之后，有 40 多家房地产公司进入七宝地区，开发包括住宅、商业用楼在内的物业，从而使七宝镇的面貌在短短两三年时间内发生了巨大变化。七宝镇的一位负责人在回顾七宝镇的发展时指出，在七宝镇及其周边地区的房地产开发中，万科起到了领头羊的作用。

万科在上海缺别墅时投资了"西郊花园"，在上海缺写字楼时投资了"万科广场"，而上海最缺的还是居民住宅，于是王石又萌发了投资上海居民住宅的念头。1992 年下半年，中央政府开始对房地产市场进行宏观调控，上海房地产市场进入消化存量和结构调整时期，高档产品渐趋饱和，中档产品紧缺。房地产市场以外向型为主、走高档化路线开始遭受质疑。同时上海的城市格局开始发生变化，城市郊区化提上议事日程。万科在产品战略上迈出了决定性的一步——开发中档住宅。

根据当时在上海的人员初步提供的信息，万科有两块地可供选择，一块位于原上海县莘庄，周围是工业区，显然不宜发展居民住宅；另一块便是"万科城市花园"所在地，位于吴宝路、吴中路交接口。事后大家都感慨，万科是在一片麦田里建立起了万科城市花园，而王石就在上海闵行区七宝镇距离飞机跑道 1 300 米远的一片水稻田里，又着腰连说了几声好，就下决心买了这里的 34.13 公顷农地，准备建造上海人民一辈子梦寐以求的大众住宅——上海万科城市花园。

当时在场的一位老万科职员对笔者回忆："当时第一眼看到那块望不到边的 33.33 公顷水稻田，郁郁葱葱的水稻在风中摇舞，百多架飞机在地中间的上空以 5 度的角度下降，飞机离地面的最低高度为 120 米，大家看得心寒。"但是经专家测试，确定飞机引起的噪音在允许范围内，而且在晚上十点以后基本上没有航班经过。况且万科公司也注意到，香港启德机场周围也发展了大量居民住宅。于是王石在那片麦田中央站了足足四个小时，最后还是确定了下来。为什么一贯心细的王石会如此弄险？当时的情况是时间不等人，容不得万科再做更多选择。只有抓住时机，及早向市场推出产品，才能有利于打开局面。

于是，万科城市花园品牌的第一个项目就在一片怀疑声中开始了。这也是万科历史上第一个集居住、商业、教育、娱乐和休闲为一体的郊区大型社区。

万科获得万科城市花园项目开发权后，王石看到，深圳的华侨城设计规划得很好，于是他就有了一个当时很少有人想到的主意，就是邀请华侨城的规划者——新加坡的建筑大师孟大强先生到上海进行总体规划。孟先生在整体规划中把人与自然和环境的协调放在首位，在上海首次引入围合及人车分流的概念，为居住者创造一个"共享的空间"。时至今日，万科城市花园宽松、悠闲的自由式布局，仍使众多来访者流连忘返。

1993 年 3 月，万科城市花园在姚牧民的亲自督促下正式推向市场。由于万科推出的"城市花园"定位得当，价格适中，满足留学回国人员、"三资"企业中的白领和个体户等中层收入的市民的需求，从而在市场上引起了强烈反应，购房的客户把万科售楼处的门都挤坏了。客户交款时销售人员收钱收到手软，最后不得不请银行派人到现场收钱；钱柜太重扛不动，甚至拖坏了地面上的大理石地板。

万科城市花园的推出，在市场定位、时机把握方面都是恰到好处的。万科打出的"明天，我们住在哪里"的广告语引起了上海市民的共鸣，特别是万科的经营理念、物业管理更是给沉闷的上海房地产市场带来了一股清风。可以说，万科某种程度上促动了上海房地产市场。

当然，除了决策正确之外，如何落实也很考验年轻的万科地产。那时候，城市花园项目指挥部就在农民房里，郊区蚊虫和苍蝇特别多，晴天和雨天，工地都是一片烂泥；那时候，集团的领导下了飞机就会直奔工地，看看项目进展才能睡得踏实；那时候，王石和其他管理者的激励常常让工地上的人们听得热血沸腾、心情激昂，陡然生出"平地起高楼"的决心和勇气。结果一个月就建好四套样板房，使"城市花园"如期开盘。

那时候，很多万科人对卖房子没什么概念，全凭着胆大心细和冲天干劲。姚牧民的售楼诀窍就是为客户提供热情周到的服务：售楼电话铃响两声就要拿起话筒接听；天气炎热，仅有一把风扇也要对着客户吹；把楼盘资料写在黑板上，让销售员都清楚，就不会对客户说"不知道"；售楼时没有车，就租借了一辆"振华"小面包车，把客户一趟趟拉到现场。那时候，每个销售员每天要接待数十名客户，常常忙得错过吃饭时间……

1993年春节刚过，万科主要管理人员聚集在上海召开务虚会，明确了开发城市居民住宅将成为万科房地产的主导方向，同时也表明上海正成为万科投资的重点地区。在房地产业务介入上海后，万科的广告、证券投资等业务相继进入上海。1994年赢利来源的50%来自上海，上海已成为万科的重要赢利来源地区之一。

而好强的王石在回忆"城市花园"的第一次亮相时，感慨良多。他念念不忘的是："1992年，上海万科城市花园破土动工，同深圳另一家房地产企业开发的住宅小区仅一路之隔。两家企业有很多相同之处：两家企业的领导者都朝气蓬勃，敢作敢为，在企业股份制改造过程中成为第一批敢吃螃蟹的企业家；都是多元化的综合经营企业；都是第一批深圳的上市公司，拥有跨地域投资的企业知名度和资金优势；在同一城市的同一地点各自挑选了一块土地面积33万平方米的住宅小区。不同之处只有一点：万科城市花园的位置正好在虹桥机场以南3千米航线下，遭受机场频繁升降航班的噪音干扰，也就是说相邻开发商拥有的地块远优于万科。"

还好，十年后，上海万科城市花园已经成为拥有5 400套住宅，居住1.5万居民的成熟小区。王石很骄傲的是："尽管头顶航线上的轰鸣声连续不断，但是仍然不失为上海消费者偏爱的居住小区之一。鉴于小区有市场需求，小区地盘在不断扩大，现时最多再建1 600套住宅，因为外围实在没有发展空间了。同时，相邻的小区当年的开发也完成了，但开发商深圳某公司由盛而衰，上市公司连续几年ST，2002年竟没落到被摘牌的境地。回想其老总刚进上海的豪迈气概不胜唏嘘。而万科继城市花园项目，一个接着一个开发，正所谓逢山开路、遇水架桥。"

申万事件：善意参股的典范

1990年，名不见经传的万科在大上海两次引起轰动效应。第一次是"万科城市花园"在上海市场的成功推出。当时正值上海房地产市场处于调整时期，别墅、花园供过于求，而困扰上海市民的住宅紧缺状况依然存在。万科倡导的开发中档城市居民住宅的发展思路显然对于推动上海房地产市场的结构性调整具有重要意义。第二次轰动效应是万科在1993年11月以3 900万元的代价控股上海申华实业股份有限公司当时股本的5%。如果说在此前发生的"宝延事件"是以"踏雷"的方式去尝试中国公司市场化并购的话，那么"申万事件"则是按现行法律办事，对中国证券市场的完善和发展意义重大。

申华实业是沪市著名的"老八股"之一，全部股份都是流通股。1987年3月16日，申华首次在上海发行股票，当时名称为上海申华工贸联合公司，股本总额为100万元，1990年12月19日上市。1992年2月24日，改为现名称，是上海"三无"板块之一。由于其独特的股权结构和其创始人瞿建国的运作能力，申华不断成为上市公司并购领域的新闻来源。

申华的创始人、老董事长瞿建国在追述申华的成长岁月时，很清醒地谈到，公司上市就意味着已经成为一个在市场上挂牌待售的商品，其本质上已经构成一个公开出售的要约，由市场决定价格，要随时准备被人收购。

这是公司上市时瞿建国就确立的观点，当公司遭遇收购时瞿建国的态度就有些与众不同了……

1993年9—10月，深宝安入主延中。由于这是新中国证券史上首例并购案，一时间各界议论纷纷。"宝延事件"之后，上海申华实业股份有限公司董事长瞿建国对报界发表谈话，申华欢迎有实力、有管理能力的大公司来做申华的大股东。在宝延对垒的火爆气氛中，申华老总的这个表态普遍被公众忽略，但引起了早有通过二级市场参股上海上市公司计划的万科管理层的密切注意，从而引来了申万携手合作的佳话。

"申万事件"是由郁亮领军的万科证券投资业务在上海市场上的一次公开

亮相。事实上，在"申万事件"之前，万科的投资业务已经和上海的证券市场有了密切的联系。截至1994年6月底，在万科参股的14家上市公司中，有11家是在上海证交所上市的。万科在这11家上市公司的股权投资占万科全部股权投资额的62%。1994年，万科财务顾问公司开始把投资重点转向上海市场，并派出业务人员在上海建立业务部，目的在于及时捕捉市场机会，对股权投资企业的市场表现及时进行跟踪分析，同时为万科扩大在上海资本市场的投资奠定基础。

万科参股申华是经过深思熟虑的。早在1993年年初，在万科派出精兵强将进入上海房地产市场的同时，王石的副手、当时掌管投资发展的郁亮亲临上海进行调查研究，对沪市挂牌的公司逐一进行考察，最终选择了股权清晰的申华公司。当收购开始时，郁亮亲自坐镇，据说整整一周废寝忘食。

在二级市场购入申华股票的同时，万科开始主动通过上海一家咨询公司牵线与瞿建国联系，希望当面沟通、交换意见。见面时气氛十分友好，王石董事长、郁亮副总经理给瞿建国留下了相当好的印象。特别是王石，他文化人的幽默、军人的豪爽和商人的精明交织在一起，令瞿建国很有好感。

1993年10月底，在上海扬子江大酒店的一个厅房里，一次有特殊意义的会谈正在悄悄进行。在座的有深圳万科董事长王石、董事会秘书郁亮，上海申华董事长瞿建国，上海亚洲商务投资咨询有限公司陈琦玮及《上海证券报》的一位记者。瞿建国表示，他正在积极寻找大企业加入申华股东行列，并准备外出联系。王石则表示了万科计划参股上海上市公司的意愿。瞿建国对万科参股申华表示了由衷的欢迎。深圳走在当时改革开放的前沿，经营理念和管理手段都比较接近发达国家和地区。万科又是一个特别富有文化内涵的企业。企业形象、员工素质、管理手段等，都给申华人耳目一新的感觉。瞿建国认为，与万科合作对申华的发展，对公司的股东都是有益的。王石则表示，万科参股申华主要出于三点考虑，一是双方业务结构有互补和合作的可能，二是万科想通过参股申华来参与上海浦东的建设，三是申华有投资价值。他诚恳地说，万科参股申华，决不是为了炒作股票，博取差价，而是真正地参与经营。万科代表进入申华董事会后，双方一定能取长补短，为申华的发展做出贡献。因此，瞿建国与王石一拍即合。

11月1日上午，万科第四届董事会第五次会议在水贝14栋万科总部二楼

王石在上海浦东的蓝山项目现场

会议室召开。会上讨论形成了通过二级市场参股上海上市公司的决议，并授权万科公司董事长王石全权负责参股对象的选择及操作步骤的安排。但此项决议附有一项特别限制，即参股计划必须以善意方式进行。

11月10日上午11时30分，上海证交所的气氛如往日般紧张。上交所总经理尉文渊、交易部经理王强、万科董事长王石、申华董事长瞿建国等人匆匆步下楼梯，急促的脚步声和当事人严肃的神情使人意识到某个大事件即将发生。王强快步走入交易大厅，宣读了万科公司及其下属三家公司总共已收购135万股申华股票，占申华公司发行在外2 700万股普通股5%的消息。尉文渊随即向场内交易人员介绍了先后进场的申华和万科的两位老总，场内响起了一片掌声，两位老总挥手向交易员致意。

当天下午，几十万股民争购申华股票，股价最高达到每股70.99元，并创下了在20分钟内一个股票成交额6亿元的记录。当天申华股票交易量为191.5万手，换手率高达41.17%，收盘在每股45.80元，成交9.102 5亿元，占当日沪市成交总额的41.4%，这在当时可谓惊心动魄。

11月14日下午，万科与申华在上海花园酒店联合举行新闻发布会，万科宣布接受申华董事会的邀请，委派王石、郁亮进入申华董事会。在会上，两家公司老总均表示了对今后合作前景的信心。

万科与申华1994年联姻

在事前的一个月里，时任万科董事会秘书兼财务顾问有限公司经理的郁亮，作为万科此次行动的主要策划者，深居简出，运筹帷幄。如今谈起此次令万科名声大振于股市的参股行动，郁亮也还是相当坦然地说，董事长王石的决策起到了关键作用。

郁亮说，万科之所以选择申华作为参股经营的对象，是出于以下考虑。万科自1991年开始进行大规模的跨地域投资，那时候已在上海、北京、天津、青岛、沈阳、石家庄、鞍山、成都、北海等地形成投资布局。鉴于上海在中国经济整体格局中的重要地位，万科跨地域业务中有60%的投资都集中在上海。但那时，万科在上海的业务基本集中于房地产领域，在其他领域尚未有大的起步。申华是一家以客运业、房地产、酒店旅游业、股权投资为主导业务的综合性企业，其业务结构与万科有许多类似之处，故万科容易找到与其合作的基础。通过参股申华，可以把万科除房地产以外的其他业务带到上海，有利于万科在上海的综合拓展。而且，万科当时在上海的业务均在浦西开展，对浦东则尚未涉足。申华是老牌浦东概念股，有得天独厚的地理优势，其各项主要业务均极具增长潜质。万科选择申华，实际上就是看好浦东，从而可以实现万科在上海浦东和浦西的联动发展。

申华当时平均每股净资产近 6.2 元，1992 年每股净利 0.75 元，预测 1993 年每股净利 0.549 元。郁亮认为，申华作为小盘绩优股，在股民中一直有很好的形象。申华公司提倡"资本来自于民间，产业服务于社会，效益回报于社会"。申华老总瞿建国在"宝延事件"之后，公开表示欢迎大公司参股，只要有利于申华股东，有利于公司发展，有利于证券市场的完善。这种以社会要求和股东利益为依归的企业形象，与万科的风格非常相像。

郁亮认为，那时候，万科的股权投资需要向深层次发展，万科参股申华，便是良好开端。万科对其 70% 以上的股权投资企业都派出了董事，但一般不参与经营。而对于申华，万科已派出两名董事，不仅参股投资，而且通过董事会参与经营决策。这是万科股权投资业务的转折点。郁亮列举了与申华有合作可能的业务。他说，申华有一个房地产交易城，将来可以把万科的物业拿到那儿去交易；申华公司有客运业，将来万科城市花园就不用自行组建车队，请申华来搞就行了；另外申华在浦东有不少土地储备项目，今后可以共同开发。

作为主要策划者，郁亮对此次行动的前后过程记忆犹新。郁亮说，事实上，万科在 1993 年年初就有通过二级市场进行股权投资的想法，后来由于发行 B 股而停了下来，到 8 月份才回过头来继续策划。郁亮解释万科此次行动的动因时指出，万科要在上海发展，靠银行贷款、总部提供资金是很有限的，必须在当地有新的融资渠道，因此就考虑通过参股上市公司来达到这个目的。郁亮强调，无论怎样说，有一点王石自始至终跟大家都说得很明确，那就是万科的参股经营行动必须以善意方式进行，否则宁可不做。

从 10 月 25 日开始，万科经过精心策划，以比较快的速度购入申华股票，直至 11 月 10 日触发 5% 的公告点。郁亮回忆说："11 月 8 日那天，有 40 分钟我的股票机因更换电脑而看不到股市行情，前面的操作情况也无法掌握，真是让人着急！"好在结果还算顺利。郁亮说，我们共用了 3 940 万元资金，购入申华股票 135 万股，每股平均价格为 29.19 元。

万科参股申华，自然使人们联想起宝延风波。郁亮表示，他佩服宝安人敢为天下先的精神和大无畏的勇气，至于万科和宝安哪家是成功者，他不愿意做这样的比较。郁亮说，宝安控股延中，可谓"踏着地雷过路"，需要勇气。如果我们不做得更漂亮，就无任何价值可言。现在我们可以说，万科参股申华是中国首宗以善意方式通过二级市场达到参股并参与经营的成功案例。

在 11 月 14 日的新闻发布会上，有记者问王石，是否有知情者从中炒作以获取不当利益。王石回答说，据他所掌握的情况，万科的高层管理人员、普通职员及其家属没有一个人在此期间购买一股申华股票。事实上，此后笔者和万科公司相当多员工接触时，也真是没有发现有谁能够从中得利。而严于律己、恪守游戏规则，也是王石一直追求的万科境界。

郁亮也说，万科确定购入申华 5% 的股票，此事在公司内外均极为秘密，知内幕者极少。郁亮对直接从事操作的人员高度的责任感和优秀的职业道德深表满意。他们在历时近一个月的关键阶段，没有泄露丝毫商业机密，使公司计划得以顺利实施。另外，万科上海公司职员为了配合新闻发布会的顺利召开接连加班，做了很多准备工作，郁亮对此也深表感谢。

郁亮在上海喜欢住在幽静的东湖宾馆，楼下一处小园里小桥流水，绿草青青。郁亮指着围了四只石椅的桌子笑着说："那几天的每个晚上，我们几个人就在这里计划着每步行动。"

来去匆匆的申万联姻

但是，不是每一个美好的愿望都一定有美满的结局。

万科举牌申华以后，许多人坚信万科还会增持股份，因此纷纷入市。结果事与愿违，申华股票价格一路下滑，致使许多股东深度套牢。当时，无论是王石，还是瞿建国，一心设想的都是两公司如何合作的问题，却都低估了这些中小股东高位被套的激愤与不满，最终导致了惊动高层的小股东冲击股东年会会场的"大舞台事件"。

但更难预料的是，万科参股申华的行为遭到了万科的几个大股东的抨击。几个月后，万科的四家 A 股股东委托万科 B 股股东之一的君安证券公司执笔，公开发表了《改革倡议——告万科企业股份有限公司全体股东书》，其中列出专章否定了万科参股申华的行为。这就是当年震动沪深股市的"君万之争"。

对这场争执的是是非非，瞿建国不想评说。但富有戏剧性的是，"把你撵出去，自己入主来当家"。1996 年 11 月，君安出巨资收购申华 15.19% 的股份，从而成为申华第一大股东，以至于许多人认为君安在《改革倡议》中对申华公司评头论足的时候就已经开始关注申华。

1994 年 9 月 7 日，万科发布公告：迄今为止已售出申华股份 140.4 万股。

1995 年 2 月 28 日，申华发布董事会公告，称万科现持申华股票仅占总股份的 1.7%，已接受来自万科的陈祖望、郁亮辞去董事职务。

在万科大股东和申华中小股东的压力下，万科公司顺势减持申华股票，并于 1995 年 2 月完全退出了申华董事会。至此，被中国证券界定义为"中国首宗以善意方式通过二级市场达到参股与经营的成功案例"画上了句号。

虽然合作时间不长，但瞿建国认为各自的收获还是不小的。万科在申华的股票上获得了可观的收益，申华也因此上了一个台阶。

值得注意的是，申华在和万科好合好散之后，继续在资本市场上演出了一出出悲喜剧，不仅遭遇了一家广州民营企业的阻击，后来还和中国证券市场上声名很大的君安证券以及华晨汽车发生过紧密联系，也有着自己精彩和芜杂的发展故事。而瞿建国，也早就通过套现股权获得了八位数的个人价值实现。

然而，直到今天，还有一些持有申华股票比较早的机构股东念念不忘。假如当年万科和申华能够一直合作下去，可能万科和申华在上海发展的路子会更顺利一些，少走很多弯路，在今天的上海滩，可能会有更多地方出现万科和申华的身影。

当然，历史没有假设。而王石和瞿建国，作为中国商界叱咤一方的枭雄，也各自要走自己注定的路，最后的结果当然也大相径庭。

申华公司创始人瞿建国出生于浦东，申万事件时年方 40 岁。据介绍，瞿在 18 岁那年就在家乡开始办木器厂，是一个性格内向、心地善良厚道的人。他是家中老大，多年乡镇企业工作的经验使他在当地有很高的声望，甚至连乡亲中夫妻吵架，也请他去从中调停。而瞿对家乡的老人特别关心，多次捐资当地的养老院。瞿常说，当看到自己的亲人生病而无力挽救时，我会感到很痛苦。若干年前，瞿的母亲生病后因无力医治而去世，令瞿一直感到很痛心。这件事给瞿的感触太深，瞿常常表示待公司的事情理得比较顺之后，他可以超脱些，把更多的精力放在慈善事业上。瞿曾以个人名义捐资 1 000 万元建立了上海市建国社会公益基金会，对公益事业给予了实质性的支持。瞿把企业家精神和为人处世的善良品格结合了起来。

1994 年 10 月，万科已经逐步淡出申华。此时，笔者去采访瞿建国，他一如我事先听到的那样不苟言笑，却有许多很有见地的比喻。比如说管理，瞿把培养企业比喻成教育孩子，孩子小的时候需要多管一些，到孩子大了，就不能管得太多，否则就变成封建制家长。有人问瞿走向成功有何招数，瞿答，走向成功如同捕鱼，首先要有捕鱼的技巧，其次还要有一张捕鱼的网，最后如果遇到一条没有鱼的河，那么仍然功亏一篑。

据说，瞿虽然平时言语不多，但是特别喜欢唱一首歌，叫作《把根留住》。如果有机会玩卡拉 OK，瞿必唱《把根留住》。不知道瞿是抒发人世沧桑呢，还是表达游子恋乡情，也许是兼而有之吧。

1999 年 4 月 19 日，申华公司召开股东大会临时会议。瞿建国正式卸任董事长，全身而退，至今远离商场。

城市花园历经低谷

因为上海"城市花园"就在航线下方，多少会给销售带来一些影响。据说，当年卖房子，一旦苏联制造的图 –154 型号的飞机飞过，噪声就太大，很多预备好的合同即刻告吹。因此，一位受过美声训练的销售人员老刘，陪同客户看房子的时候，一旦预感到会有图 –154 型号的飞机飞过，就张开双臂，放声歌唱：啊，鸽子呀……

随着"城市花园"的热销，接踵而来的是如何快速建设、按期交房以及赶工，配套设施没有到位造成工程延期，延期交房又导致客户投诉、退房等问题出现。

当然，事情不可能都很顺利。笔者在 1994 年 10 月份到上海的时候，"城市花园"初具规模，但是显然施工进度跟不上销售进度。这种跨地域的地产公司在急剧扩张过程中遇到的典型问题，在十年后的很多大开发商的其他项目之中也经常能够遇到。同时，整个"城市花园"的管理也显得乏力，大名鼎鼎的万科物业在那时候经验还不够多，名声也还没有营造出来。所以，等我回到深圳，跟王石提起看到的上海万科的种种问题时，他脸无表情，只是低低地"哦"了一声。后来我才明白，其实，那时候的实际问题，他知道的比我清楚多了。

"当时的情况是，退房的比买房的多。"当时负责客户事务的万科人回忆。一方面"城市花园"的大量销售款没有收回，另一方面正值房地产市场的消化调整期，企业贷款十分困难。1994 年年底，公司资金非常紧张。财务人员挨个找购房数量较多的单位客户商量，能不能先把钱转到万科账上。当时根本不能通过银行来催款，因为万科够不上办理按揭的条件。同时由于缺乏大规模、跨地域开发的经验，公司也经历了被动的管理层更迭。

在艰难的时候，大多数上海万科的员工选择留下来，相信公司一定能够走出低谷，正如他们所说的："选了一个企业，就要相信它、理解它，同时也要珍惜自己的选择，坚持下去。"不得不说，王石对职员的思想工作确实做到了家。

1995 年年初，上海万科组建新的管理层。

1996 年，经过一年的努力，"城市花园"二期推出销售。二期采用的欧陆风格引领了当时上海市场的设计潮流。"万科城市花园"和上海公司的艰难局面开始好转。

1998 年，上海万科经过艰苦的工作，一点点争取，最后获得了"城市花园"西区项目的开发权，"城市花园"板块面积扩大到 58 万平方米，初步解决了在上海发展的后续问题。

万科富于不断创新的先锋精神，无论是设计上引入西方设计思想还是营销推广上的独具匠心，万科人都敢于尝试。当然，有的时候拿来主义并不成功，比如上海万科城市花园聘请新加坡规划师做小区规划，引进了底层全部架空的概念，但是在上海这种常年阴天的温带地区，底层利用率很低，后来终于被一块块地改造成具商业、娱乐和居住功能的空间。但是，实际上，在不断变

王石在万科梅林路的建筑研究中心

化的市场面前，不创新就意味着落后；创新可能带来风险，但不创新是最大的风险。

1999 年，上海万科推出"城市花园"三期——"优诗美地"，现代港式风格继续领先市场。

1999 年 8 月，上海万科进军徐汇区房地产市场，开发位于漕宝路 73 号的"华尔兹花园"项目。

与此同时，上海万科从 1999 年开始着手解决"城市花园"的遗留问题。"过去的不规范没有必要否定它，只有正视和积极解决问题，才能在以后不再犯同样的错误。"在物业公司工程管理部等部门的相互配合、协作下，各种遗留问题逐步得到解决，其中应收款从最初的 1 亿元，降到现在的不到 100 万元。

09

万科做减法

就消费人群而言，万科始终以拥有稳定收入、讲求生活品位和质量的中等收入阶层为核心目标客户。一方面这一市场层面有着较为广泛的社会基础，另一方面这一群体对万科公司的规范形象和品牌有着相当程度的认同，这就决定了在这一领域里万科有着独到的竞争优势。而万科在十年之中，坚持做减法，壮大房地产主业，并且在小区规划中注重人与人、人与自然的和谐相处，其良好的物业管理提升物业的附加价值更是广为业内人士称道。1998 年 1 月，王石受到国务院副总理朱镕基接见，朱镕基对王石有关房地产市场走势和发展的看法给予了充分肯定。

由教训到经验

王石沉浮商海多年，颇有一些传奇故事。其间既有成功的欣喜，也不少惨痛的经历。随着年龄的增长和事业的发展，王石产生了一个越来越强烈的愿望：希望别人不要重复自己走过的弯路。基于这个出发点，王石很热衷于同意气相投者探讨经营之道。多年来，和他交谈地产心得者不知凡几，但是真正像冯仑那样对他的独到见解能够有共鸣的还是很少的。其实，不知情者也就罢了。知情者深知，王石关于房地产的谈话，虽然大多都是那几个观点，但其实包含了王石在房地产行业摸爬滚打若干年的诸多心得体会。

万科搞房地产从土地投标起家。由于投标买地成本太高，要想赚点钱就一定要在项目操作上有独特之处，因此几年熬下来，王石麾下练出了一支功夫过硬的队伍。但这已是后话，在开发前期，王石和他的同仁们是惨淡经营了好几年的。

1988 年，万科倾家荡产在深圳拿下的第一块地，其实归因于一个计算上的错误，当然，最终也归因于对房地产行业缺乏经验。当时，亲自上阵参加投标的王石，报出了一个令全场极为震惊的价格，事后被人骂为"黏线"。按照这个价格计算的楼面成本已高出当时市场的楼宇售价。1988年的房地产并不像这两年这么热，难怪有人骂他神经病。王石报价一出口，已知不妥，无奈拍卖官一锤敲下，覆水难收。当然，要弃标也可以，最多是损失一点定金。土管局官员鉴于该报价实在太超出意料，也劝王石不行就算了。王石当时经历了一场激烈的思想斗争：干吧，风险太大，成败难以预料；不干吧，"气可鼓不可泄"，刚刚入道就灰溜溜地败下阵来，以后何时再有机会固已难料，在地产界可就再也难以抬头。思前想后，王石咬咬牙，硬着头皮拍着胸脯上阵。

三年之后，该项目全面竣工，万科也不是点石成金，最后这个项目没有为企业赚到多少钱，但企业从此进入了房地产，积累了经验教训，而且培养了队伍，也可算是另一方面的收获。

王石在深圳折腾了三四年，总觉得施展不开。1992年邓小平南方谈话发表后，全国掀起了改革开放的新高潮，王石感到这是一个大展身手的好时机，不可轻易错过，遂亲自出马，穿梭于全国各地，寻找投资机会。热情高涨之余，也闹了一些笑话，如今说来听听，也可给人一些启发。

话说当时王石兴冲冲率领一众部下杀奔广西北海，那边北海卖地已卖得热火朝天。全国各地热钱涌至，而且还有外国人混杂其中，"圈地运动"搞得不亦乐乎，比起后来的圈地热也毫不逊色。王石到了北海之后豪情万丈，对着北海市长先介绍了万科的上市公司背景，然后提出投资意向。市长见他盛意拳拳，略一沉吟说："市区周围的地吧，已被圈得七七八八了。你要的话还能给一点，但都不大。这样吧，城市外围有一片40平方千米的土地，地价象征性地付一点，就算是送给你，你把它建起来吧！"

40平方千米，一个不小的城市！王石顿时大喜过望，在深圳受了不少闲气，尽干些不过瘾的小项目，在北海可以大干一场了！带着兴奋的心情回到深圳，王石开始在属下面前畅谈城市社区建设的宏伟蓝图。

好在王石没有马上投入这个项目，否则，他和他的企业至今仍将陷于一个难以自拔的泥坑。40平方千米，相当于三分之二个深圳城区的面积！深圳是集全国之力，花了十多年的时间才建起来的。以万科这样一个中等规模的企业，搞一个40平方千米的社区开发，不是天方夜谭是什么？但当时沉浸在兴奋之中的王石似乎没有醒悟过来。

虽然热情无限，但是王石也不是蛮干的人。为了搞好项目规划与开发，王石邀请了一位来自香港的经济学家和一位来自新加坡的城市规划师一起去北海，给北海市领导开专题讲座。两位专家从专业角度开讲，市领导听得入神，王石却越听越坐不住，暗自倒吸了几口凉气！

1平方千米的土地，"七通一平"要花2亿～3亿，北海规划开发300平方千米土地，光前期开发就要花800个亿。有投入还要有产出，按30%的增加值计算，800个亿的投资至少要有1 000个亿的产值相配套，而北海的国民生产总值才18个亿，差距甚远……

专业人士几个简单的数字，让王石感到脊梁骨直冒汗，脑子也一下子清醒了过来。原来的计划马上调整。匆匆结束了北海这次惊心动魄的行程，王石一行逃也似的飞回了深圳，从此闭口不提40平方千米土地一事。

地产不能太热，但是仍然值得深究，于是王石潜心摸索跨地域房地产开发，对投资策略进行调整，将投资重点集中在百万人口以上的大城市组成的城市群地带，并着重开发以国内城市居民为主要消费对象的大众城市住宅。实践证明，这个投资方向是经得起时间和经济周期变化的考验的。

其后，万科做地产由小到大，由小项目做到大盘，由勉力赚钱到后来打造工业化标准，自然是脱胎换骨。万科公司的统计数据显示，万科房产在2002年度的销售面积已经排在全世界第一，2002年万科全国销售住宅1.1万多套。可以说，按住宅销售面积来算，当时万科已经成为全世界第一的房地产开发商。这一消息对于深圳房地产业来说不啻为一个不小的刺激和震荡。虽然这个世界第一的数字，是与同等开发模式下的企业相比较而言的。万科采用现场施工方式进行开发，而国外发达国家大多采用拼装方式进行开发。不过时至今日，王石当然有了更多的心得来告诉他们搞房地产什么能做，什么不能做了。

筚路蓝缕，创业维艰

万科地产走过了一条曲折的发展之路。1989年刚刚起步时，只有12个人，但是当时的业务经营人才的结构配置是非常优秀的。

开始的时候，万科地产的班底和大多数新兴房地产公司一样拉杂成军。最初就是由王石兼任房地产经营部的经理，从万科工业转行的姚牧民任副经理，从外招聘入万科的刘鹏任工程部经理，从总部财务转行的林汉彬任财务部经理，从清华大学念研究生回来的张雨任办公室主任，股份上市结束之后来的冯佳任项目开发部经理，从万科贸易转行的郭兆斌任销售部经理，从万科广告转行的车伟清担任销售业务员，从万科工业转行的翟亚申任广告创意师。

正是因为有王石董事长亲自率领的强有力的业务经营团队，万科地产的业务创立和起步才有了稳定的健康的发展基础。尽管目前这些万科地产的原班人马已分散四处，但是在各自的商业发展路途上，都取得了相当大的业务成功，这更加说明了当时对房地产经营业务人员的选拔和任用的准确，王石的人力资源运用确实有独到之处。

那时候万科地产的人其实谁也不懂房地产经营。万科地产大将姚牧民形容，当时大家"可是业务野心和业务热情大得像太阳，业务聪敏和业务智慧多得像长江，执行计划和完成指令快得像十级旋风，各项业务进展十分迅速，各项措施快速准确到位，连打击报复都不过夜。什么业务都不懂就敢决定"。

虽然这些是玩笑，但是王石在房地产本部初建的时候就下令，让公司经营业务水平向香港新鸿基房地产看齐，建筑规划设计向日本的多摩新市镇临摹，工程建造质量请江苏省建安把关，物业管理到蛇口"愉康花园"偷艺。他们还多了个心眼，开工典礼上专门请武装警察到场，请武师舞狮子镇邪避灾，销售开始时要集体到仙湖庙里拜香，整个架子还是颇有模样的。正是所谓业务上越是不会越要会，越是没规矩就自己定规矩。

后来即使是加入几年的万科员工，也未必清楚这一群卖电器的商人们转行做地产时，起步是如何艰难了。万科地产的老人有时候会提起，当时全靠林汉彬说着蹩脚的潮州普通话，向铁路支行辛辛苦苦地借来了 100 万元，刘鹏就抢着时间盖"天景花园"的样板示范间，假房子就当真房子盖，洗手、做饭、上厕所都和真的一模一样。夜间加班停了电，就架着摩托车灯照着干。车伟清礼拜天带着两岁的孩子坐在样板间里卖房子，早起晚归地解释各房型的特点，回到家累得饭不想吃、话不想说，就想睡觉。翟亚申的售楼宣传广告就画在三块铁板上，吊着四个大灯泡使客户在夜里还可以看。冯佳从茶馆里找来广州的粤银公司来合作，既交了地价，又解决了开工兴建的钱的困难。

这边，王石催着大家大干快上，启动了"天景花园"项目后，就开始筹备开发"威登别墅"项目。由万科文化转行来的夏南负责建筑设计，从广东丰顺县建筑公司来的黄瑞港负责施工技术，从华泰来的娄英平负责预决算控制，从上海电力局来的陈之平负责高低压电，一批业务技术人员加入了新生的万科地产。

万科地产的第一句历史性的广告语，是王石亲自构思和拍板决定的。事实上，这也很可能是中国地产业第一个真正有影响力的广告语。

"天景花园，深圳住宅的明天。"

这句话本来计划成为一个系列并不断发展下去的，它会成为万科地产永远的经典招牌广告。结果只发展出了第二句"威登别墅，深圳住宅的精品"，就被原万科地产的广告策划师跳槽到深圳金某公司后，用在了某一个项目上，成为"金某花园，深圳住宅的极品"。遗憾啊遗憾，万科地产从此失去了一套可以极显精彩创意的系列广告。

由于万科地产在1989年和1990年连续开发房地产业务获得巨大成功，当时在社会上引起一阵轰动，其影响超过了万科地产本身实际的业务实力，也引起了深圳当时最新、最高的大厦——深圳发展中心大厦公司决策高层的密切注意。深圳发展中心大厦公司决策高层经过很快的研究慎重地决定，由当时的董事长、总经理亲自登门，拜访万科地产，并且当场诚恳地表示希望双方合作，由万科地产尽快全面对大厦进行经营考察，并愿意由万科地产负责，尽快将大厦完成对外公开销售。

这件近5亿元的销售经营项目，这幢与深圳国贸大厦隔街矗立的灰色金属大圆桶形的超高层大楼，可以为万科地产带来将近1 000万元人民币的经营收入，万科地产的全体经营人员想到这些心都醉了。

从此万科地产唯一的一辆浑身是锈的人货车，开始天天出入已经完成外装修的深圳发展中心大厦。它停泊在一片日本进口汽车当中，虽然没有光泽，但显得十分骄傲和气壮。万科从江西景德镇的军用飞机制造厂协调安排了新组装的进口直升飞机，并且直接通过空军司令部向广东空军下达飞行令。飞机一连几天围绕着大厦旋转，顺利地完成了对大厦各个建筑面进行拍摄的电视广告宣传片。

同时，售楼书也精心设计完成。直到报纸广告就要刊登，整项销售工作就要正式启动的前一天，大厦公司有了新的要由自己经营的方案。这种几乎不可思议的变化，对还处在发展阶段初期的万科地产真算是晴天霹雳，也给万科地产的发展状大带来了巨大的人力物力损失。经联系得知，第一天的对外公开销售广告已经无法从《深圳特区报》撤版。报纸还正式警告万科：如果党的报纸出现空白版就是开天窗，万科要负政治责任！结果只好在第二天预定的全部版面上，临时用一段文字宣传自己的万科地产，总算痛苦地结束了现在谁也记不得的第一次大挫败。

1988 年，我国仍以计划经济体制为主，企业的经营范围受到严格的限制，行业界限分明。万科作为非房地产开发企业，身负着非常大的经营压力，故选择参加土地拍卖、高价得地的办法，欲突破经营范围的限制，进入房地产市场。万科以人民币 2 000 万元的地价夺得建设"威登别墅"地块的使用权，单位地价之高，引起深、港房地产界的极大轰动。由于高地价带来高建设成本，万科地产只有坚持"高来高走"的原则，即建高档的房，高售价，才能使经营有利润回报，才能使新拓展的产业继续发展下去，才能使公司在房地产业务的支撑下开展其他业务。房地产业务能否按预期发展，是万科公司完成股份制改造之后的最关键业务，只能成功不能失败。万科地产开发的"天景花园""威登别墅""荔景大厦""西郊花园"等项目，通过精心策划、精心设计、精心施工、精心经营，在实践中完全达到了公司预定的目标。万科地产高档化的特点，得到社会各界的公认。

1991 年，公司意识到深圳特区外的地产有良好的发展机会，迅速通过同外商合作参与上海古北新区 24 号地块国际投标的方式进入上海房地产市场，夺标后用于开发建设高档别墅区"西郊花园"，在跨地域经营房地产方面，走在了深圳同行的前列。因此，尽管万科在深圳房地产业起步较晚，但是在跨地域经营方面后来居上。1992 年以来，公司实施了东南沿海开发计划，现已在上海、青岛、天津、北海、广州等地取得多块土地的开发权，并已陆续互动开发。有趣的是，当时在深圳，万科公司尚未被承认是"正宗"的房地产公司，但在全国的许多大城市，已经形成了规模影响力。

旨在推销一种新的生活方式，这是万科地产与其他房地产公司迥然不同的经营特点。万科开发房地产，不以赢利为唯一目标，也不只是单纯为客户提供居所，而是从满足现代人追求舒适、便利、完美的生活方式出发，自始至终为客户的各种合理需求提供尽善尽美的服务，即便暂时牺牲部分经营利润也在所不惜。为此，万科地产经营每个项目都不仅力求规划合理，设计完善，施工管理一丝不苟，把高品质的物业交给客户，而且在房产售出之后，注重物业管理，提供配套服务，保证客户处在优雅、宁静、清洁、安全、便利的生活环境之中，处处感受到万科公司对他们的关心和尊重。公司主动邀请入住万科房产的客户参与物业管理，共同营造完美温馨的生活氛围。万科地产这一全新的经营方式，满足了现代人的生活需求，赢得了客户对公司的信赖，从而在社会上树立起万科开发的房地产物超所值的信誉。

"天景花园"和"荔泉别墅"这两处早期物业建成使用后，得到社会的广泛认可，多次荣获"深圳市优秀住宅小区"称号，物业增值了数倍。万科的售后服务质量有口皆碑，建筑品味也不俗。美中不足之处是规模太小，在同期开发的住宅小区中难以形成较大影响。作为发展商，欲树立市场形象，扩大影响，必须寻找更大的发展机会，促使房地产业务提高档次和扩大规模。恰在此时，免税公司寻找合作伙伴，几经周折，选定万科联手开发。

于是，就有了综合性商住楼荔景大厦，有了建成深圳市一流楼宇的机会。

荔景大厦为万科投资的第一个高层，所处地段极佳，是深圳市最繁华的金融、商业、文化中心地带之一，大剧院、免税商店、银行、酒家分列四周，开发高档物业极具升值潜力。

荔景大厦的外观和内部结构设计极富创意。大厦外观力求简洁，体现高科技的时代精神。色调以红色和中灰色为主，两种颜色的强烈反差透露出色彩视觉的个性。其中，红色行架拔地而起，直指高空，代表年轻向上的活力；中灰色主体则象征万科稳健的经营作风，动与静的有机结合反映出典型的万科风格。但是好事多磨。由于工程勘测的疏忽，设计方案确定半年后，深圳市电信局提出，大厦左翼阻挡了梧桐山与安乐山之间的微波通道，几经交涉，最后修改了原方案，去掉左翼的一部分，加高楼层。设计师认为，修改后大厦失去了最精华的部分，即20层左右的大跨度行架，为建筑师们留下了永远无法弥补的遗憾。万科作为发展商，这份遗憾同样强烈。

房地产的开发周期较长，不仅前期需投入大量资金，工程期间还要随时承受建材供应和价格上涨的压力，风险较大。尽管从总体看，中国的房地产业有巨大的发展潜力，但市场的走势受到多方面因素的影响，无疑更增大了风险系数。荔景大厦项目从 1990 年已开始着手准备，按正常进度，1991 年应已推出销售，而实际销售期整整推迟了一年，这常规而言对万科不利。哪知因祸得福，恰巧遇上房地产的旺市，利润回报反倒给了万科一个意外之喜。可谓命运多舛，但功德圆满。

反思房地产的发展方向

1994 年，笔者采访王石的时候，他对于房地产已经想了很多。

相对于深圳市的其他地产发展商，万科早期房地产开发的劣势在于手中缺乏必要的土地储备，因此一直无法形成规模效应。在房地产业发展的初期，由于市场的不完善和供需的不平衡，即使是粗放式经营，也能获得 100% 以上的利润回报，一些握有大量廉价地块的发展商因此积累了巨额的资本。但时移世易，随着房地产业的逐步规范化，这种经营方式已无法适应市场发展。实际上，很多地块的利润回报已降至 20% 以下，赚取行业垄断利润的时代已一去不返，以后更需要的是发展商的经营能力和管理水平。

万科前期开发的物业，因缺乏先天优势，故多在精字上下功夫。后来公司逐渐将房地产业务扩展到全国各大城市，以往在业务操作上积累的经验迅速发挥了作用。但在大规模的项目操作上，公司毕竟还是缺乏成熟经验。如何迅速提高房地产开发的专业化水平，是公司面临的紧迫课题。特别是随着当时《中华人民共和国土地增值税法暂行条例》的颁布，对房地产发展商提出了更高的要求。

20 世纪 90 年代前期的房地产业之所以具有巨大的诱惑力，奥妙在于它所带来的超额利润率。但毕竟好景不长。随着越来越多的房地产公司加入，房地产行业的市场竞争将逐步加剧，从而导致该行业的超额利润率向社会平均利润率靠近。

王石对房地产的认识十几年来一直很连贯和清楚。

从行业性质来看，房地产是一个经营高度集中的行业。由分散走向集中，最终由少数实力雄厚、经营有方的企业分割垄断市场，这是该行业发展的必然趋势。香港房地产市场可谓活跃，但真正活跃的不外乎长江实业、新鸿基、恒基和新世界发展等少数几家大地产商。从长远来讲，房地产商要在这个行业中立足，必须走规模经营的道路，靠规模经营降低成本、形成竞争优势。

房地产规模经营的一个好处是可以有完善的服务设施配套。上海万科城市花园占地面积38.3万平方米，建筑面积接近50万平方米，总投资8.3亿元。该住宅区设有中学、小学、幼儿园、游泳池、网球场、商场及其他生活服务配套设施，这在小规模经营的情况下是不可能做到的。

1995年，王石就分析过，从当时的形势来判断，房地产行业还有两三年的混战时期。在这期间将是群雄并起、各展神通的局面。两三年之后，行业集中局面将会出现，规模经营将成为房地产公司生存和发展的前提条件。这种局面对深圳的房地产公司来说无疑是一个很大的挑战。深圳的房地产公司多数规模较小、力量薄弱，单靠自身力量很难在激烈竞争的市场中立足，必须走联合的道路。但"宁当鸡头，不作凤尾"的小业主观念严重阻碍了行业内的联合。如何超越这种观念上的局限性，形成联合经营的优势，是深圳房地产同行面临的新课题。

深圳房地产商十分热衷于开发豪华别墅和高档写字楼，高档化使他们尝到了高回报的甜头。业务跨地域之后，又习惯地把这种思路带到内地。内地政府部门也乐于从高地价中获得巨额财政收入。

王石意识到，这种高档化的开发与当时国内大众的消费水平差距甚远，因此开发商所面对的只能是境外人士和国内的暴富阶层。显而易见，这个市场的容量是很小的，市场定位如果出错，开发商的路必然越走越窄。1991年万科联合港商在上海开发的"西郊花园"高级别墅小区88栋别墅推向市场后被一扫而光，实际上，其中有六成被二手商买去，意图炒作，但转手率非常低。偌大的上海市场，88栋别墅尚且如此，5平方千米的别墅建筑卖给谁？

同时，政府部门为解决居民住房问题而兴建的低标准住宅仅仅解决了生存空间的问题，无法满足人们更高层次的需要。在上海，用作拆迁用房的简单水泥墙住宅被称为"赤膊房"。随着经济的发展和生活水平的逐步提高，人们对住宅的要求已由过去简陋的生存空间发展为适宜的生活空间。王石理解的生活空间，应该包括以下几层含意：方便，舒适，有利于健康长寿，有人情味，等等。

万科开发的大众城市化住宅

在豪华住宅和简陋居所两者间，存在一个巨大的市场空当，这个空当就是中档、大众化的平民住宅。这种住宅需要有完善的生活服务配套设施和良好的小区环境，有中级装修，方便舒适而又不超出一般大众的消费能力。上海万科城市花园就是这样的住宅，其热销说明了市场强劲的需求。

总而言之，城市房地产业的主旋律应该是大众住宅的开发。

王石把对了房地产业的脉搏，也就为万科找到了一条能够持续发展的生财之道。

1993年，"城市花园"系列的出现，标志着万科地产开发进入了成熟期。从被动地选择项目，到认识到自己应该干什么，万科表现出丰富的想像力和超前的意识。

当然，在1993年之后的宏观调控阶段，万科保持了耐心、维持了惨淡经营，直到1998年房地产市场的复苏。

多年后回望，房改政策的推动直接促进了1998年以来的这一轮房地产热潮。

1998年国务院决定取消福利分房政策，实行实物分房货币化，显然今后的市场将和以前发生巨大的变化，过去没有纳入商品市场的房子，现在纳入了，市场相当巨大。

王石意识到，万科以前的策略是满足先富起来的一部分人的住宅要求，因为不纳入原来的国家福利分房政策，盖的房子都是高档的。随着工薪阶层进入商品房市场，万科的策略也要改变，否则就会失去巨大的市场。2000年万科提出了关心普通人，所谓的普通人就是工薪阶层。万科开发的"四季花城"系列主要面对的就是工薪阶层。应该说这个政策对万科经营房地产影响很大，但是也给万科的大众住宅尝试带来了极大的发展机遇。

住宅从来是地产商经营的主要品种。在建筑的发展史上，住宅也是非常有意思的一个现象。一方面，世界上很少有标志性的建筑是住宅，但另一方面，建筑界许多新的风格往往是从住宅开始——不论是给国王住的，给建筑师的母亲住的，还是给平民百姓住的。万科同样也选择了住宅作为房地产经营的一个长期品种，同时将住宅作为新风格的试验场。原万科副总经理莫军就分析过在中国三大直辖市中均引起强烈反响的"城市花园"各具特色。

三个"城市花园"的主要设计师分别是：

上海——因成功规划深圳华侨城而闻名的新加坡规划师孟大强先生。

天津——曾供职于万科，后赴日留学的傅志强先生。

北京——曾赴德留学，从事多年低层高密度住宅研究的薛钟灵先生。

孟先生的规划案扑朔迷离，让人敬佩其功力之深厚。而新加坡式大众住宅的简陋与缺陷，肯定会使中国的大众难以接受。于是中国式的住宅单体与新加坡大师的规划相结合，带来了上海万科城市花园空前热闹的销售场面，终于完成了将"城市花园"建成大众住宅的使命。

天津的规划中规中矩，但日本式大众住宅以其雄厚的工业实力为基础，其构件工业化生产的发达程度已超出了我们的想像。于是万科留下了日式风格的外壳，虽因建造方式落后而未能体现日式风格的全貌，但在天津灰蒙蒙的住宅群中依然挺拔、亮丽。

北京的"城市花园"从规划到单体，无一不是中国人的东西，难以找到德国建筑风格的踪影。因为德国方式的大众住宅在北京一定会被当成别墅而遭到政府的禁止。但这并不是说，中国人的东西就不好。如果后期管理严谨得法，北京万科城市花园很可能会成为"城市花园"系列中的佼佼者。

发展大众住宅是万科选定的明智的道路。大众住宅不一定是低层高密度，但在现阶段，它一定不应该是高层。"大规模、低成本、高品位、配套全、好管理"是万科发展万科式大众住宅的经验。

曾有万科地产的职员为自己的理想居所做过一个描述："作为当今中国收入尚可的大众一员，我希望自己能够负担的居所是：有足够房数的一套普通多层房屋，外观不必奇形怪状或极尽豪华，但要耐看；有一片可坐可卧的室外活动场地而不至于被汽车、单车迫得无处藏身；有一些方便、实惠的小店可解燃眉之急，可使人们在想偷懒时能填饱肚子；小孩可以自己走去幼儿园，最好还有一个车位。"

减法壮大主业

从 1994 年开始，万科实行投资决策权与经营权分离，集团的投资权全部在总部，投资项目一旦立项，下属公司就享有经营权。另外，为了增强经营的方向性、目的性，万科还规定，下属公司一律不允许进行跨行业经营，否则，将进行严厉处理。

1992 年万科开始了跨地域经营，一时间 12 家外地分公司遍布大江南北，扩充速度更甚：看上海、北京、天津，数月内销售数千套，光定金就收了几千万元的现金，靠的还只是卖图纸；望大连、武汉、鞍山，写字楼雄踞黄金地段……想今后财源滚滚，真是形势一片大好，不是小好！

只可惜好景不长，风云突变，1994—1996 年处处起火，王石调兵遣将四面救急。

1997 年，万科大举收缩，退回五大重点城市。大量遗留问题到 2000 年才陆续解决，尚有部分仍未处理完毕，武汉的楼最后要被炸掉。据悉，"武汉广场"整个项目给万科集团带来的损失达到 6 000 万元。

在以后很多年的很多场合，王石是最坚定的公司专业化运作的鼓吹者。他分析，公司大到一定程度搞多元化是很麻烦的。所谓多元化，是指企业经营范围广泛，"东方不亮西方亮"，但这样的后遗症很严重，容易导致企业资源分散，形不成规模，管理失控。万科为此曾付出不小的代价。在公司原始积累期间，依靠多元化经营迅速成长，然而随着市场逐渐成熟，可选择的市场越来越小，靠政策赚取超额利润的时代已经过去了，必须培养自己的主导行业。在市场不好的时候，主导行业的专业优势可以充分地显示出来。

有很多人认为万科的多元化搞得很成功：地产业——精致典雅的万科城市花园，零售业——带旺了华强北一条街的万佳，娱乐业——夺得大奖的《找乐》《过年》，饮料业——你我的"怡宝"，工业——美轮美奂的万科精品。

但是，当时万科所有的项目规模都很小，市场占有率极低。面对激烈的竞争不得不下血本、拼死拼活地做到最好。等到品牌打响了，成本也上去了，这时候想要追加投资、扩大规模，集团的资金和人才储备却捉襟见肘，无法满足各方面的需要，各分公司被迫继续小打小闹。

对比万科历年净利润和净资产收益率的变动表，可以发现：1988—1993年万科东一榔头西一棒子地进行多元化，净利润增长快，净资产收益率连年保持在20%以上，新鲜刺激又有高利，羡煞旁人，但是实际上业务并不稳定，企业短期的赢利掩盖了企业缺乏长期持续发展动力的隐患。1993—1998年万科逐步走上了专业化的道路，利润稳步增长，净资产收益率逐步下降到10%左右的合理水平。

稳步发展的万科，让股东、管理层和员工心里都有了底。万科没有为难以持久的暴利躁动，而是很可贵地保持了冷静和理智，主动收缩战线，进行专业化的改造。王石说过"超过25%的利润不赚"。尽管万科的净资产收益率下降了10个百分点，但是与不到5%的一年期定期存款利息相比，每年10%以上的净资产收益率已是相当可观了。

万科从1992年起逐步向以房地产为核心业务的专业化方向调整，但是第二年就遇到了宏观调控。房地产业首当其冲，市场气氛远比2003年6月中国人民银行发布《关于进一步加强房地产信贷业务管理的通知》（银发〔2003〕121号）时差得多。但是万科硬是在这个行业中坚持下来了，而且还能做好，使得房地产利润在公司利润总额中的比重不断加大，由1992年的44.76%上升到1994年的68.58%，1995年进一步增长到75%以上。

因此，业界有时候有人会笑话，说万科老是拿高价地，赚辛苦钱。但是，万科上下如今对往昔在房地产业的筚路蓝缕有不同的认识。太多的万科人对我说起，正是因为当年那么难，所以万科的基础打得好，内功深厚，能坚持到市场好转的时候脱颖而出，奠定行业龙头地位。

对于非核心业务，万科坚决进行了资源重组，把怡宝蒸馏水等较有潜力同时投资较大的企业出售重组。因为万科已不适合对其非核心业务进行更多的投入，将"怡宝"等这些成长型业务出售反而更有利于它自身的发展。而万科将这个思路一直坚持下去，直到 2001 年，万科把辛苦十年打造的名牌零售业公司万佳百货也全部售予华润创业。

虽然 30 年对于中国的新兴企业来说似乎太长，虽然 30 年来能够基本做到持续增长的公司并不多见，但是王石没有自满的意思。他始终认为，万科在调整错误的同时，也在继续犯其他错误，这一个过程绝不好受。直到出手万佳，万科的调整期才算真正完成，其后才真正能够专注于房地产住宅业的发展。

"之前虽然艰苦，但是总有人能够坚持下来。而对于专业化之路真正的诱惑在 1999 年。"王石今天回忆起那时候科技网络热潮在中国企业界的蔓延很是感慨，"一些典型的房地产公司，在过去市场不好、最艰难的时候坚持下来了，但是等到外面出现了诱惑，却耐不住寂寞，匆匆放弃了自己的特长，转移了业务，要去做生命科学，还有 IT 项目，到头来自然是两手空空。"王石说，做哪一个行业可能到头来原理都差不多，就是一定要坚持下去，才能做大做好。

有很长一段时间，万科的"减法"一度成为王石的口头禅。这减法的含义，一是多元的业务架构要精简，直到现在变成"专业化"；二是被选中为主业的地产业务，地域上从青岛等万科所认为的非主流城市撤出，包括成都和沈阳在内都差点成为这一"减法"的牺牲品，业态上则是集中于居民住宅，尤其是城乡接合部的住宅开发，一度还有"下乡"与"进城"之争，最终"下乡"成为主流之一。

2002 年的万科减法做到极致，终于将万佳这个保留珍藏品种出手了，与万科退出每一项业务的理由相同；在加法上万科也做得彻底，一口气五大城市变成了十大城市，土地储备也增长迅速。

一加一减之间，地产成为了万科的单一业务，并重新发起全国攻势，扩张速度之快令人侧目。

2003 年上半年，万科公司披露的按中国会计准则未经审核的中期业绩令人振奋。万科集团营业收入及净利润分别约为人民币 21.91 亿元及人民币 2.07 亿元，分别比上年同期上升约 46% 及 45%。每股赢利为人民币 0.15 元。报告期内，尽管受到"非典"疫情及中国人民银行 121 号文件的影响，公司业绩表现依然强劲：结算面积约达 42.9 万平方米，比上年同期增长 18.8%。

万科进入房地产较早，前面也走了弯路——产品选择错误。"好在我们及时发现，并最终调整过来了。"王石笑言可以用 10 秒钟概括这家企业："万科就是房地产公司，开发城市住宅的房地产以及与房地产开发相关专业的一个专业公司，（希望）经过努力成为中国房地产界著名的品牌公司。"

"万科把自己放在高峰，这样才能有做大事的胸怀。同时也要把自己放在低谷，这样才能吸收别人的长处。"王石给"领跑者"的定位，不仅是指观念上领先，更重要的是，在企业规模、品牌竞争、管理水平、赢利能力上，具有比较优势。

10

物业管理竞争力

物业管理是王石一手开创的万科另一大竞争力，物业管理先行一直是万科地产操作中的有效经验。

成立于 1990 年的深圳万科物业管理公司，是国内最早一批引进"共管式"先进物业管理方式的公司之一，即明确业主和物业管理者的权责，共同参与小区管理。他们提出的目标是"管理无盲点、服务无挑剔、业主无怨言"，致力于为住户提供一个安全、舒适、愉悦和有助于人际交流的居住环境。随着公司地产业务的延伸，万科物业管理的经验也开始向全国推广。

取代居委会的物业管理公司

物业管理公司对于万科地产业的影响，可以由二十多年前的一个小故事看到。

周师傅是上海一家服装厂的老裁缝，退休后闲不住，在居委会找了份工作，平时做些调解邻里纠纷、宣传爱国卫生运动、收收水电费等事情。1994年秋天，他来深圳探亲，在万科开发、管理的"天景花园"的亲友家里住了一个多月，对小区井井有条的管理留下了深刻印象。

这一天，老周禁不住提出去居委会看看，取点经。亲友却告诉他说，这里没有居委会，是由物业管理公司进行管理。老周听了百思不得其解。

事实上，那时候的深圳人在房屋管理方面接触最多的并不是内地居民熟悉的街道办事处和居民委员会之类的基层组织，而是专业性的物业管理公司。早在 1995 年，在深圳市住宅局登记注册的大小物业管理公司已经达到 98 家，加上未取得法人资格的，应该远远不止此数，从业人员更是上千。1993 年 6 月30 日，深圳市物业管理协会宣告成立。这种行业性自治组织的诞生，虽然比中国香港晚了近 30 年时间，但在内地尚属新生事物。

就像前期的王石深谙到香港采取拿来主义成就万科股份制改造大业的道理一样，深圳市物业管理的概念也源自香港，其产生与发展的过程与特区房地产市场的复苏息息相关。

1980 年，深圳市第一个打破传统的土地管理制度，开始经营涉外商品房产。由于房产的所有者大多为来内地投资的境外人士，因此开发之后亟待解决的问题是如何进行管理，特区第一家专业性物业管理机构——深圳市物业管理公司就是这样应运而生的。该公司派人专程前往香港，学习先进的屋村管理经验。他们管理的第一个物业是"东湖丽苑"，当时公司仅有五人。

根据国内几十年以来的惯例，房屋管理采取的是各单位分工合作的方式，即住宅区的清洁卫生由环卫部门和居委会管理，绿化由园林处管理，道路由市政部门管理，水和电则由自来水公司和供电局管理。由于没有统一的标准和健全的制度，显然很难为住户提供满意的服务，而且浪费时间，工作效率低下。深圳市物业管理公司自然不能沿袭老路，而要引入境外的管理模式，力求企业化、专业化，实行综合性有偿服务。到了 1984 年，深圳市已出现五六家物业管理公司。1986 年政府规定了"谁开发，谁管理"的原则，物业管理成为有利可图的一个行业，发展步伐自然加快，仅 1992 年一年就成立了 50 多家。

这些陆续成立的专业化物业管理公司业务范围渐趋广泛，甚至兼及政府的部分职能。概括起来讲，主要包括房屋的保养维修、保安、消防、清洁、美化环境和保养休闲设施、举行住宅区联谊活动等。从这些内容可以看出，如果缺乏专业人士的服务，那么管理公司根本无法满足人们对物业管理越来越高的要求。当万科物业管理公司下辖的"天景花园"管理处成立时，编制共有四人，其中就包括专业的水电工。而其中一名电工，就是在王石率领下，后来把万科物业管理打造成全国响当当品牌的陈之平。

作为房地产公司附属的物业管理公司，一开始是属于地产发展商的售后服务部门，管理的是发展商参与兴建的物业，以增强购买者对发展商的信心。深圳市的物业管理公司绝大多数属于这一类型。一些老牌企业，如万科、金田、宝安等都先后成立了自己的物业管理公司。

开发商的物业一般由附属公司统一管理，原则是以支定收、微利经营。出于完善售后服务及树立企业形象的考虑，这部分公司在服务质量和态度方面比较尽心尽力。

1998年万科物业管理研讨会

1990 年入住的深圳"天景花园"是万科介入地产业后开发的第一个项目，"天景花园"的物业管理给做贸易出身的万科带来了全新的课题。王石当时提出两条原则，一是要引入新加坡屋村管理的共管模式，二是要学习日本企业细致入微的售后服务意识。并要求在地上不能见到一片纸屑，在小区内不能丢失一辆单车，绿化带要保持绿草如茵。这三个在当时几乎是近于苛刻的指标，物业管理公司做到了。

事在人为，天方夜谭变成了事实。万科物业管理正是在这种基础上发展起来的。现在，清洁、安全、绿化已成为万科物业管理最基本的特色。

那么，为什么当时深圳没有像国内其他城市一样，以居民委员会作为住宅区的基层管理组织呢？其原因有二：一是深圳是座新兴的移民城市，居民来自全国各地，缺乏认同感，有别于上海等老城市。居民在遇到自己无法解决的难题时，第一考虑寻求帮助的对象也绝不会是居民委员会。相反，住户从进入屋村开始就和物业管理公司打交道，心理上已产生认可。二是居民委员会的成立并未经过民主选举，不能代表广大居民的利益。而且工作人员素质低下，无法满足专业的屋村管理的需要。

受到松下、索尼等日本电器厂商重视产品售后服务的启发，万科在涉足房地产业务的最初阶段，便决心发展自己的物业管理。1990 年 8 月，万科开发的第一个房地产项目——"天景花园"交付使用，"天景花园"物业管理处随即投入运作。

万科物业管理将酒店式管理引入普通居民住宅，虽然没有大堂、前台，但其对所管理物业的维护以及为住户提供的服务在很大程度上满足了住户几个层面上的需求。满足居住者基本生活的需求自不必说。在安全需求方面，万科物业公司管理的民居往往可以几年间未发生一宗失窃或其他刑事案件。以获得建设部优秀小区称号的"天景花园"为例，不光单车未丢过一辆，连便民的单车充气筒都未丢失过。

但是为了满足住户更高层面的需求，王石要求万科物业公司要做得更好，因此物业管理人员就要付出更多。譬如住户家里进行正常维修，他们除了第一时间赶到，按科学规程完成维修工程，还要将维修现场彻底清扫干净。住户地板打蜡的，物业公司要对维修现场重新打蜡，并且抛光至与周围地板色泽一致，并且在告辞时，对打扰住户致歉。类似的服务还有很多。可以想像，住户对这种服务的反应不仅仅是"满意"两个字能够描述的。因此，在万科物业公司的管理处，常有住户跑来与管理员聊天，逢年过节，管理处会收到很多住户主动赠送的礼品。另外，业主委员会的委员们也都热心参加定期的活动，人们相互沟通的氛围基本形成。

1993 年的一天，天气闷热异常，晚上 8 点左右，位于红荔路的荔泉别墅里，业主委员会正在召开当年的第四次例会。会上，物业管理公司的代表提出了 A 座大门封闭的问题，两位业主委员表示了不同意见，认为封闭大门，给住户造成不便，不是最佳方案。经过讨论，会议最后做出决定，A 座电动门旁的小门从早上 8 点至晚上 12 点开启，以方便住户进出，同时增加保安人员两名，加强区内巡逻，增加的经费由每户平均分摊。这种民主讨论的气氛在例会上时时可以见到。

荔泉别墅是座只有 109 户的小型屋村，1992 年投入使用后，就成立了业主委员会。根据章程规定，业主委员会由 12 名身份、职业各异的业主组成，其中既有公司经理，也有普通的家庭妇女，另外设执行秘书一名，由物业管理公司派人担任。业主委员会每月召开一次例会，讨论屋村的公共事务，形成的决议由管理处负责执行。荔泉别墅的实践证明，业主委员会在加强屋村民主化管理、增强归属感方面发挥了积极的作用。每逢中秋等传统节日，别墅里举办大型游艺联谊活动，参加的业主时常占90%以上，其乐融融，充满了一种大家庭的气氛。

1991年4月，"天景花园"成立了深圳第一个业主委员会，业主委员会成为住宅小区的"最高权力机构"，通过每月一次的例会，讨论决定住宅小区管理的重大事项。业主开始行使他们应有的权利。

1994年，物业公司出资150万元为"天景花园"修建了游泳池，管理处准备采用会员制，每户交纳2万元，理由是考虑收回部分投资而且便于管理（因为游泳池不大，需控制人数）。但这个方案遭到了反对，业主委员会认为，尽管游泳池是由万科投资兴建的，但公共设施属业主共有，应该为多数人服务。最后采用民意调查，"天景花园"的190户业主大多数愿意接受2 000元的会员费（调查表中最低金额），但业主委员会考虑到物业管理公司的难度，主动要求将会员费提高到5 000元，双方皆大欢喜。

"天景花园"第一届业主委员会会长林建平先生谈及此事时说，业主委员会与物业管理公司就像是一对恋人，要相互沟通，求同存异，才能相辅相成，把小区共同建设好。

精益求精的服务精神

与不少国营的物业管理公司相比，万科起步并不算早，1990年第一个完工的房地产项目"天景花园"售罄后，管理处才宣告成立，其时深圳市物业管理行业的历史已近十年，成立的物业公司有好几十家。但是从一件案例上，便反映出了万科物业管理的与众不同之处。刚刚入住的"天景花园"业主、芙蓉股份有限公司总经理李士其先生，因家中水龙头损坏，找到"天景花园"管理处要求更换。按照常规，交房七天内发生的问题由建筑公司负责。管理处的人员没有直接满足他的要求，而是本着分清责任的想法找建筑公司交涉，一来一去，时间便耽搁了不少，给住户造成诸多不便。李先生一气之下就给万科董事长王石写了一封信，意为观其如何处理。结果是王石亲自道歉，"天景花园"

管理处被通报批评。以此为契机，公司再次重申了客户利益至上的物业管理服务理念。李先生深为感动，写来了一封感谢信，王石董事长遂邀请其到万科面谈。之后李先生成为万科的忠实朋友和合作伙伴，在万科开发的上海"城市花园"中，李先生所在的芙蓉公司为股东之一。

当时还是管理处电工，后来成为万科物业管理总监的陈之平回忆，这个案例对他触动很大，从此开始理解全心全意为住户服务的真正含义。不久之后，王石董事长去"天景花园"考察，发现草地上有纸屑，就提出要求说，万科管理的物业必须保证不见一片纸屑，给他们很大的压力。但是现在，这已不是难事，物业公司百分之百做得到。陈之平对物业管理这一行业的理解是，为住户创造最佳居住环境，打开开关就有电，拧开水龙头就有水，推开窗便是红花绿树，一个电话就有人为你排忧解难。最终目的是要让住户产生一种归属感。

我的朋友陈先生的亲身经历就很有代表性。他在装修"四季花城"新居时发现洗手间瓷片有问题，当时施工单位在上面涂上白漆，一时瞒过了他和深圳地产的验收人员。因为已经收楼半年，对于能否获得返修心里实在没底，他向物业公司反映并留下电话。不一会儿，工程部的李先生上门查看后承诺："现在瓷片没货，一周后瓷片到货我们立即更换全部瓷片。"一周后，果然全部换好并打扫干净后交工。

一夜风雨大作，阳台上的一件T恤随风而逝。没想到一个星期之后，物业公司的保安人员叫住正准备上楼的陈先生："先生，请问这是不是您掉的T恤？""是啊，太谢谢了！""呵呵，找了一个星期，终于找到失主了。"

还有一次陈先生在家里上网，突然铃声大作，对讲电话中传来保安人员的声音："您好，您的大门钥匙落在门上了，您邻居敲门没人应就通知我们了……"

一次让客户满意容易，难的是一直让客户满意。做好分内的事容易，难的是做好分外的事。我曾听不少客户说过："我们买万科的房子，也是为了买万科的物业管理。"

实际上，物业管理也是房地产商的无形广告。当住户形成一种心理认同之后，往往会充当同一消费阶层的免费信息传递者。这种广告效应有着极高的命中率，"荔泉""荔景"等物业的买主不少就是经由"天景"的业主介绍，主动找到万科的。

物业管理作为一个窗口，表明万科作为房地产开发商，不仅追求利润回报，也希望通过优良的售后服务和居住文化的营造，为社会做出贡献。这样一种理念指导之下的日常管理，必然与一般的物业公司有所区别。传统观念中管理者与住户之间是一种较为对立的关系，如果住户乱扔果皮、纸屑，一定会被罚款；如不接受，动辄停水停电。在万科管理的住宅区，绝不会有类似现象发生。陈之平描述得非常形象，在这里，住户是主人，我们管理处只是仆人。住户扔纸屑、吐痰都是在自己家里，我们的职责是帮他扫掉、擦净，根本不会想到采用处罚手段。至于住户的行为则表明了他对自己家园的爱护程度。

万科物业塑造的住宅区业主和管理处新型关系的另一个表现是，通过业主委员会民主决议住宅区重要事项。"请业主来管我们"，这一源自香港屋村民主管理机制的做法在当时绝对称得上深圳乃至全国的同行业之先。"天景花园"第一届业主委员会成立时，万科集团老总王石亲自参加，足见对这一民主管理方式的重视程度。在民主管理的具体实施过程中，仍有一些需要理顺和澄清的关系。比如，物业公司设立各种有偿服务项目均要通过业主委员会的民主审议，绝不会多收一分钱。从理论上讲，业主委员会有决定整个住宅区服务价格的权力，但物价局认为，物价标准不能违反，即使是业主愿意多付钱。又比如，居委会作为社会基层组织，如何与物业公司进行日常事务的协调，虽然表面看仍是一种业务指导关系，但事实上，物业管理公司在某种程度上已经替代了居委会的职能，而且由于采用一体化管理，效果更令人满意。

如何培养和引导住户的主动参与意识也是物业公司应该关注的。在长期的计划经济体制下，住公家房使得大多数人对于自己当家做主表示不理解、不习惯。不少人会问："参加业主委员会给多少钱？"再就是："对不起，我没空。"而在香港屋村管理中根本不存在这一问题。陈之平认为，关键是要让住户真正感觉到自己是主人，这样就自然会站出来主持一些公共事务，以维护自己的利益。大而言之，这也是唤醒民主意识、提高国民素质的最细微层面。

很多人对物业管理认识不全，往往将之视作打扫卫生、清理垃圾之类的简单工作。事实上，远非那么简单。物业管理还蕴涵着如何使住户安居乐业，增强住户对居住环境归属感的内容。在陈之平随手递过来的一本小册子上，印着这样几句话：管理无盲点，服务无挑剔，业主无怨言。

位于黄贝路的"天景花园"交付使用多年，保持发案率为零的记录。百闻不如一见，跑去一看一问一了解，这里草常绿、树常青、路常净、屋常清，10多名工作人员要"扮演"治安、清洁、绿化、消防、家庭钟点工等多种管理角色，要像"24小时便利店"一样推出如接送小孩读书、买菜煮饭、洗车、安装修理家用电器、送牛奶、代办收订报刊等40多项服务，还成立业主委员会，串联住户多向沟通理解，共同管细管实管好。在"人人都说新房好，住进门后受不了"的咏叹调时有所闻的深圳，"天景"的物业管理模式及其效果，引起了我对社会治安综合治理、社区管理和社区文化、万科的房地产经营管理等方面的注意和思考。早在1995年，"老物业"陈之平就跻身"深圳十大杰出青年"。我想，公道自在人心，这是对他多年来认真做好事的理所应当的回报，当然也包含社会各界对万科物业管理的赞许。

推动万科物业管理的陈之平

单从外表看，万科物业管理的重要人物陈之平似乎和上市公司的高级管理人员之类的字眼挂不上钩，矮而敦实的身材，随意的着装，板寸头，还有半认真、半开玩笑的调侃，令人感觉更像是一位京城的侃爷。和他交谈，他会进出一些让你忍俊不禁的话。比如平时最爱读毛泽东著作，时常以他老人家的经典语录来指导工作生活。不了解他的人，说不定还会得出此人玩世不恭的结论。但是，手下人都知道，他们的经理对待工作绝不像和人聊天那样随和和幽默。陈之平有个习惯，走路时总不自觉地望望前后左右的地面，看看哪些地方不干净，还需要打扫，大概这也是一种"职业病"。

"三十而立"，这话用在陈之平身上十分贴切。1994年我第一次见到在深圳物业管理界已经比较突出的他。而短短四年时间，从"天景花园"的电工到万科物业管理公司的经理，再到"深圳十大杰出青年"之一，陈之平身上显然有着一些独特的东西。

"干我们这行的确很辛苦。比如卫生，要下班了才能打扫。刮八号风球（强台风信号），其他人都可以不上班，物业公司越是这时候，到得却越整齐，这已经形成了习惯。"在陈之平心目中，根本没有节假日的概念，反正什么时候都是一个忙字。据他说，老天爷似乎有点和他过不去，一出去玩就出问题。一次是和家人去"锦绣中华"游玩，还未进门，身上的传呼机就响了，一问原来是"天景"突然停电。还有一次是组织员工户外活动，结果"荔景"的电梯又坏了，只好把全部人马拉回来。从那以后，陈之平干脆抛开了休息的念头，以至常常在星期天见他戴着一副墨镜，悠闲地踱着步子，到各管理处去突击检查。

陈之平

一年 365 天，一天 24 小时，随时都处于紧张的工作状态，任何人都会有受不了的时候；陈之平不是超人，他也叫苦、叫累，有时甚至不想干了。但一有事情，他便不假思索地全身心投入。当工作不仅仅被当作一种谋生手段，而是倾注了相当的心力时，人往往会从中找出乐趣和满足。陈之平很清楚地知道自己适合干些什么，因此每一步都走得实实在在。如果看到陈之平和属下一起汗流浃背地排除故障，或穿上保安服亲自训练新员工，你会觉得，那是再自然不过的。

为了控制成本，物业公司的正式管理人员不会很多，其余负责卫生清洁的大多是临时工。如何管好这样一批人，万科绝对有一套行之有效的办法。用陈之平的话说，就是将职责定满，就由不得他们偷懒。每个管理处设有主任、出纳、电工、水工四个管理人员，各人身兼多职，出纳还负责整理内务和对外服务，电工负责清洁班，水工负责保安班。因此，手下个个都是精兵强将。

在不少人眼里，陈之平很严厉，甚至有些专制，这也许有些不近人情。在具体的工作布置上，陈之平也多半独立决策，而且绝对令行禁止，这种领导作风曾招来了不少异议。对此他并不太在意，一个人想让所有人都满意几乎是不可能的事情，不管用什么方法，能把事情做圆满就是本事。

1990 年从上海到深圳，是陈之平生命中的一个转折点。

在上海时，陈之平做的是架线工，每天在几十米的高空作业，架铁塔、放线，一天都不下来，中午饭吊上去吃，抽支烟划完一包火柴还点不燃，那份辛苦就不用提了。因此，做物业管理他没觉得有什么接受不了的。陈之平说他愿意做潮州人，因为他们刻苦、勤奋，一点点小生意都当作大事业来经营，不少人就是从小摊贩一直干到大老板。这在某种程度上，和他的人生追求十分吻合。现在他的外号叫"潮汕"。

不可否认，上海人的群体特征多多少少在陈之平身上有所反映，比如容易接受新事物，眼界开阔，点子多。陈之平管理下的物业公司经常会有一些别人意想不到的小创意，像汽车美容中心就是深圳第一家。

或许因为受了万科文化的长期熏陶，陈之平后来分析物业管理也有一套理论。他说，过去，我们对物业管理的定义是：物业管理就是受物业所有人的签约委托，妥善地打理物业以及四周的环境，为物业的所有人和使用人提供和保持一个舒适的环境。如今，随着社会进步和人民生活水平的提高，物业管理被重新定义，其在建筑物的年代规划、维修基金的使用和保值、空气质量、废旧物资处理、生态环保等方面正在发挥更大的作用。

11

与华润的亲密接触

华润是谁？

1948 年，中国共产党已经开始考虑夺取政权后的治国大计。在建立政权后如何解决党的经费来源问题上，当时的中共中央政治局提出了建立党营公司的设想，公司的名称定为"德润"，取朱德的"德"，毛润之的"润"，后经朱老总提议改为"华润"。在新中国成立后的相当长时期内，香港华润成为中华人民共和国重要的对外窗口，在对外贸易方面扮演着举足轻重的角色。从这个意义上讲，控制华润的国家资本显然是很根正苗红的。

改革开放以来，由国家绝对控制的香港华润公司发生了天翻地覆的变化，由外经贸部在香港的窗口公司，转变为中央直属的 45 家特大型企业之一。即使在黄金遍地的香港，华润也堪称巨鲸，其总资产高达 500 亿元人民币，净资产 400 亿元，旗下拥有 5 家上市公司。表面上，香港华润 100% 属于中资公司，但华润控股的上市公司华创、北京置地、立智国际、五丰行等已经资本国际化。这几家在香港证券交易所挂牌上市的公司的资本额已经占到整个华润集团的 70% 以上。因此这家新型的国家资本公司，正是王石在 20 世纪 90 年代最后几年孜孜以求的理想大股东。

王石：万科需要稳定大股东

在引入华润作为大股东的几个月前，王石自己就很清晰地分析过："本质上，香港华润的主营体已经成为市场化的财团，同长江实业、新鸿基本质上没有多大的区别。如果说有区别，就是董事长是北京选派的部长级别的人物，而 CEO 则是市场化的产物。现任总裁宁高宁先生就是这样一位职业经理或企业家。华润集团的上市公司系拥有一支成熟的职业经理队伍。"因此王石反驳那些认为万科寻找官僚资本撑腰的说法，他说："正在进入高速增长期的万科需要国际资本的强力支持，此时纳入华润上市公司系正逢其时，怎能说是投入新的更有权势的官僚资本怀抱？如果说'投入新的更有权势的国际资本怀抱'，可能会更确切些。"

万科的股权分散程度在整个中国证券市场中是比较特殊的。1993—1997年，其最大股东持股比例始终没有超过9%，1998年前10名股东持股比例总共为23.95%，是一个典型的大众持股公司，较易成为收购对象。同时，万科又是中国民营企业中少数能连续10年稳定、快速成长的企业之一，1998年其房地产业务在集团的赢利份额稳步上升至89.8%。虽然王石很愿意把万科打造成证券市场的一艘蓝筹航空母舰，但是，市场投机人士常常会把万科视作难得的"壳"资源，动辄打万科的主意。

整个90年代，对于二级市场隔三差五就出现的"收购万科"的传言，王石已经哭笑不得。笔者就亲眼见到，某天一位王石的年轻朋友气喘吁吁地跑到万科公司总部，说有要事求见王石。王石刚好不是很忙，就连忙听听他说什么。结果，小伙子上气不接下气地说，某某X通公司已经调集了多少亿资金，要阻击万科，还有更换管理层的后招，王总你要小心啊！王石就有点来气，说你们年轻人就是容易给人利用。他们真有本事，真有那么多钱，自然就能够把万科收购了，我们就是走也没什么好说的。但是现在你看看，这些只不过是市场上的跳梁小丑，不断放风出来，让你们上当。我真的去调兵遣将，在二级市场和他们这么对拼，那就真是上当了。

王石的说法不是没有道理，但是万科的股证事务代表们不敢掉以轻心。他们常常会在证券交易所的结算中心打出长长的股东名单，分析其中哪些有可能成为潜在的收购者，不时也做一些沙盘操作的计划。

对于万科高级管理层持股比例少，缺乏稳定大股东的现象，笔者专门和一位市场中的高手探讨过其中的奥妙。他分析，理论上，有准备的机构是可以从二级市场大量收集万科股份，等到和关联方共拥有超过10%比例的股份，就能够提出召开股东大会。而等到对方控股超过20%的时候，也就有可能提出改选董事和总经理等议案。当时我们计算了一下，如果对方这么做，在二级市场上需要超过20亿元的资金，才能购买到相当比例的股份，但是如果对方联系几个大股东，那么只需要10亿元左右资金就行了。而在1995年，市场上能够呼风唤雨动用10亿资金的机构可能不多，那几家经常嚷要收购万科的小庄家，其实也就有两三亿元的实力，因此王石嗤之以鼻、不予理睬是有道理的。但是到了1997年后，尤其是1999年，市场上已经出现了实力遍布数十个证券营业部、资金以数十亿元运作的大庄家。这样的资本大鳄，对于万科来说，多少是个潜在的威胁。实际上，万科也有自己相应的防御措施，那就是董事会选举条例中的规定，即每次董事只能改选1/3，这样稳定的大多数董事结构也可以保证公司管理层有一两年时间来应变。不过，这毕竟只是治标不治本的办法而已。

而深圳特区发展集团公司作为万科第一大股东，在经营上难以给万科支持，在业务发展方向上两者态度长期不统一。对于王石来说，这无疑是一块很大的心病。

1997年，万科强人王石不是很愉快，他休了一次长假。他的不快，并非是电视台记者想当然认为是公司内部争权夺利，而是因为引入新的大股东的谈判不顺利。在万科内部，已经有很多年没有人能够挑战王石的老大位置了。

万科缺钱也缺地

王石一向是个脑子不容易发热的人。在20世纪90年代，虽说万科有成为国内房地产界的第一品牌的趋势，但王石认为这个"第一"有点虚，因为没有把国有开发商计算在内。从商品房开工面积来看，万科占的比例并不高，而同在20世纪80年代成立的海尔、康佳、三九销售额已经上百亿元。万科为什么落后了？王石一针见血地指出，万科的核心竞争力正面临挑战，市场营销与物业管理方式被模仿，万科需要再形成新的核心竞争力，首先要形成规模，形成区域市场垄断。而要形成规模，光靠自身的力量，万科显然难以做到。

首先，万科缺钱。

本来，万科比起其他房地产公司，已经有国内上市公司的优势，可以通过国内资本市场融资。万科从1991年1月上市以来，除了发行时筹集的2 800万元人民币，之后的三次定向增发和配股一共筹资16.57亿元人民币。这个速度说来不慢，但是王石不够满意，不仅因为万科所在的地产行业资金需求量大，还因为有华远的例子。华远1993年才开始进行股份制改造，经历了上市、发债、扩股，到1997年就已经筹资33亿元人民币。志存高远的王石希望万科有更广阔的融资渠道，不仅仅局限于国内资本市场，而且还可以在更广阔的资本市场融资。

况且，万科在国内市场融资也并非一帆风顺。万科要发展，万科需要扩股，但万科的原大股东深特发不愿意扩股。几年来，深特发自身的财务状况说不上好，而且由于万科的股权分散，深特发持股比例已经很小，再加上国有股不能在二级市场上流通，深特发不愿意再增加投入。

仅仅靠自身积累的滚动发展，万科将丧失市场扩张的良机，故短期内必须筹到充裕的资金。万科直接到香港上市有很大难度，但如果万科被香港上市公司并购，或者与香港上市公司换股，都可以达到间接上市的目的。

其次，万科缺地。

从数量上看，万科的土地储备并不算少，但是其土地大多是在城乡接合的边缘地带，万科不太容易拿到一手的好地。以至于外人看来，万科更注重发展城乡接合部的低密度式建筑产品，注重多城市、分散规模的非主流市场操作模式。土地成本高是万科多年来没有解决的问题。在北京，万科拿不到一手的土地，如果能拿到和附近项目同样的地价，万科每平方米商品房的成本价格至少能下降500~1000元。

这样，王石选一个好"婆家"的标准已经很清楚了。万科理想中的大股东应该有雄厚的资金实力，有海外融资背景，还要有良好的政府关系和优质的土地储备，能够为万科解决发展中的资金、土地等基本问题。只有这样，万科才能驶上快车道，成为真正的地产龙头。

从王石和万科的角度来看，华润显然非常符合条件。而华润对万科也表现出浓厚的兴趣。

1996年，通过合资占有北京华远房地产股份有限公司约70%股权的华润北京置地成功在港上市之后，就开始通过华远公司探讨与万科之间的股权合作。

1997年，华润北京置地的董事会聘请王石担任华润北京置地的独立董事。华润北京置地的董事会一直希望将中国地产界两个知名的企业有机地结合为一体，以发挥各自的优势，将华远已有大量土地储备和施工管理等方面的优势与万科市场化操作和物业管理方面的优势结合起来，在北京甚至在全国的各大中心城市创造机会和扩大经营规模。两个优势企业的合作必将在人才、信息、技术、资源、集团采购、管理和降低成本上发挥出"1＋1＞2"的增值效益。

同年，经与深圳特区发展集团公司和深圳投资管理公司接触并获得同意后，当时北京华远的第一把手任志强带着支票专门飞到深圳准备收购深万科前三名持股股东的股权。但在双方签约前，深特发突然调整了自己的发展战略，使股权转让未能成功。

1999年年底，华润北京置地通过专门为收购深万科股权而成立的专门公司开始了再次收购的谈判。华润系第二次前往深特发参加了合同转让协议的谈判和签署。

大股东更换之后

"再见了，老东家！"

2000年8月11日的早晨，王石照常一早醒来，然后怀着复杂的心情在论坛上写下一篇这样的帖子。

这个初秋的早上，对于颇具抒情气质的王石来说，与往昔的感觉确实有些不同。一段磕磕碰碰维持了将近17年的关系戛然而止，一件持续了三年多的事情终于有了一个颇为圆满的句号。这种复杂的感情应该怎样形容，"一下子还真不容易说得清楚"，王石描述当时的心情。

王石自己也承认说，他是好不容易才说服华润成为万科第一大股东的。

在王石寻求一个准确的说法给这段关系画上一个句号时，对万科的其他职业经理层，对万科的广大职员，对关注万科的投资经理，对持有或打算持有万科股票的股民们，对所有认同万科企业文化的人们来说，他们最为关注这两个问题：一是股权置换后的万科还是原来的万科吗？二是万科的未来，是朝着职业经理们设想中的方向发展，还是会成为一次令人担忧的企业并购？

在8月15日长达三个半小时的网上路演中，这两个主题从开始直到结束，被一再地重复，重复，重复。

最刺激的提问莫过于下面这一个："董事长，华润成为万科第一大股东，您也将成为华润的房地产业代表，为华润'打工'。但您在万科一直是一个人说了算的，而现在要受制于华润，这符合您的个性吗？您会听命于他人吗？"

王石的回答很坦白："我是万科的创业者，像许多创业者一样也曾经在万科搞一言堂，尽管是无意的。万科致力于现代企业的建立，现代企业的标准在于透明度、规范化、专业化。从中国的现代企业标准来看，在创建现代企业制度方面万科是不错的，如果现在还说是一言堂是不对的。1999年年初我辞去总经理职务，万科已进入一个后王石时代，现在有着一个非常好的职业经理团队。我相信在这个时候华润进来是非常合适的，包括王石在内的万科职业经理团队会和入主的华润处理好关系。"

也有股东单刀直入地追问："华润入主董事局后，董事会是否要改选？您是否帅位不保？"

王石道："董事会一定会改选。就董事长的位置来讲，我目前感觉还没有比王石更合适的人选，感觉良好！"

比较实际的问题是，与华远合并后，华远－万科在中国房地产市场的资产规模的排名会如何？

而王石在这个问题上的立场耐人寻味："华远是北京概念的地域性公司，万科是全国性的房地产公司；如果谈万科与华远的合作，将是北京万科与华远合作的问题。"

这种万科和华远不应该是一个级别上合作的潜台词，又是非常具有王石风格的回答，含蓄而绝对坚定。

华润集团派了三个人出任董事，王石的说法是："万科现有的董事会班子不太熟悉国际融资市场，相信华润派出的董事将在如何运作资本市场筹资方面起到关键作用，在大企业的运作方面也会起到专家的作用。"

在整个事件中，王石的态度我们了解了很多，而从华润的角度来看，同样很有意思。

宁高宁在想什么

时任华润集团副董事长、总经理宁高宁在收购不久后接受媒体访问时，强调："被王石说服，也是一个过程，实际上这个过程是两方面的：一方面是万科这个公司自身发展的过程，四年前的万科和今天的万科是不一样的，当时万科的规模比较小，市场地位也没有今天这么高。和王石熟起来，我发现，和王石同期的有一定影响力的企业家变化很大，走掉了、不做了、失败了的很多。王石能留下来以及今天万科的成功，和王石本人的信念以及公司管理有很大关系，王石是个很自律的人。"

另一方面宁高宁也提到，他考虑的因素就是华润集团本身的问题，即华润要不要做地产，要不要在中国做地产。"对这个问题，有两点考虑：第一点是地产行业是不是好行业？第二点是如果做，如果收购万科，和华润北京置地以什么样的模式运作，和华远又是什么样的关系？这些都是技术性的问题。后来，我们觉得万科在国内地产行业里虽然规模不是很大，但是从专业化的管理到市场的影响力来讲都是蛮强的一个公司。同时对我们自己来说，如果这个行业继续做下去，那么我们希望能够做到这个行业第一的位置。因此，我们希望万科和华远之间能够产生整合作用。我算了一下，这两个公司整合在一起，差不多每年有 60 亿元左右的营业额，资产过 100 亿元。现在我们是以中国华润的身份收购深万科，那么我们希望通过这两个公司的整合，再加上华润集团在中国其他城市的地产业务，做到全国住宅行业中最大的、领导者的地位。"

华润花了这么一大笔现金成为万科的相对大股东，是赚了还是亏了呢？宁高宁的账算得很清楚："实际上，如果我们要去建一个万科这样的公司，很困难，也需要很长时间。而通过收购深万科，华润一步就达到了目的。再往下做，我们有个计划，希望能够通过整合国内的地产公司，来扩大华润系地产公司的规模，也希望同时能够和国际的资本市场有着很密切的联系。华润接下来还将继续收购一些地产公司，我觉得公司管理能力是第一位的，资产、赢利都是临时现象，管理能力决定这个公司是不是能够做成工业性的、连贯的行业来源源不断地生产房子，这是基础。华润不是仅做一个项目，而是做一个行业，是长远的，这样才能吸引国际资本市场对它的关注，并且引来投资。我希望我们通过把华润、万科、华远这些优秀的地产品牌更优化地重组，吸引国际资本市场。如果他们看上中国的住宅市场的话，那么他们首选和必选的就是我们这样的公司，获得了国际资本市场的支持，在国际上的地位才能建立起来。"

对于华润还将增持万科多少股份，宁高宁的想法是："我们是希望在法律和市场允许的前提下，能够增持多少就增持到多少。我希望华润的地产业务和华远、万科的地产业务通过整合以后不再出现很明显的界限。即使在目前股权结构不同的情况下，我们还是要把华远和万科统一起来看，在经营战略、管理方式、市场定位、公司文化等方面，都要有一定的融合。如果把两家独立起来看的话，华润集团就不必买两个，买一个就好了。华润要不要收购其他的地产公司，也是这个道理，合并起来，"1＋1＞2"，我才去做，否则我就不要买那么多公司了。"

至于敏感的北京市场，宁高宁也想得很清楚："现在北京市场，万科只有一两个项目在做。实际上万科的精力不在北京，资金重点也不在北京，北京万科和北京华远要看万科和华远两个公司总公司层面的整合情况之后再定。"

王石的说服力

华润创业入主前后，在华润创业内部一次讨论会上，宁高宁问了王石一个很直接的问题，"你刚才把万科和长虹、海尔进行比较，它们很快地扩大了，而万科在 10 亿元营业额左右徘徊了一段时间，你说原因在于万科当时犯了一个多元化的错误，走了弯路。而且你也提到全世界五百强企业里没有地产企业，这让我感觉很困惑。"

同样是商界枭雄，宁高宁的触觉还是很敏锐的，他一下子就捕捉到了问题的关键。他继续说："困惑也包括对华润创业的分销，我也找不出适合的模型可以比较。现在从地产业务的性质来讲，即使万科五年前也好、八年前也好，就是专职做地产的。它的规模，可能也不会像长虹、海尔那么大。我觉得这是地产业务本身性质决定的。地产本身是间断性的业务，它不是以品牌往前推广市场，而在很大程度上决定于它拿到的地，每块地有完全不同的特点，实际上地产公司每次都像在做一项新业务一样，前后的连续性绝对没有工业生产那么强。比如说微软搞出一个项目以后，满世界去卖就可以了，它整个西雅图工厂实际上很小，而且后来自己不生产了，交给别人去生产，生产变成了很次要的东西，它自己只控制 R & D 和营销系统。地产怎样才能跳出这个圈子，实现工业化，有一个比较快的发展，对这个问题我一直没想通，这也是全世界地产企业规模普遍不是很大的原因之一吧。我不知道你怎么跳出这个圈子？"

这个问题，也正是王石把房地产确立为万科的主业以来，一直反复考虑过不知道多少遍的问题，王石首先同意宁总的担心，他的理由如下：

"第一，作为房地产公司有它的局限性、个性化，香港的房地产走过了一段非常辉煌的历史，但现在也衰落了。世界银行经济数据反映，房地产行业是有周期的，人均 GDP 达到 13 000 美元的时候，一定会衰退。中国现在才是 900 美元，所以仅仅是个开始。第二，之所以香港房地产界能够出现大的企业，如新鸿基，资产规模在 1 800 亿港元，净资产规模在 1 300 亿港元，当然它和长和系还不能相比，但作为房地产企业是世界第一大。我想为什么这个第一大企业诞生在香港而不是在其他地方，除了香港地贵之外，和人的居住方式也有关系，它就是需要规模地开发、规模地居住。这恰好和发达国家不太一样，它们地多，居住讲究个性化，因此发展商主要不是作为住宅发展商，而是土地发展商，实际上房子是自己盖的。虽然有 townhouse（联排式住宅）类的，但毕竟数量非常少。"

王石分析："香港房地产的规模开发模式，应该非常适合内地。内地虽然地多，但城市的可发展土地是非常昂贵的，这也就是为什么北京、上海、广州、深圳的房子贵过美国，就在于土地成本高。所以规模开发，应该是中国城市住宅发展的主流，在未来的十年、二十年内，中国房地产发展商超过新鸿基的可能性绝对是有的。恰好在这个发展空间中，万科致力于发展成为中国最大的房地产公司，华润集团在业务整合当中也把它作为四大主营业务之一，我相信这个前景是相当好的。建设部正在大力推广住宅产业化的概念，中国要发展住宅产业，推进房地产企业的规模化，就必须把房地产行业的上下游链条拉长。而万科认为，现在，大的发展商主要是资源的整合、软件的整合，而不是自己搞水泥厂，自己搞构件厂。我们应该学习耐克，它专营运动器材用品，但实际上它自己没厂，它就是进行品牌的设计、营销。万科将来的方向就是资源整合，生产甚至销售更多的是采取社会化的模式。"

增发戏剧性中止

2000年12月25日，在华润成为万科第一大股东的四个月后，就在万科向华润定向增发大额股份的时候，公众议论纷纷等着看我国"地产航空母舰"浮出水面之际，不料却出现了颇为戏剧性的场面。

三天内两度召开记者会的深万科还是给了投资者一个充满戏剧性的结局：才阐述完万科增发B股的战略构思，就又公布说董事会决定放弃增发方案。

万科董事会曾于12月初发布公告，宣布了向大股东香港华润集团定向增发B股的方案。该方案是国内首宗向第一大股东定向增发B股的方案，万科董事会拟向华润集团定向增发4.5亿股B股，发行价定为4.2港元／股，融资额达20亿港元。

12月23日，董事长王石又召开了记者见面会，细述了万科增发B股意在提高华润的持股比例，以期得到资源上的完全支持，也可开拓万科在海外的融资渠道。而华润方面也表示，出于对中国地产业长远发展的看好，以及万科规范管理、稳健经营和优秀的决策层及职业经理队伍，华润集团选择了万科。同时，双方透露了原定向华润定向增发B股的目的，是达到华润控股50%的比例以合并报表，进一步促进双方共同发展。用华润负责人的话来说，是共同做大中国住宅地产业同一品牌的蛋糕。

但仅过了两天，万科又临时召开记者会，宣布了基于不同投资者的不同意见，万科企业股份有限公司董事会决定放弃2000年度定向增发B股方案。

万科企业股份有限公司第十一届董事会第三次会议于2000年12月24日下午在万科公司总部会议室举行，16位董事及董事授权代表参加了会议，2名董事缺席。会议审议并通过如下决议：

一、关于放弃 2000 年度定向增资发行 B 股的方案及取消 2000 年度第二次临时股东大会之决议。

由于不同的投资者对本公司 2000 年度增资发行 B 股方案的理解不同，以及该方案将对本公司产生影响的认识存在差异，董事会决定放弃上述方案并取消将于 2001 年 1 月 2 日召开的本公司 2000 年度第二次临时股东大会。

董事会认为取消上述方案不会影响本公司目前正常的经营，但将影响本公司计划中的快速发展速度。

董事会将根据有利于投资者和有利于本公司发展的原则，在适当的时机提出替代方案。

华润集团表示将一如既往地支持万科的发展。

二、为拓展公共物业为主的经营性物业管理业务，董事会决定成立深圳市万科物业管理发展有限公司，注册资本 500 万元人民币，由万科全资拥有。

在 12 月 25 日举行的记者会上，王石解释了万科董事会的立场。他说，在增发方案公布后进行了半个多月的路演，通过与不同投资者的对话、接触，A 股、B 股两个市场存在着很大差别，不同投资者对公司长、短期利益认识上同样存在较大差距。放弃增发决定就是基于这些因素做出的。

王石同时否认了利用举债方式继续 B 股增发拟投项目。他说，万科在高速增长阶段更要执行稳健的财务原则。深万科需要稳定的大股东，华润是万科合适的大股东，这是所有投资者达成的共识，因而，故事还没有结束。

在国内上市公司纷纷选择增发 A 股的时候，深万科与众不同地选择了定向增发 B 股，已引起市场各方关注。在临时股东大会即将召开之际，深万科又因投资者认识不一而取消原方案，这在上市公司增发史上尚属首例。这也可见王石非常人为非常事的魄力。毕竟，在三天之内做出这样的决定极不容易。

按照原方案，深万科定向增发 4.5 亿股 B 股，工作如能完成，华润集团将持有深万科总股本的 50%，由当时的第一大股东变为控股股东。这一招棋既使深万科解决了困扰多年的股权过于分散问题，也使它借助"大东家"之力打通在香港乃至在海外的融资渠道。同时，华润的背景对深万科在下一步开发新城市时也有帮助。而华润控股万科，则可加快其地产业务的整合速度。这么一个两全其美的方案，深万科董事会却决定取消，按万科董事长王石的解释，不同投资者对原方案的理解不同，此举是"为了充分尊重投资者的意见"。

增发方案出台后投资者反应强烈，总体来看，争论的焦点倒不是在增发本身及定向增发对象上，而是集中在发行价格及数量的定位上。反对增发方案的投资者认为，一方面，每股 4.2 港元的发行价与 4.49 元人民币的每股净资产值相差无几，增发不能带来相应的资本溢价；另一方面，发行股数高达 4.5 亿股，占原股本逾 70%，股本扩张过快，会造成年末每股收益的摊薄，从而影响股价。由于深万科 B 股价格当时维持在 4.5 港元左右，而 A 股价格则达 10 多元，影响将主要体现在 A 股市场上。

应该说，这种顾虑不是没有道理。由于 B 股市场长期低迷，造成其市场融资功能不断萎缩，如何恢复 B 股市场的筹资功能，市场对此一直在进行积极大胆的探索。以万科为例，其实其 B 股增发方案是基本符合国际惯例的，在考虑上市公司利益方面甚至还优于国际上的同类公司。华润集团的负责人解释，增发价为 4.2 港元／股，此价格是在 10 倍市盈率基础上计算的，而香港市场上房地产板块的市盈率仅为 6.7 倍，这一定价已大大高于香港市场上同类增发的平均定价，对以海外投资者为主体的 B 股市场投资者而言是合适的。如果一定要按 A 股价格来为增发方案定价，就会出现这样一种两难情形：要么根本无法找到这样"慷慨"的股东；要么股东们高价入股，却难以在其他方面谋得利益平衡。

说到底，方案难产的最终原因还是出在 A 股的高市盈率上。当时 A 股市场平均市盈率高达 60 多倍，这一市盈率水平不仅高于 B 股水平，也大大高于国际市场的平均水平。与 B 股市场以香港股市为参照系不同的是，A 股市场实质上是由资金供求关系决定的，以这种市场的市盈率为参照来发行在另一市场上流通的股份，本身就存在巨大的不可行性。因此如何照顾 A 股、B 股市场股东的权益，以及在谋求公司长远发展的同时兼顾市场短期利益就成为一个难题，这也是当时众多 B 股公司在增发时共同面临的一个现实问题。

但万科本次增发的定价原则主要参照香港市场，在现阶段的中国证券市场不甚合理。君安证券的网站"金网 100"成为反对意见的最集中场所。君安证券收购兼并部的何劲松等具有投资银行经验者指出，本次增发方案的要害是，增发价格远低于 A 股市价，且低于增发时的净资产，一旦方案实施，将明显摊薄 A 股股东的权益。

后来，何劲松等人的意见得到了基金等机构投资者及公众投资者的认同，众机构纷纷质疑该方案。结果在股东大会召开前夕，万科董事会宣布放弃增发计划。

令人意想不到的是，何劲松的专业素质及对中国证券市场的深入了解赢得了华润对他的认同，后来华润在收购万科子公司万佳百货时，就定价事宜征求了何劲松的意见。

一次没有赢家的角力

"2000 年度中城房网的影子盟主""福布斯全球 300 家最佳小企业"，万科的名声在和华润创业联姻之际如日中天，多年来苦心经营的社会和公众形象攀升到了一个新的顶峰。

1998 年万科赢得中国资本市场房地产类企业市值的头把交椅，加上王石当选"20 年 20 人"已经让人看到笼罩在万科和王石头上耀眼的光环，故和华润的联姻无疑更加吸引公众的注意力。

尽管万科的总资产规模不过 50 亿元，主营业务收入不到 30 亿元，净利润也就 2 亿元出头，但是净资产收益率一直是稳定得令人难免起疑的 10%。这种企业在中国虽然不是很多，但也不少，不过能在这些数据搭建起来的舞台上，营造出普遍公认的成熟、稳健的良好社会公众形象和广泛的知名度，除万科和王石之外可能绝无仅有。万科和王石的名头即使在网络和高科技热浪几近疯狂时与之相比也毫不逊色。万科被视为民营企业的成功典范，董事长王石更有被称为中国企业管理教父的架势。

不知何时起，王石习惯于将万科与民营企业同列。万科股权的结构分散客观上为王石将万科定位于民营企业提供了理由，虽然很长时间内国企深特发一直是万科的大股东。万科也早已被视为王石的万科，从 B 股定向配股方案争端中可见一斑：网上只有致王石的公开信，而没有致华润这个大股东或其他小股东的公开信。这虽然可能只是巧合，但这种巧合并非偶然。人们已经习惯于"王石的万科"，万科的股权分散和民营形象至少一度是上市公司成功经营的典范。

这场较量的导火线是万科 B 股的定向配股价是否低于万科的净资产之争。华润开出的价格是 4.2 港元 / 股，这个开价的来源是基于 10 倍的市盈率。对于习惯在香港资本市场运作的华润而言，开出这个价格也并不容易，因为香港恒生指数中地产股的平均市盈率也不过 6～7 倍。但这个说法显然并不能让万科 A 股的"小股东"满意。

在中国的 A 股市场上，增发新股的价格一般是"比照"当时的股价而言的适中价格，与公司股票的市盈率究竟是 10 倍、50 倍还是 500 倍都没有什么必然联系。只要这个价格让接手的"小股东"有获利的空间，它就是合理的。这是中国 A 股市场的游戏规则。尽管这次争端的导火线是一个似是而非的对"收购价格低于净资产"的质疑，其实就算是华润以 4.5 港元 / 股或者预先计入万科 2000 年度的全部预期收益而定更高一点的价格，这场争端同样不能避免。

因此这场争端从一开始就注定是无法调解的。在中国 A 股市场平均市盈率 40 多倍、万科的大盘股市盈率超过 30 倍的情况下，游戏规则也只能比照中国 A 股股情的价格和市盈率来操作。不同的是，现在的公司增发 A 股是乐于接受这个游戏规则的，因为这意味着更多的资金和更多的套现机会。而对于想通过增发新股来达到绝对控股万科的华润而言，用增发新股这种方式可能从一开始就注定是一厢情愿。企图用香港资本市场的公平价格来收购中国 A 股公司的控股股权，即使付出 20 亿港元现金这个不菲的代价也很难如愿。尽管 B 股市场是针对香港投资者的，但是并非是针对来自香港的收购者。

对于华润而言，按照中国 A 股市场的游戏规则，以 20 倍以上甚至更高的市盈率去收购是根本不可能接受的。

对万科而言，无论是总股本还是流通股本，都已经接近超级大盘，这可能意味着在配股比例和配股价格上难以有更多的选择余地，也可能意味着继续从 A 股市场获得资本的相对比例和机会更小。王石早就放言要为万科找一个强有力的"婆家"，而华润提出的 20 亿港元现金方案再加上预期未来在华润集团系统内的地产业务的重组和整合前景，意味着王石所期待的万科规模五年翻十番有了实现的可能。

但小股东可能等不到五年，这机会可能会留给五年之后的小股东，而不是现在万科的小股东。在中国的资本市场上，还没有为五年之后的前景而投资股市的理念。小股东们仍然期待着王石的万科能如其所言调整已经结束，困难已经过去，该是享受辉煌的时候了。华润在这种普遍的乐观情绪下企图将万科纳入囊中，难免触犯众怒。有了 20 亿港元，万科可能会更好，但谁知道呢？

尽管华润是抱着要做成一只中国地产蓝筹股的雄心而来的，抛出了个中国 A 股市场上除了新股发行之外可能是最大的一笔现金投资方案，但是仍然难逃被指责为"狼子野心"和肆意掠夺"小股东"权益的命运。这并不是一场有着共同基础的对话，而是双方在没有一个共同认可的游戏规则的情况下的较量。既然较量地在中国 A 股市场，那么只能是华润退出。因为对华润而言，如果继续这场较量，那么无论争端如何结束以及何时结束，华润一定不会成为赢家。而华润出人意料地如此之快退出，不但有面对即将到来的股东大会上被迫公开争端的不稳定因素，而且对万科现在的"小股东"而言，也未尝不是一种损失。尽管以"小股东"利益代言人挑起这场争端的"金网 100"网站宣称这场较量以小股东的胜利而告终，但这场争端以这种方式结束，双方都是输家。

资本市场的规则，有时候显得那么残酷和不合情理。但是，还有比这样更加市场化的解决模式吗？

新华远另起炉灶

2001 年 6 月 25 日万科在董事会公告中宣布：华润增持万科股权的方案，年内不会出台。等了半年，大家想看到的打造内地地产航空母舰的进程，比想像中要慢。

身为华远集团总裁的任志强可以松一口气了，因为华润在 2001 年内不会以任何一种方式再继续上演和万科的亲密故事了，华润和万科将"僵持"在现在的局面中。而这种"僵持"是华远集团最喜欢看到的。5 月 28 日华润集团收购万科的新方案不是好消息，因为按照这个方案，华润控万科、万科控华远将是结果，"华远和万科到底谁吃谁"就很显然了。在华润、万科、华远这个整合链条中，万科在未来华润系地产中的地位将越来越重要，而华远则会不断走低，成为链条中的最后一位。这样的结果，对于当初带着支票去收购万科的任志强来说，是很难接受的。尤其在华远房地产公司销售额正呈上升势头的现阶段，无论是任志强还是拥有华远房地产18%股份的华远集团，都不愿成为这场整合故事中的配角。

任志强当时曾说："我们几乎可以保证华远今年的销售额拿全国第一。今年一季度，我们已经有了10几个亿元的销售合同额，而去年有20多个亿还没有结算，可以说30个亿的销售额已经到手了；今年的开复工面积又大量增加，相信今年、明年的业绩会快速增长，很可能超过万科。"不过，事实最后证明，2001年乃至2002年，国内房地产业的老大还是万科。

据说，任志强很介意这样一件事情。在万科向华润集团定向增发B股的公告中，华润集团公司迫于证券监管的压力做了两项针对华远房地产公司的承诺：一是华远房地产公司不得在北京之外发展房地产业务，二是华远或万科在北京新增住宅项目双方都有合作的优先权。

9月6日，任志强决定卖掉华远集团持有的华远房地产公司18%的股份，收回华远房地产品牌。"中国华润集团收购华远集团公司所持有的华远房地产公司的全部股权"同时正式签署了协议，中国华润集团全面接管了华远房地产公司。

华远房地产公司在北京已有和正在建设中的地产项目包括"华清嘉园""深蓝华亭""凤凰城""阳光华苑""西单文化广场"等，此外还有部分的土地储备，全部转给华润集团。

从1994年开始，华远集团和华润集团就开始合作，建立了合资的华远房地产公司，并于1996年在境外成功上市，现在，却出现了"分手"的不愉快结局。

此事被业内炒得沸沸扬扬，"秘密"逐渐浮出水面。

有业内人士分析指出，其实，自从华润开始把眼光瞄上华远和万科这两家国内房地产南北领军企业之后，三方之间就展开了谁吃掉谁的较量，但有一点一直很明确，这就是华润之所以看上这两家企业，是为了打造中国房地产的第一品牌。这个未来的房地产品牌既不会叫华远，也不会叫万科。也就是说，一旦三方达成交易，进入华润的华远和万科就会慢慢地被华润取而代之。这对视华远和万科为"亲生儿子"的任志强和王石来说，都是不能接受的事实。因此，明白了华远未来命运之后，任志强的退出也就在情理之中了。

1990年代初的任志强、王石和冯仑

　　任志强认为，不管是在华远进行股份制改造时，还是在吸引外资进入时，华远都是以自己整个集团的品牌和文化来赢得市场的信任的。当华润希望用华润的文化和投资来建立华润的投资体系时，"华远"与"万科"就都失去了自身的品牌意识和作用。也许会有"万科"代替"华远"，或"华远"代替"万科"的变化过程，但早晚都会变成"华润"，这是资本的力量与本质的反映。尽管华润还保留着华远的牌子，但会因其投资组合的需要，而逐步改变其风格、文化与内涵，那时华远也就只能选择分家和收回品牌。

　　那么，同为难兄难弟的万科做出什么反应呢？

　　9月9日，万科董事长王石也召开了新闻发布会。王石表示，任志强的辞职是不同企业文化不相融合的结果，任此举还是清醒和高明的。

　　王石认为，任志强辞职会形成三赢的局面：对华润来说，有利于华润按已经认可的经营理念与形成的企业文化进行资源整合；对任志强的"新华远"来说，通过转让18%的股份，得到了资金，收回了公司"名号"；对北京的房地产市场来说，将会产生一个有实力的竞争对手，因为任志强是老牌的房地产公司老总，对市场非常熟悉，一定会在房地产界有新的作为。

曾有人传言：万科有可能与华远合并。王石表示，在任志强辞职前华远与万科合并的可能性很小，主要在法律上存在障碍。因为华远属于北京置地，而北京置地是香港上市公司。而万科是内地上市公司，虽然也有 B 股，但华润无论是通过 B 股投资还是通过合并重组，在法律上都还是不可逾越的。在华远将所持股份转让给华润后，华远与万科合并的可能性也很小。王石认为，这样的结果更有利于一种企业文化、经营理念、经营模式的推行。两个企业的经营理念、企业文化相冲突，这样可以各行其道，各自经营。至于今后是万科的企业文化适合市场还是华远的企业文化适合市场，要三年、四年或者五年后才能看得出。华润选择万科是对，还是放弃华远是错，也要等四五年后才能见分晓。有时强强整合很难，而强弱整合会比较容易。

王石说，从 1999 年起一直在探讨关于双方公司的合作。虽然双方公司在经营理念、风格上不同，但在如何合作上任志强是敞开大门的，只是由于其他种种原因业务合作没能进行。万科的定位是一个全国性的房地产公司，北京只是万科的一个"点"。但从当时的资产规模来讲，万科和华远差不多。在净资产上，华远比万科还要多，然而从赢利能力来讲，差异就比较大。华远净资产收益率只有 2%，万科将近 11%。即使没有法律上的障碍，华远和万科的合并对于万科来讲也很困难，因为两者的赢利能力相差太远，而华远的资产规模太大。如果合并，那么万科一半以上的资产将在北京，这对万科这样一个全国性的公司是失衡的。因此，就规模上讲，万科不具备合并华远的能力；就赢利能力上讲，要以万科提出的标准，北京置地也是接受不了的。

王石认为，两年后再探讨和华远的整合才比较合适。在此期间，万科首先要提高自身的能力，应在资产和华远旗鼓相当时再谈此事。第二，华远自身需要调整，现在业绩不高。但他相信随着华远的业绩调整，其赢利能力也将强起来。两年之内，华远、万科之间有可能采取项目上的合作方式，并尝试两种企业文化的磨合。

不管王石这一番有数据有分析的高论是否是缓兵之计，总之后来再没有进一步关于华润、万科以及华远之间的"三国演义"的新进展。或许，这样的沉默，对于三者来说，都可能是没有选择下的选择。

12

王石的管理用人之道

人才是万科的资本。

这几乎是王石说得最多、说得最自豪的一句经验总结，也是万科在理念领域无需注册的商标。

"人才是一条理性的河流，哪里有谷地，就向哪里汇聚。"尊重人，为优秀的人才创造一个和谐、富有激情的环境，是万科成功的首要原因。

2001 年，王石透露过一个数字，万科总部及直属企业员工学历在大专以上的占 77%，平均年龄在 32 岁左右。万科已经形成了一个让人羡慕的职业经理人团队，从万科集团总经理郁亮，到全国各大城市下属公司的总经理，平均年龄不到 35 岁，却拥有十来年的万科职业生涯，围绕万科的房地产主业，每个人都有自己突出的专长。有了这样的管理团队，无论是作为创业者的王石，还是别的某个主要管理者的离开，都不会影响万科的前进。万科早已不是一个人的万科。

万科公司对职员进行培训有着相当长的历史，时间可追溯到 1984 年公司建立之初。当时员工的文化程度普遍不高，仅两位老总具备大学本科学历。每天下班之后，王石总经理一有时间就拿起粉笔，帮员工补习文化。后来公司还把四名职员送至深圳大学学习。随着公司的发展，越来越多高素质的员工加入，到 1993 年，大专以上学历的已经占了员工总数的 67%。而职员培训也早已越过了早期的初级阶段，逐渐走向规范化。

2003 年，王石登顶珠峰成功，下山不久，接受《新周刊》专访的时候，把自己定为"可敬不可亲"，还很坦白地对记者说，江山易改，本性难移，恐怕改不掉了。但是大家还是注意到了，在王石身边，聚集了一大帮做事的年轻人。在万科的各个下属公司担任总经理和副总经理的人，大部分都在 30 岁上下。虽然王石的脾气有些暴躁，但基本上还是能听进意见，而且难得的是他比较持平，能够就事论事，男子汉气概十足。

对用人，王石一直想得很多。他计划之中，万科以后的办公大楼人力资源部要占最大的地方，因为"万科最宝贵的财富就是万科的员工"。

王石与员工们在一起

　　"万科有一个山岳协会，许多年轻职员也成了山友，每逢周末就呼朋唤友爬山去。《万科周刊》上经常可以看到他们登山远游的野趣。王石缔造着充满理想主义色彩的万科文化，倡导健康丰盛的人生。这一套吸引了许多名校的毕业生，虽然工薪不算高（与深圳同等公司相比），但他们对万科文化欣赏有加。什么是健康丰盛的人生？我想，万科的年轻人自会在山川谷壑中找到体验。"

　　原《中国经营报》的主笔、老报人刘青在 1998 年采访王石的时候，写下了以上那一段话。在文章写作过程中，他和我不断分析王石以及万科成功的秘密。他不无疑惑地提到："照理说，那些规章制度也不复杂，流程管理也没有什么深奥的，甚至万科的不少员工，也不是一流的，那么万科为什么能够稳步发展呢？"采访前后持续了一周，等到他回北京的时候，刘青老师很认真地说："看来，让适合的人做适合的事情，这说不定就是万科用人的强项了。"

　　和他一样，敏锐地感觉到了万科在人力资源使用方面的优势的记者越来越多。

四个职员的万科情怀

曾几何时，万科有地产界的"黄埔军校"之称。对这个称呼，万科人可谓百感交集，有自豪，又多少有点遗憾。

在创业之初，王石就着力提倡并且不断推进万科特有的企业思维和理念。这对于万科职员来说，是一种影响深远的洗礼和熏陶。

王石希望万科人能够始终保持开放的心态，这是指看待事情的态度、做人的态度、对新鲜事物的态度以及对于批评的接受和改正态度；对于公司而言，开放的心态有助于保持竞争力。在万科，学习的精神与方式是始终贯穿于员工的整个职业生涯与生活中的，在工作中不断学习，讲究方法地学习。万科的人文氛围也是其商业精神中的突出部分，团队中每一个人之所以能够对事业抱以执著的态度，更深层次的原因就在于企业的根本情怀，即万科希望成为一家创造价值的企业，一家能够让员工获得丰盛人生的企业。

一个新职员的青葱回忆

对于很多年轻人来说，万科是一个充满了梦想和激情的代名词。

请看其中一位新员工略带一点稚气的上班第一天回忆：

"当室友把我从睡梦中唤醒的时候，便感到我最重要的一天开始了。这是我人生中一个新的起点。初次走向工作岗位，走进三大房地产公司之一的万科，心情十分激动，充满了对新的一切的渴望以及对美好未来的憧憬。"

"坐在上班的车上，穿过大街小巷，来到一座普普通通的六层建筑，不禁有些怀疑，难道这就是赫赫有名的万科企业股份有限公司的总部吗？（简直就像一座机械装配厂）想像中的雄伟的写字楼哪里去了？但当进入办公室的内部，一股清爽的感觉扑面而来。"

"是因为有空调吗？错！是我见到了一个最出色的办公空间，它既重视公司品牌，又重视公司形象。办公室以明朗的白色为主，辅以干练、简明的线条组织——以银白色轻钢明龙骨为线条，配以多孔铝合金扣板；墙面以白色乳胶漆为主，配上橙色的榉木脚踏线，加上深橙色的木质通风口作为重色的点缀；地面上铺着浅灰色仿花岗岩耐磨复合地板，以保证'天'与'地'的平衡——一切的一切充分显示出万科企业的现代化管理风格和快捷的办事效率。数个隔断与半隔断的分隔展示了企业的标识及办公的性质，还有体现了万科企业精神与企业文化的墙饰和门饰，都令人耳目一新。在我们的教室里，自由而又有序地摆放着天蓝色和草绿色的座位。它们仿佛象征着天与地，这仿佛是万科对我们新一代的深远期望。"

这位年轻人正好在万科调整人力资源使用的时候进入，因此，他会对当时墙面上展示了连续三年的万科精神有着深刻的记忆。

1998 年是"职业经理年"。

1999 年，是一幅把王石头像加在一个美式足球队员上面，吭哧吭哧地率领这支美式足球队往前跑，这象征的是"团队精神年"。

2000 年是"职业精神年"。万科提倡以职业精神为平台，积极创新进取。集团将在业已建立的网络传输信息系统的基础上，加强资源共享和业务管理，并运用新的资讯科技，加强万科产品品牌和优质服务的推广。

这正好说明了万科的管理模式在进步，正在进行从"鲨鱼模式"到"海豚模式"的转变。

这几种管理模式在王石的思维之中，也是不断变化完善的。

"鲨鱼模式"的管理，是指职员层是被管理阶层，完全服从并服务于其上级。而"海豚模式"强调的是团队精神，把每一个成员都视为一个大家庭的成员，每个人都是重要的，不能让任何一个人出问题；不会再说我无足轻重，而是说我是重要的，我是集体中的一个重要成员。

这位新职员回忆说："人初到万科，特别是像我们一样刚刚走出校门的大学生，来到一个陌生的地方，举目无亲，感觉都是很落寞的。然而当您踏入公司的第一天起就会看到一张张亲切的笑脸。虽然是第一次见面，但是感到他们是老朋友，仿佛又回到了家里。我们一进来就成了公司的宠儿。"

"事实上，万科的人力资源管理部门是王石盯得最紧的部门之一。生活上，万科为新职员的准备相当充分，由生活到办公用品一应俱全，新职员都用"有宾至如归的感觉"来形容。就拿体检为例，不但车接车送，还有专人陪同。

"新职员只要亮出自己是万科人，别人便会刮目相看，我终于有次扬眉吐气的机会了。在工作上公司为我们配备了入职引导人，来帮助解答我们所遇到的困难和疑问。"

新职员到万科的第一个星期的入职过程大致是这样的：周一报到，周二体检，周三自我介绍（这是新职员大都觉得很有趣的环节），周四课程培训，周五课程培训、做群众演员（这个安排，有些年轻职员会忍不住嘀咕有点无聊），周六登山（很累但很有收获）。

和一群你尊重的人一起工作

曾经在万科财务顾问有限公司和总经理办公室任职的陈松，在万科上第960天的班，经历了23 040个小时之后，开始问自己，万科文化是什么？答案是：I don't know（我不知道）。

他很感慨："不过，虽然我说不清楚究竟什么是万科文化，但是对于万科文化潜移默化的影响力，我相信一定有很多同事与我一样感同身受——不管你在万科还是已经离开了万科，万科都会成为你生命中挥之不去的记忆。"

"不是我不明白，是世界变化快，万科文化也一直在发展变化：1997年，我知道万科喜欢用刚毕业的大学生，没有加班工资；2000年，万科开始笑纳'空降'部队，一线员工有了加班工资。"

他的面试经历则是另外一个样子。

1997年春，万科财务顾问公司公开招聘证券分析员。在一个阳光灿烂的日子，陈松到长虹大厦面试。当他将学历正本递给面试者的时候，他们之间的距离是一张桌子；半炷香之后，他们没有了距离——因为他们开始聊起了篮球——历史最怕如果，如果他的简历没有写上"国家篮球二级裁判"，也许现在他就不会在这里对万科发这么多感触了。平易近人的面试者，像篮球场上的队友多过像顶头上司。当时陈松暗自想：万科有这样的领导，肯定错不了。

一周以后，陈松收到复试通知，并立刻做了各种业务考试的准备。结果财务顾问有限公司老总郁亮见他的时候，很明快地只问了三个问题：

"你觉得自己有什么优点和缺点？"

"优点是对感兴趣的事很投入并有信心做好，缺点则反之。"

"为什么选择证券分析员？其实结算中心也很不错。"

"证券分析有挑战性。"

"对公司有什么要求？"

"没有。"

三天后，陈松开始证券分析。

三年后，陈松彻底明白了一个道理：高抛低吸。

陈松在万科，还学到了写研究报告的"超短裙理论"。

因为他写研究报告时，郁亮经常告诫说："文章要像超短裙，而且是越短越好。"

陈松回忆："当时写作的过程很像裁缝做衣服：首先到处去找布，然后折腾出一条长裙；接着自己狠狠心先下一剪子，变成毛边膝上裙；最后郁总看过比画一下，我再猛下一剪，锁好边，于是短小精悍、足以吸引眼球的超短裙就大功告成了。"

他说值得庆幸的是，至今郁亮还没提出比基尼概念，不然他就吃力了。

当然，陈松在万科也不是无名之辈，有一年他大大风光了一回。2000 年，他也被"营销"了一回，那就是成了"万科职业精神年"的宣传画男主角。宣传画出来以后，万科其他两位两眼"炯炯有神"的营销大师和高级管理人丁长峰、陈昕打来电话，对陈松的"小眼睛"能否吸引眼球提出异议。

对于这些"责难"，陈松连忙自我解嘲进行客户引导："小眼睛也有好处啊，第一聚焦，第二防风沙，第三别人看不清还不得凑近点？没准 21 世纪会流行……再说，'优诗美地'也是'小眼睛'，不是卖得很好吗？"

对于职业精神，陈松的理解也很深："2000 年是万科职业精神年，以我的农民思想来看，职业精神就是敬业精神的时尚版，核心还是敬业和责任感。万科有很多老职员不计较一些细枝末节的东西，在工作责任感和工作激情的驱使下，做出了一个又一个实实在在的业绩。"

"为了尽快落实配股事宜，身怀六甲的肖莉一周内四次往返于深圳和北京。对此，我只有两个字：敬佩。也许王石董事长会觉得这种做法不应该提倡，其实我也觉得不应该提倡，但是没法不佩服。"

"这方面，我这个不老不新的万科人还有很大很大的差距。有时候，不知道自己在万科收获了什么，但是再一想，和一群敬业的人一起工作，我可以逐渐由黑变赤，也许这就是最大的收获。"

和一群敬业的人一起工作，陈松无疑是幸福的。

离开的女职员，对万科的感情欲断难断

2003 年，王石由珠峰成功登顶下来之后，接到了无数恭贺的电话，其中很多都是万科旧部。王石不掩饰自己的得意："登顶成功好像是给他们提供了向我表示关心和爱护的机会。"

而事实上，绝大多数离开万科的人，总觉得自己和万科之间，有一些难以割舍的情谊。

一位离开万科的女职员就很详细地描述了这一种欲断难断的感受。

"记得刚进公司那会儿，住在八卦岭宿舍，楼上楼下都是一帮意气风发的单身先生和小姐，我们一起上下班，闲来没事，常常串串门。想打牙祭了，小

八卦岭万科单身公寓

小地敲诈男士一把；想活动活动筋骨，参加公司的网球俱乐部；实在无聊了，拿起床头的分机电话，互相煲煲免费粥；就连上班闲暇时，还可以向大家发发有趣的小邮件，定定晚上由谁掏腰包。总之，你要想落单可不容易。在我心里，与其把当年那帮在八卦岭宿舍'上蹿下跳'的万科人叫作我的'同事'，倒不如说是'朋友'来得真切。异乡单身的日子，本来并不缺少抑郁和失意，偏偏我却因为命运的垂青，被贴上了'万字号'的标签，因为有一大帮这样的朋友，而与所有的不幸失之交臂。"

不过，不是所有的年轻人都适合在万科这个待遇不是非常吸引人、工作又绝对不轻松的地方的。这位女职员在万科不是待了很久。

"同许多同龄女孩一样，我好玩、爱美，吃不了苦、受不了累，渴望轻松又富足的生活。而且，必须承认，我从小就有些'自以为是'加上'志大才疏'。在万科有一段儿，压力很大，好像有一块大石头盖在头顶，想揭又揭不开，不夸张地说，甚至让我有些寝食难安。很凑巧地，当时突然同时接到了一家网站和一家投资集团的召唤。沉吟一月，我最终还是选择了逃离，很快地向万科挥了挥离别的衣袖，虽然当时我并没有明白，我想逃离的其实只是那

20世纪90年代中期的万科女将们

220

种压抑，而并非想走出万科的园地。我心中的万科，一直都是一片博大精深的海洋，我则只是漂在表面上的一块小小海绵，本想好好沉入海底吸纳精华，可惜，现在看来，只是'此情可待成追忆'了。"

她后来的回忆越来越清晰了。

"好了，现在头顶没有东西盖住了，可以有好多的时间去逛街购物，可以不再回家跟先生抢电脑，可以经常不带任何任务去出差……也许，从个人生活的质量来讲，得到了更多满足和空间，但，隐隐地，同时也是明显地，只要一有回忆，就有一种叫怅惘的东西令我挥之不去。"或许，以下的这一段感悟有着相当的代表性。

"我不知道许多从别的企业到万科的'空降兵'对万科是什么样的感觉，但我想，像我们这种从一毕业就到万科的人，也许早就被万科灌了'迷药'，血液里的每个细胞都已经被浸透，只有流逝的岁月才能让这些细胞重新从'万字号'的标签中脱胎换骨。离开万科半年了，因为不想招来无聊人的嘲讽和评论，从未有人知道我的'万科情结'。只是现在的同事们常常说：'看你，怎么成天都还是我们万科这样，我们万科那样啊！'现在，有了地方可以讲万科人的故事了，我忍不住想说：其实，我真的很怀念万科，怀念每周五穿红戴绿争奇斗艳亮丽勃发的笑脸，怀念编辑部里大眼瞪小眼面红耳赤的争论，怀念一次次充满激情的快乐远游，怀念食堂里香喷喷的自助午餐，甚至怀念专门为女职员重新设计的富有情调的洗手间。"

一个老万科人的故事，最好的十年都在了万科

颜雪明1984年的时候来过一次深圳，感觉很不错，觉得比起老家西安来很不同。

那时候精力旺盛的他，在省政府办公厅百无聊赖的时候就琢磨起去深圳这事。

"刚好我办公室对面一个小伙子，他认识一个在深圳的朋友张某某，两人打电话的时候，我顺口问了一句，他是哪个公司的，小伙子说张某某在万科。当时我仿佛记得在报纸，好像是《深圳特区报》上看到过万科这个名字，于是专门找来一翻，看见的正好是万科1992年的年报。我懂得财务报表，往下一看，好家伙，年利润有 2 000 多万元，不得了啊，能养好几万人呢。"

一看万科年报之后，颜雪明胆气倍增，觉得这可能是个大庙，就来到了深圳，跟万科人事部的人见面。当时人事部经理是和蔼长者丁福源，颜雪明没有见到王石，因为那时候万科的程序还比较简单，他也只是应聘普通员工，不需要惊动大老板亲自来过问了。而颜雪明大老远跑过来主要也就是看一看万科到底怎么样。

"不看不放心啊，那个时候大家对广东企业的印象开始有些不太好的东西，怕又是什么空头骗子企业。我好歹也是个公务员，在省政府办公厅工作呢。"

颜雪明看了一趟万科，胆气更壮了，回去就跟省政府秘书长辞职。秘书长说这事你得去问省长，他要是同意了，我就放你走。于是颜雪明就直接去找了省长。省长听了他的下海宣言就说，你来的这两年我都看着你呢，你也很能坐得住冷板凳，现在还有很多工作可以做啊，可以多体察一下民情和民意嘛。颜雪明也没吱声，回去见秘书长，就说省长同意了。

"当时省政府办公厅特别难进，是个肥缺，所以一般自己要走也不太有人留你。不过我当时跟单位也没有说得特别清楚，到了深圳以后才给他们去了封信，说工资就不要给我发了，关系因为还不能转，所以先放在他们那里。之前他们一直以为我只是到深圳来看看，试试水温，其实我是已经下了决心的。"颜雪明就这样成了还很年轻的万科公司的一员。

到了深圳以后，刚开始的一段时间他特别难熬——因为孤独。毕竟在一个地方生活了几十年，有熟悉的生活环境和熟悉的人群，一下子在 37 岁的年纪到了另一个城市，他回忆说"当时很唏嘘"。

"谁也不认识我，谁也不承认我，那种感觉是以前没有过的。老婆孩子都留在了西安，我一个人住在万科宿舍。当时分给我的是一个套间，里面是全空的，也只有我一个人，里面什么都没有，连床都没有，我就打了十多天的地铺。后来还是万科的老员工之一邱强用车拉着我去万科的仓库搬了张床，也是特别简陋的钢丝床。他问我搬几张，我一想，以后反正还要住人进来，不如一次搬够了。那天我就跟他搬了四五张钢丝床进去。"

不过有了床，人还是会孤独。另外，这位刚从内地来的公务员也没有钱。

"万科当时的规矩，15 号发工资，一定要先做满一个月。我去的时候好像是 17 号还是 18 号，到下个月 15 号就没有做满一个月，领不到工资，还要等下下个月，盘缠用尽，真是难堪啊。"

但是，虽然没有钱，不过一到万科，颜雪明马上就进入工作状态，开始四处出差。

"我是 9 月进的万科，10 月就去了趟西安，11 月到成都，12 月到沈阳。当时万科要搞跨地域投资，我就算是来之能战，能不能战胜不知道，反正去了就敢跟人谈。到了 1993 年我就被派去大连，在大连待了整整一年，1994 年才又回到了深圳。"

颜雪明用大雪的笔名在《万科周刊》上写了很多文章，其中不乏臧否人物、指点江山的文字，也以性格耿直为读者熟知。他很坦白地讲了写作的缘由："那时候都是因为没有人认识我，没有人跟我沟通，心里有话不知道找谁说，于是都写了出来。后来人慢慢熟了，关系也好了，大家承认你了，也就写得少了。"

1992 年 9 月 17 日，颜雪明怀着比上贼船强不了多少的心情，走进和平路 50 号万科大门。第三天，赶上万科的八周年庆祝晚会。那天晚上，他认识了万科的各位老总，认识了公司的众多同事，也认识了万科。

"记得那天在洲际酒店会场入口，预备了许多面具。晚会一开始，王石董事长致词，掏讲稿时顺手从西装口袋里掏出一副面具，说：'这是进门时发的，我把它戴上。'在与会者的欢笑声中，王石戴上面具发表了讲话。当时我极为惊讶，就好像电影里解放军战士头一回见到大首长一样。"

颜雪明当时的感觉可就多了。

"按我的常识，这样一个大单位的领导应当是非常庄重的，这样一种场合也应当是非常严肃的。尽管我平时有些小小的出轨言行，以至时常被领导寓意深长地'表扬'为'思想很活跃嘛'，但要我戴面具上台，那是想都不敢想，绝对认为是恶作剧。我辈尚如此，何况领导乎！领导就应该像个领导的样子。毛主席在'老五篇'中曾批评过'把一个共产党员混同于一个普通的老百姓'的现象，很多领导同志对此保持着极高的警惕，言行举止都透着和普通老百姓的不同。"

颜雪明最记得的一件事情是一次在省政府澡堂洗澡，他看到两位年富力强的老同志赤条条地站在墙角，边搓泥边谈工作。一位作谦恭诚恳状，似有所求；另一位则作神色凝重状，高深莫测地说："你那个文已经收到了，要开会研究才能定。"

思维活跃的大雪目睹此状，心中感慨道："谁说在澡堂里分不出国王和奴隶？谁说人靠衣装佛靠金装？瞧咱的领导干部，在不把自己混同于普通老百姓这个原则问题上，硬是做到了穿不穿衣服一个样。不过当时除了我这个'思想活跃'分子外，在场洗澡的广大干部群众都挺习以为常的，就像在今天晚会上，大家对王石戴面具讲话也没感到有什么不正常一样——少见多怪者仅我而已。"

当晚的晚会不仅序幕别开生面，接下来的节目更为精彩：各位老总和部门经理被召到台前，端坐一排，任凭小姐给扎上土里土气的白羊肚子头巾和大红腰带，上演了一出"万科乡"领导班子大改选。各个总字号人物之中：黄胜全荣任民兵营长，赵晓峰高升妇女主任，陈祖望捞到会计肥缺，丁福源担起计划生育重任，姚牧民当上基建队长，郭兆斌改行做远洋捕捞……当选为新乡长的邱强，醉醺醺地把一大串钥匙交给落选乡长、新任仓库保管员王小二(王石)，语重心长地叮嘱他要接好革命的班。王石则谦虚地表示，今后自己一定要特别注意和领导搞好关系……

接下来还有姚牧民和赵晓峰的双人舞《扎红头绳》，王石、姜一、郑凯南的反串《沙家浜智斗》，刘冀民和高健重叙旧情后以一曲《路边的野花不要采》共勉，香港董事刘元生勇夺怡宝蒸馏水竞饮冠军等，无不妙趣横生，每每高潮迭起。

这一夜，可以说改变了大雪的一生。

"我因为和大家完全陌生而始终旁观，跳迪斯科、交谊舞时也没下场，但内心的巨大欢乐，即使今天回想起来也还激动不已。这份欢乐后来成了我克服初来深圳时梦魇般追随、毒蛇般缠绕着我的孤独感、失落感的重要精神支柱。"

"深夜，我回到空无一人、室徒四壁的东乐花园 38 栋 6A 宿舍，躺在地铺上，听着布心路上货柜车的轰隆声和黑暗中蚊虫的嗡嗡声，久久不能入睡。四周一片漆黑，内心却被一个顿悟照亮：这是一个平等、团结的集体，这是一种自由、创造的生活；这正是我多年的追求；这里，就是我后半生的归宿。"

一起车祸的善后

大雪作为万科人最出名的，就是在中央电视台为纪念改革开放 20 年制作的特别节目《20 年 20 人》中露面了。王石入选了 20 人，拍摄王石那一集，就把大雪和王石冲突的一件事情作为结尾的高潮部分。一共 20 分钟的片子，这一段就占了很大比重，其中大雪在里面又谈了很长时间。后来有朋友开玩笑，说大雪是这部片子里面的第 21 个人。

当时大雪在万科任职工委员会专员，他本来对这个职务一点概念也没有。"（这个职位）好像也不是一个行政职务，在我的感觉里，就是个勤杂人员的感觉，不知道该做什么。后来他们给我介绍了一下，我一听，觉得还可以，公司挺重视这个位置的，那就试试吧。反正我们也不觉得自己是什么特别能干的人，来了就能做财务部经理、人事部经理的。好在对于这个什么专员，谁也没做过，没有规矩，每天就自己想着该做点什么就做什么。"

后来 1998 年北京公司出了件事，这件事情一度让王石有点措手不及。

"北京公司的一个员工半夜喝了酒，把公司的车开出去，车上还带了一个女孩，也是北京公司的。两人出去，结果车撞到树上，两人都死了。后来检测到驾驶者血液里面有酒精，所以裁定是酒醉驾驶，保险公司一分钱也不赔。那个女孩家是北京的，结果家里人就闹到公司来，说女儿死在我们公司，要个说法。公司觉得她也是受害者，于是就赔了他们家 20 万。那个小伙子家是内蒙古的，听说了这件事，也到北京公司来闹，公司就不愿意了——他自己酒后驾驶，给公司造成这么大的损失，还管公司要钱。但是他的父母就在北京租了房子，天天上公司来闹。"

显然，任何公司遇上了这个事情，都不会觉得很愉快，何况还是一个上市公司。

"那一年刚好王石来北京参加一个论坛，老两口又专门跑到论坛现场去，见到王石就跪下要讨个公道，搞得王石很被动。但是王石到底有点化腐朽为神奇的力量。他这个人就是平常不来劲，一有状况出现就兴奋。他当时就对两口子说你们先回去，明天我也去北京公司看看，到时候我们再谈。"

"第二天到了北京公司了解完情况后，王石就专门到了这对夫妇的家，对他们说，这件事公司有公司的规定，不能赔钱，作为董事长也不能开这个先例。但是你们的儿子没了，我也很痛心。这样，我以后供养你们，每个月私人拿出 1 000 块钱给你们。如果万一我在你们前面去了（那两口子的年纪比王石还小），我就让我女儿继续给你们寄钱，保证供养你们到天年。如果你们同意这个办法，我们就这么办；如果不同意，那就只能走法律途径解决了。当时中央电视台的编导李成才一直跟着王石，这些镜头都被他拍了下来。那两口子见王石这样表态，想想没有其他更好的办法也只好同意了。"

虽然事情初步解决了，但是王石勃然大怒的一幕，还在后面。

"后来回到深圳，王石就召集我们开会讨论这个事情，问大家他这样处理怎么样。刚开始大家都不说话，后来一个同事站起来说，董事长，我觉得你这样处理也有不好的地方。王石一听就非常生气，大怒说人家儿子都死了，你们不去安慰人家，还说我这样不好那样不好，那到底怎么样才好呢。当时我也帮着说了几句话，王石就更气了，说我作为专员，没有处理好这件事情，就是我的失职。他说他都去见过人家父母了，我作为专员，有没有去呢。我当时也很委屈，我在深圳，这是北京的事情，没有人安排我去，我就贸然跑到北京去插一脚，又算什么事呢？王石当时是大发雷霆，在会议室里大骂我们，抓住一点，就一直生气下去。虽然没有针对具体人，但是火气确实很大。"

颜雪明也是个直性子，对于王石的发火，他有他自己的应对方式。

据其他同事回忆，王石在近年已经很少在多人场合发火，这一次在办公室会议的勃然大怒，确实是着急了。

"当晚下班回家以后，我就给王石发了个电子邮件。我说在会议室里看到你满脸通红，青筋暴起，实在是有损形象。你觉得你作为公众人物，在大庭广众之下被人纠缠，很没有面子，但是希望你在自己公司的会议室里，也以公众人物的标准来要求自己，注意形象。"

颜雪明这个不卑不亢的发言，起到了作用。

"王石看到以后，第二天写了一封电子邮件向我道歉，说要检讨自己的态度。不过他这个人性格就是这样，一方面为自己的态度道歉，一方面还是坚持认为，自己的处理方法是正确的。这件事就这样过去了，我们都没有再提。"

颜雪明对于这一段事情记忆非常深刻，这也是和他个人的性格有关。他对王石是这样看待的："王石就是这样一个人，有时候很率性而为，有时候又非常理智和克制自己的情绪：有时候理性，有时候感性。"

颜雪明自己反思说："王石这个人的包容性还是很强的。我这人在以前的所有单位，都和领导不合。其实在业务上我对自己很有自信，我相信自己的能力，工作效率和业务态度即使算不上最好，也不比别人差，但是和领导的关系总是一般。我没有刻意去经营人际关系，平常也不注意，说好听一点，就是说话不小心，不知道什么时候就把人得罪了。万科就不一样，和领导没有必要去经营关系，大家就是工作关系。我在万科过了十个春节了，从来没有给领导拜过年，连电话都不打一个，照样很好。万科在现代企业文化的建立、招揽人才方面，的确做得好。"

可以说，如果王石不提起这件事情，万科公司的其他高级职员也不会主动去提这件事情。但有趣的是，在接受中央电视台采访的时候，王石主动把这件事情告诉了李成才，李成才就非常感兴趣。他跟了王石三个月，从深圳、北京、北海到成都，每天拍王石的工作，拍王石跟人谈话，但总觉得还缺点什么。听了这件事情，他就觉得有了兴奋点。后来在《20 年 20 人》这部片子里，王石那一集，就把这件事情作为结尾的高潮部分。

可以想像的是，如果这件事情发生在别人身上，大多数人首先会是回避，其次，最多是和媒体私下说说，绝对不可能像王石那样主动谈起这件事情，还让下属作为事件的另一方侃侃而谈。

无论如何，能把这件事情告诉媒体，而且在难得的 20 分钟专题片中，占去相当多的时间篇幅来谈一件自己不是很愉快的事情，王石真是和一般的企业家大不一样。

一位文化人的万科之旅

刘先生来万科谋职的时间可追溯到 1986 年春。那时身为一名省级话剧团的次要演员，他心里颇不安分。

"老万科 D 先生返乡时与我聊起深圳的情况，极力怂恿我放弃粉墨生涯，到特区试一试苦苦自学来的英文。于是 3 月某日，我身着一套日本旧西服，手提一只国产时款公文包，满怀志向登上南行的列车，开始了人生全新的旅程。"

老刘抵达深圳后，他等待现代科教仪器展销中心人事部通知面谈的那几天可谓度日如年。前途未卜，袋中银两也十分有限，他只好借宿在朋友住地，靠每餐两个面包裹腹。到第五天，终于接到与王石经理等面谈的通知，他强烈地意识到人生新机会将至。为了振作精神，他那天没吃面包，下狠心买了两个蛋糕……

他笑言："上到和平路 50 号国际展览馆三楼，未去预定谈话的会客室，先进了洗手间。镜中的我也还潇洒，笑一笑别人不知深浅。我顺手扯一张厕纸，抹去嘴角残留的糕点屑，转身便去直面命运、随机应变了。"

初次见到王石经理、黄胜全部长和国企公司赵晓峰经理时，老刘才发觉他们原来这么年轻。他们西服的款式和质地与言语谈吐的质量十分协调，略显老成的面容透出智慧、自信、辛劳外加海鲜的滋润。那次见面出乎意料地持续了两个多小时，交谈中不时迸发出欢快的笑声——王的无忌、黄的响亮、赵的低沉而富有节奏。

王石提出的一个问题是："到中心来之后你想做什么？"老刘迫不及待地倾出早已打好的腹稿，又展示出发表过的翻译小作，现在回想起来也觉好笑。最后王石说："我们绝不怀疑你的英文水平，在深圳找一个翻译不难，你来中心应该做更多的事情。"

谈话结束后，老刘兴奋无比，出门来搜尽袋中钞票，除之回去办借调所需的盘缠外，其余在斜对面大排档悉数吃光，还点了早就想好了的凤爪和基围虾……

一年后，老刘穿着沙头角新买的名牌西装，严肃正经地在万科公司大门口宣布一个国际性展览会开幕，刚退下场，人事部长从身后朝他肩上猛拍一掌："你的户口办好了！"他先是一震，接着沉默良久，心情异常平静，心想，无论怎样，这条路都要走下去了。

老刘夫子自道："在万科的这些年里，我经历了人生旅途中最宝贵的里程。如要描述起来，只怕墨水不够。无数兴奋、惊喜交混着沮丧、失意在脑中挥之不去，又刻下了心中的深深印痕。从前在那狭小的舞台上痴迷沉醉的时候，并不知世间还有如此恢宏的歌。万科便是一首歌，它包含着丰富的声部和韵律。当它的指挥、乐队和歌手们表现出默契时，这首歌所产生的共振会传得十分久远。"

1991年8月，由于几个理不清头绪的原因，也由于另外一家艳羡万科企业文化的私人老板的高薪邀请，老刘与王石匆匆告别之后，悄然离开了万科。

王石那天看到他的辞职信时愣了一下，先是挽留，看老刘心意已决，然后在他的辞呈上批写道："尊重刘的个人意愿，请总办组织一次欢送会。"

"我没有应邀赴会，因为不知要说什么，平日随机应变的能力似乎已变得迟钝……"

老刘没有想到，分离的滋味竟然那么难受。

"身在万科门外，自然又有一番新的体验。也许源自万科数载的熏陶，只想唱那首声韵和谐的歌。谁知一张口就跑调，曲目也变得离奇。'外面的世界真精彩，外面的世界真无奈……'更加恼火的是笔者无论走到哪里，人们只认作是万科的人，即使费尽唇舌解释也无济于事，下次见到还是问你万科为何如此这般，令我无言苦笑，感觉像打翻了五味瓶。"

1992年元月某日清晨，一阵电话铃声将老刘惊醒，那一端传来那个温厚的、极熟悉的声音，是王石啊！老刘自述那时的心潮澎湃。

"万科想要你回巢……"王石冲口而出。

"我也想……"中年老刘说得好生温馨。

虽然不是刻意追忆，但留在人生成熟之年的经历实在是太刻骨铭心，让人无法抛却。老刘觉得，那深圳的狂热、北京的荣耀、侨社的欢愉、银湖的热泪都似梦系魂牵，早已融入驿动的心灵。于是，2月某日，他又改道往和平路50号上班，继续品尝万科对面西餐厅那还算正宗的煲仔饭。

回到同一个战壕之后，王石找老刘谈心。刘回忆："（王石）他已经不像六年前那么年轻了。尽管那少年气盛的影子仍然依稀可辨，但额头上刻上了无法掩饰的年轮。"

王石对此事也颇有感触，说："真没想到从前那个意气风发、心情急切的求职者，到现在却会离开万科，我做了认真的反思……"

据说，此事发生之后，王石深感不能让自己培养的员工，仅仅是因为别人每个月多出一两千块钱就被挖了过去。同时，他也觉得要让万科职员多分享公司成长的实惠。因此，万科管理层还专门为此开会讨论，普遍调高了一次工资，使得万科职员总体收入水平在深圳处于中上了。

人才是万科的资本

听完了一些万科典型职员的现身说法，现在是时候听听善于用兵更善于用将的万科掌门人王石怎么说自己的用人之道了。

在万科近30年发展的历史上，有过不少响亮的口号，但影响最大而且流传至今的，莫过于公司于创立之初就提出的"人才是万科的资本"。这一理念深刻地影响了公司的发展。

理想主义的精神魅力

王石后来自己在回顾文章中略显拘谨地写道："1984年，一批满怀事业雄心的年轻人来到深圳，组建了万科，自此开始了创业的征途。他们身上的理想主义色彩，对后来万科的发展影响巨大。与很多企业以物质利益作为调动职员积极性、提高工作绩效的重要手段的做法不同，万科的创业者和以后陆续加入公司的职员更着重强调的是对理想的追求、对事业的奉献。他们非常强调企业的社会责任，非常自觉地把时代精神融入企业行为，力争使企业自身的行为和发展既体现出市场经济的时代特色，又有利于国计民生。"

的确，1984年万科开始搞录像机销售时，就引入了索尼、松下售后服务的方法，分别成立专门机构开展维修服务。后来公司录像机销售业务逐渐缩小，但维修服务一直保持至今。而且公司还将售后服务的概念推广到房地产行业，在国内比较早地介入了物业管理领域。

更让王石津津乐道的是，万科提倡职员跳出金钱、物质享受和短期行为的局限性，自觉追求事业发展的实现感。王石自己认为，多年来，万科公司上下形成了超功利的价值观，具体地说，"在万科历史上，职员超时超量、无偿加班工作而自得其乐已成为普遍现象。"当年，深圳很多公司推行承包制，将经营效果同个人收入直接挂钩，但万科从来不搞承包。对在经营上有出色贡献的职员，公司也不把物质奖励放在第一位。公司强调理念，创造浓郁的文化氛围，在深圳企业中形成了独特的文化氛围和精神特质，并以此来吸引越来越多的志同道合者加入。

尊重个人的选择权和隐私权

"万科的人才理念，核心的表现是尊重人、尊重个性。具体而言，就是尊重人的选择权和隐私权，摆正公司和个人之间的关系。"这是《万科周刊》对万科人才理念的归纳，并认为："作为市场经济的产物，万科在观念体系上体现出了市场经济价值观念的特色。"

对职员的去留，公司从来不设障碍。对新进的员工，公司着重了解他们的个性、能力和潜质，充分尊重职员自己的择业意愿。由于万科能够把公司目标和职员个人的发展目标紧密结合起来，公司和职员都得到了长远发展的动力。

另一个摆正公司与个人关系的内容，就是尊重个人的隐私权，使职员的独立人格得以健康发展。万科的管理层意识到，没有职员健全的独立人格，就没有充满创造力和进取精神的群体活力。因此，万科在公司内倡导一种健康、向上的生活方式，鼓励职员做一个正直和有益于社会的人，但公司领导又不做"父母官"，不干涉职员的私生活，把公事和私事做了严格的区分。未经事先约定并获得同意，公司领导不会随意到职员家里家访，以避免对职员个人生活造成干扰。为了保证职员有相对独立的生活天地，公司有意识地将员工宿舍适当分散，在市内多个不同的住宅区购买职员宿舍，使职员在居住空间上相对分隔。通过这些措施，使职员感到自己的权利和自由受到充分尊重，公司里形成了一种新型的人际关系。

杂交高粱理论与人才组合

优生学原理认为杂交可以形成遗传优势，这个原理应用到企业的人才组合中也很有实际意义。深圳不少企业的人才组合带有明显的地域特征，而万科则从一开始就提倡人才构成的"五湖四海"。"东北虎"的大刀阔斧，陕西人的儒雅深沉，北京人的胸怀宽广，上海人的精打细算，"九头鸟"的足智多谋，潮州人的经营才干，客家人的吃苦耐劳，等等，使万科形成了不同地域和人文背景的多元化人才组合优势。目前，万科的人员队伍，包括了除西藏、青海等少数几个省份的国内其他地区的人才。

万科在吸收毕业生上有一手绝招。万科最中意的是南方生长再到北方上学或者北方生长再到南方上学的学生，认为这种不同地域和文化的汇聚有助于人才素质的优化培养。

说起万科用人的"五湖四海"战略，就得扯上多年前的一次风风火火的"人才攻势"。那是1988年在武汉、西安、深圳开展的三次人才招聘，其中收获最丰厚的就是武汉攻势。武汉地处九省通衢，素来是中南政治、经济、文化的中心城市，在人才资源上是可以与京、沪等地相提并论的。万科在武汉的招聘引起了小小的轰动，让人联想起与"妻送郎、父送子"完全不同的情景，有不少人还是冲破了很多阻力才踏上了南行的列车。

这批"九头鸟"来到万科，主要被分配在工业公司工作。他们对高楼大厦的新奇，对南海之滨风物的欢欣，以及对万科现代化的写字楼的好感，一天天少了，而对生活的不习惯，对工作的不熟悉，则一天天多了，有的人还留恋起长江边上火炉似的武汉三镇。他们下班后常聚在一起谈论公司里的事。后来成了万科地产重要骨干的姚牧民，就是当时这批"九头鸟"的主心骨。他还曾代表"九头鸟"们就一些问题同公司老总们交涉。

在人才的类型上，万科也提倡兼容并蓄。政府官员、大学教授、科技工作者、企业管理人员、推销员、工人、编辑、导演、艺员、大学生、留学生……各行各业、各种类型的人才都汇聚到了万科，使万科的人才结构超过了任何一所大学所能提供的种类。这样的人才组合，对于万科跨地域、综合性业务的发展是非常有帮助的。

举贤避亲与任人唯贤

中国传统上强调"举贤不避亲"，但在万科，始终提倡的是"举贤避亲"。公司老总带头这样做，同时也要求下属遵照执行。为了避免造成裙带关系，公司不提倡夫妇双方同时在万科工作。由于最大限度地削弱了血缘、宗亲关系的影响，因此，在万科公司内部，人际关系相对而言比较简单，为公司的规范化管理创造了一个良好的环境。

与举贤避亲相对应，万科在用人上把任人唯贤做到了比较彻底的地步。万科强调能力主义，以能力、作用、表现作为对职员定级的主要标准，不分年龄、性别、学历和资历。职员进万科前的经历全部被冻结在档案里，以往的成绩和地位只作为定级的参考，更主要考察的是实际工作能力。在这种原则下，出现了一批资历虽浅，但实际工作能力强的年轻的中层管理人员和一批自学成才的经营管理骨干，为公司发展发挥了重要作用。

重视职员的长期培训

万科长期以来一直把职员培训放在十分重要的位置上，经常举办各种各样的培训班以提高员工的业务素质，并培养员工的敬业精神。

立业的根本是树人。重视员工培训，成为万科各级管理人员的一项重要工作。老总亲自带头，言传身教，将开会、交谈、工作交流等方式均视为培训员工的机会，不遗余力地向下属传授经营管理思想和经验。为了更好地培养后备管理人才，公司将一批思想活跃、素质优良的年轻的业务骨干集中起来，成立"管理研讨班"，对公司发展战略和经营管理问题进行经常性探讨，并提出可行性方案供决策层参考。

由于长期以来万科把人才储备和培养工作放在重要位置上，时至今日，万科已经得到良好的回报：在本公司职员队伍中培养出来的管理人员占70％以上。这批人既熟悉公司情况，对公司非常忠诚，又具有良好的素质、较高的业务能力和市场经济的观念，成为公司一支非常重要的力量。

在不断丰富人才理念的同时，万科在人事管理上也越来越多地引进科学化、规范化的手段，使现代化管理思想与公司人才理念有机融合。2003年以来，公司开始将电脑测评和心理量表测评的办法引入人事考核，通过人机对话和量表的方式对管理人员的素质、能力及个性类型进行客观评价。在人事培训中，公司创立了以自我设计、自我培训、自我考核为核心的"3S培训模式"。另外，公司还开始设立"万科人才库"，输入每一位员工的教育经历、工作业绩、管理类型、心理需求、群众威信、业务能力、培训成绩、发展潜力等数据，进行电脑分析，以供公司进行人才选拔之用。各种科学化管理手段的应用对推动万科人事管理水平的提高，起到了积极的作用。

1995年年初，一位万科总部财务部资金组的职员这么说："我是1994年分配来万科总部的五个硕士生之一，总体感觉，公司对我们这批硕士生还挺重视的，不到半年的工夫，都摆上了位置，有事做，并非只从事简单劳动。比起那些同时分配到深圳的同学，我算是幸运的。1995年，我的目标不大，就是在此基础上，把现有工作做得更好。万科公司有一种昂扬向上的气氛以及非常艺术性的经营手法，对于刚走出校门的学生来说，是一个不可多得的再学习的课堂。"

今天，说这番话的王文金已经是万科集团的财务负责人。王石善于用人，能够不断给年轻人机会，这并非空言。

王石的管理者三原则

王石对于下属的工作方式有比较独特的见解。他有一次这样袒露自己的思路："有的人习惯表现自己，有的人不动声色，但后者并不意味着就是踏实肯干的。不同的人会有不同的表达方式，本身并不说明什么问题。观察一个部属的工作态度和能力要观其言，察其行。我的观察方法比较简单：判断你的行政管理能力，去看办公室的卫生间就可以了。设想一下：卫生间都打理不好，其他免谈。一般来说，万科办公间的卫生间还有吸烟室的功能，不讲究怎么行呢？"

有一次在一个论坛上，王石这套理论刚说到这里，北大的张维迎教授在旁边听了就打趣说："那你的部下很容易揣摩你，专门打扫卫生间。"听众们忍俊不禁。

王石也哈哈一笑说："这只是一个例子，说明观察要从细微之处着眼。到工地，不是看样板房，而是看施工队的宿舍，宿舍乱七八糟，施工能保证质量才是怪事呢……"

2003 年以来，王石对于自己的董事长角色界定更加清晰。

"作为管理者来讲，我把握三个原则。第一个，决策，就是事做不做，这是王石来决定的，否则当董事长、总经理就失职。第二个，要谁去做，就是用人的问题。第三个，他一旦做错了，得承担责任，无论他是什么原因做错了，都得承担责任。这是我作为管理者的原则。"一向自信的王石在万科的实践之中也一直是这么做的。总的来说，能够把万科从无到有、从小到大这样做起来，不能不说王石的用人之道确实是成功的。

王石对于他的三原则是这么理解的："很简单，你重用他，他做错了，他已经诚惶诚恐了。你可以有两种态度：他辜负了我的信任，我信任他，他把事情做砸了。这是一种态度，但不是我的态度。我的态度是他做错了，不是他的责任，而是我的责任。因为首先他不适合做的事情，我信任他让他去做，这是我用人的问题，责任在于我，而不在于他。总有人问我，性格和事业有什么关系，我觉得，关系不是很大。你脾气好一点，脾气不好一点，都问题不大。但是如果你不善于沟通，是会很吃亏的。更重要的是，在事业上首先要能干，这是非常重要的。"

万科的用人策略也是逐步变化的，招募人才的渠道前后也很不一样。

王石自己总结："1999 年以前，万科综合性地招收人员，我个人喜欢用北大毕业生。目前，万科作为专业的房地产公司，重点是招收房地产方面的人才，主要从清华、同济、哈工大、东南大、西安冶金、重庆建筑、天大等八所建筑类重点院校招收人才。此外，公司也积极吸收外部专业人才。根据万科的发展，今后不仅仅需要房地产专业人才，也需要各种综合性的人才，例如MBA 及其他各类管理人才。"事实上，从学校进入万科的毕业生，经过一两年的锻炼，普遍能找到合适的位置并发挥作用。王石曾形象地说，万科要吸收一些没经过社会污染的毕业生，与其让社会来"污染"，还不如我们来"污染"他们。

对于未来的万科用人之道，王石认为："如果说 20 世纪 90 年代万科以索尼、新宏基为学习的榜样，那么新的世纪，从 2003 年开始，万科在经营管理方面追求的目标就是西点模式。所谓西点模式，简单来说就是斯巴达（严格治理军队）＋雅典（艺术、灵活）：严格纪律下的艺术。万科一直强调企业文化、人文情怀，但缺少像斯巴达那样的东西。"

2001 年，曾经有媒体当面对王石提出挑战性的问题：每年离开万科的人多吗？如果一个企业的管理者不能给优秀的人才提供一个发挥的舞台，不能得到相应的提拔，而导致大批优秀员工离他而去，您认为管理者应承担什么样的责任？

事实上，这个问题的潜台词就是，印象之中，万科历年这么多员工离开，王石你是不是没有做好呢？你是否应对此负责？

王石的回答不算巧妙，但是很真实，他说："2000 年万科的发展整体上是不错的，但在总结一年的得失时，我们发现中层管理干部的流失率偏高。基于这样的认识，我们提出了三个善待：善待股东、善待客户、善待职员。因此，2001 年万科对外签订的第一个顾问合同就是制定新的薪酬管理制度，创造更好的环境，使职员能够安心地长期在万科服务。"

后来，万科集团人力资源部经过多月的调研和谈判，最终选择了美国的翰威特顾问公司。双方拟定的合作项目为：薪酬状况评估并提出改进建议；绩效管理方案设计并培训内部培训师；期权方案的评估、设计。

上述项目的顺利实施，帮助万科提升了管理水平，保持和提高公司对人才的吸引力，有助于万科建设阳光照亮的体制。所有这些既是职员所广泛关注的，也是管理上的现实要求。

2001 年 3 月底，万科完成了薪酬评估工作，5 月底完成期权计划和绩效管理的方案设计，绩效管理从该年 6 月起在集团内进行培训和推广。直接的结果是，很多万科的职员获得了加薪。当然，更多的是明确了更清晰的职业发展层次，简单来说就是有了奔头。

而万科的用人标准，按照王石的归纳，就是不问出身来历，只要是德才兼备的人才，能够适应万科的企业文化，在万科就可以获得很好的发展。

当然，王石也有喜欢用的手下的标准，他归纳为以下几点：才华横溢，有独立见解，勇于承担责任。王石还常常强调，他用人重学历，而且重是哪个大学的，因为教育是很重要的。名校生首先经历过竞争，相对于其他人来说，已经被优选过一遍。

万科作为一个面向全国发展的公司，常常面临一个人力资源调整分配的问题。那些职员（如深圳的）去外地工作，由于家庭关系，也会有员工不情愿，万科一般怎么办？

根据他的经验，王石说，现在的问题常常是深圳的职员热情洋溢地争着申请到新的公司去，因为这样能获得更大的发展空间。但如果因为家庭关系，职员不愿去的，我们将充分尊重职员的选择。

用制度保障职员

在王石的用人思想形成过程之中，一次部门职员集体贪污事件对他刺激很大。

1995年，还是在宏观调控期间，万科上海公司项目工程部从经理到下面的工程人员、工程师，四个人集体受贿，被检察院传讯。这事当时给王石的刺激非常大。案发之后，王石迅速飞到上海，给上海公司的职员讲了他自己的态度："我说一个企业经营有赚钱也有亏损，一个项目失败了，亏损一千万、两千万，你可以推倒重来，可以做下个项目把它赚回来。但如果企业由于管理上的失误，造成企业职员犯罪，这是终身的损失，不仅仅影响到一个人，而且影响到整个家庭，这个损失是无法弥补回来的。因此，以后万科公司宁可一个亿、两个亿的钱不赚，我们也不要犯管理上的失误，给职员造成犯罪的可能。"

那么，如何做到用制度保护职员，不要让他们有机会犯错呢？王石想了很多，也逐步实施起来。原来万科在项目论证方面是没有人事部门参加的，主要就是市场分析，包括财务人员分析财务资金能不能支撑上去，营销人员论证市场回报率符合不符合。这个事件之后，万科专门确定了人事部门参加项目论证的原则，也就是说人事部门有最后的一票否决权。"它一旦认为这个项目虽然可以赢利，但是人力资源的管理上不去，可能造成人事管理失控的话，这个项目一定是要否决掉的。"王石在很多场合都提到过他此后亡羊补牢的措施。

当然，还有一个问题也是外界常常关心的，就是王石在万科的角色是否太重要了，重要到决定万科的生死存亡的程度。有媒体曾经不无担心地问这位强势企业的一把手："对不同意见你怎么看？"

王石的回答是："首先必须承认人人都喜欢听奉承话，包括我。其实一个企业里问题不在这里，关键在于用人原则。万科的用人原则是'万科化'的——专业化、规范化、透明度、效率化。现在是信息社会。信息管理是平行的，大家获取信息的机会同等，因此必须有透明度。"

在透明度方面，王石也有自己一套独特的沟通方式。他首先澄清了一个外界流行的误解。

"为什么办《万科周刊》？别人都说王石如何重视文化，其实不是这么回事。《万科周刊》其实就是内部刊物，目的是信息沟通，让不同的声音在这里得以听见。"他很清楚《万科周刊》的作用，职员有意见想说的时候，可以直接投书《万科周刊》，"不用担心自己的领导怎么看，一篇稿子、一个化名就解决了；我有什么意思，也可以在《万科周刊》上登一登，不用担心下面的人是否传达"。

对于自己和万科的关系，王石是这样分析的："由于1988年万科的股份制改造之后股权极度分散，造成我在万科董事会的决策上有举足轻重的地位。但2000年万科主动引进大股东华润集团之后，股权分散的状况将过渡到一家独大的局面，我的权力会受到限制。我愿意接受限制。唯此，才能获得资本市场的认同。"

他解释，现代企业的特征在于制度化，个人的意志在制度前显得微不足道。万科股份制改造已经十几年了，形成了制度面前人人平等的氛围，即使是王石也不例外。他自己举例说："比如，在赋予职委会专员的权利上，我同人事部门有不同的意见，人事部门没有因为我的不同意见放弃自己的主张，而是引用国家的有关劳动佣工政策据理力争，最终否定了我的意见，制度万岁！"

王石还有数据证明他自己的观点："1999年我主动辞去总经理的职务不是个人的行为，而是万科第一代管理层向第二代过渡的前奏。在辞去总经理职务之前，万科高层行政班子的平均年龄是43岁。经过1999年、2000年两年的有序调整，到2001年，万科管理层的平均年龄下降到33.5岁。1983年，我到深圳已经是33岁；18年之后，万科高层的平均年龄将降低到33.5岁。"

这些意味着什么？王石的回答是："意味着万科是万科人的，是万科年轻人的。"

在制度完善方面，一向喜欢"洋玩意"的王石却采取了很务实的态度。

"我们不能把国有企业全盘否定。大型国有企业在管理上有许多值得学习的地方：一是管理干部的素质高，二是有一套行之有效的规章制度。中国的大型国有企业如此，外国的大公司也是如此。"

万科经营了十几年，做过各种尝试，不少万科管理人也到国外考察过。王石说："后来我发现国企的方法和松下、索尼的方法差不多，都是行之有效的，拿来就行，没有必要再去摸着石头过河。我们的一些新兴企业总想另起炉灶，我说你别忙，我们万科也曾经这样想，但有教训。比如重奖重罚，1992年房子很好卖，傻瓜都可以卖。你是不是要重奖傻瓜？到了1995年、1996年市场不好，专业营销人员很辛苦，加班加点也卖不掉几套房子，难道你要重罚他？"

王石用万科自身生动的例子说明了这个听起来有点拗口的道理。

现代企业经营离不开外部环境，如果不考虑这个因素，只靠重奖重罚是行不通的。即便在市场风险恒定的情况下，要自行建立一套奖罚标准，所需的管理成本也很大，不一定合算。因此万科就把国有企业那套等级制照搬了过来。"要说抓管理，我看只要挖几个有经验的国有企业人员过来，照他的办法做就行了，非常简单有效。你要说现在搞年薪制，一年几十万，那个成本太高。"

一位网名为"郭博士"的证券公司研究人员在万科业绩路演之中提问："请问在中国目前的资本市场环境下，万科推行高层股票期权会真正在制度上迫使高层为股东价值最大化和持续化（后者更重要）做出中长期的努力吗？对此我很怀疑。"

而且他也再问王石："在万科目前的股权结构下，王总自身的定位是职业经理人。根据万科公开披露的信息，王总持有区区139 559股股票，年度薪酬也仅有52.88万元。请问王总，是什么支撑您十余年为万科努力？您的接班人（比如郁总）时代又拿什么来奉献呢？也就是说，王总有什么制度性的安排（除了期权外，因为stock option在中国行不通）？"

王石的回答很坦白，但是也有一些无奈，他说："能有一个机制将管理层利益与股东利益结合起来总比没有好。过去，支持万科发展的更多的是理想。今后，支持万科发展的应该是理想之下的制度。"

有人很好奇地追问："万科是如何杜绝贪污和浪费、降低成本和提高效率的？"郁亮很严谨地回应："万科一直提倡透明度的原则。在员工手册中，关于职务行为有严格的规定。我们另外还有审计法务部，定期和不定期进行审计和稽查。这是我们杜绝贪污和浪费的主要手段。为完善万科的激励机制，万科一直想争取期权计划的试点。希望能够有一个机制，将管理层利益和股东利益结合在一起。"

又有人问："贵公司如何避免内部少数员工腐败的现象？据说，数年前负责上海万科的几个老总都成了阶下囚。如何防止转债投资者的钱变成了少数企业高管的灰色收入？"

王石这一次的回应则很坚决："九年前，上海万科工程部曾出现过贪污问题。这是万科发展过程中的一个重大教训，万科一直引以为戒。目前，万科管理严密，监控有效，应该不会再出现此类严重问题。"出身军队、抡过大锤又经常出洋琢磨外国事物的王石，在管理问题上摸索出来了一条中西结合的实用路子。

13

王石的朋友们和子弟兵

有人说中国没有企业家，王石的意见却大不一样，他会大声地叫出来说："有，当然有！"

他分析："在中国，20世纪80年代出现了很多创业家，包括我在内。我给我自己的界定首先是创业家，当然创业后要发展下去，就需要企业家来打理企业。企业家和创业家的区别在于，创业家需要创和闯。不按规律办事，打破常规，敢于下海，敢于第一个吃螃蟹，所以叫创业。"

"在创业之后，尤其在中国这种不完全规范的情况下创业之后，如何发展下去，这个转变非常难。而且可以这么讲，创业家很难由别人来代替打理由他创下的事业。这个角色的转变必须自己完成，如果完成不了，这个企业就比较危险。为什么？因为自己创下的企业个性色彩非常强，如果请一个成熟的企业家进门，别人自有规范，很难互相适应，不像美国的企业，管理的规则、人际关系都是一致的，创业家完成转变后，可以把企业交出去，这在中国绝对不行。"

万科职员称王石为"校长"，一些企业家遇到困惑也都愿意来向他讨教，甚至有传媒把他称作"万科领袖"。王石自己却说，他什么校长、领袖，都谈不上。他说："万科作为一个新兴企业，只不过经营时间长一些。相对于改革开放以来的其他新兴企业，走的路长一些，跌的跤多一些，弯路也多一些，我不希望后来者重走我们的弯路。一个企业在发展中的经验教训，如果能让更多人汲取的话，那么要比它生产的商品还要有价值，整个社会的财富因此可以减少些损失。"

铁杆冯仑

在王石的同行之中，平时和王石走得最近、来往最密切的是冯仑。当王石去北京，去国外旅行时，冯仑只要有机会，总会一起聚聚。没有什么户外运动经验的冯仑，就是在王石的鼓动下，咬着牙一起在日本登顶富士山。

万科成立于 1984 年，万通成立于 20 世纪 90 年代初，时间上万科早了七年。王石笑言，万科经历的酸甜苦辣多一些，对万通有借鉴。而 20 世纪 80 年代的新型企业有个通病，那就是多元化，万科也不例外，只是到了 1992 年万科才开始确定走多元化的道路。有意思的是，20 世纪 90 年代诞生的新型企业仍然热衷于多元化。王石说自己作为过来人，鼓吹专业化。冯仑在万通的战略决策上，参考过王石的一些意见。至于冯仑在中央电视台的节目上，表示很感激王石，称他当初没有在商业上失败，是因为有王石指导，有"大人牵着小孩的手"，这可是大大给王石增光了。王石则说这只是冯先生谦虚的比喻。平时，

冯仑和王石

王石和冯仑是朋友，万科与万通是互相借鉴、互相学习的两家企业。

2003 年初，冯仑写了一篇《学习万科好榜样》，写得很动情，着实肯定了万科的很多东西。

刘氏兄弟

王石跟刘永好、刘永行兄弟两人都是很好的朋友，而且因某种原因他和他们还有一段缘分。王石 1993 年到深圳是做饲料的，扛玉米。后来王石对刘永好、刘永行兄弟都说过，如果当时他心态不那么浮躁，如果不是对中国的饲料行业做了错误的判断，那么现在中国的"饲料大王"不是你们兄弟俩，应该是万科王石。

当然这都只是"如果"。就当时做饲料来讲，王石是赚了第一桶金，之后他就转行搞所谓的科技产品，搞录像机，搞电子仪器设备去了。王石自己也说，第一，当时认为饲料行业赚钱太辛苦，心态比较浮躁；第二，他之所以转行，是认为这饲料行业在中国没前途。他那时候觉得，中国的"小农经济"一直很强，"小农社会"之下，养鸡养牛都是糠糠皮皮，都是这些东西，饲料行业怎么能成为一个大行业呢？因此王石 1993 年做饲料，1994 年的时候就改行了。而刘永好、刘永行兄弟，是养鹌鹑、卖鹌鹑蛋出身的。虽然他们 1988 年才进入饲料行业，比王石晚得多，但是后来居上，一样把生意做得很大。

说到刘永好，王石觉得他是非常善于审时度势，包括他对饲料行业的把握，在王石不看好的行业之中拼杀出来。他能够看好这个行业，而且坚持做到最后，成了中国饲料行业的老大。王石还很欣赏的是，刘永好在饲料行业处于饱和的情况下，能够迅速转行。也转入了房地产业。由 1988 年进入饲料行业，到 1997 年就开始转行。实际上他转行进入房地产业的时间还不是很长，但是根据他的上市公司的财务信息，来自房地产的利润已经超过饲料行业，因此在转行方面刘永好也是非常成功的。

当然，刘永好也有王石看不懂的时候，例如为什么他不停地收购奶厂。

一天晚上吃饭时，王石想起这个事情，问刘永好，你为什么现在对乳业这

1997年刘永好来访王石

么感兴趣，为什么大规模地收购奶厂。王石告诉我，刘当时的回答就特别妙。刘说，你想一想，现在哪个行业国有企业还没有退出，哪个行业就肯定是暴利行业。现在，国有奶厂的负担是很重的，他们有很多困难职工，但他们仍然在赚钱！这说明这个行业是比较容易赚钱的。王石跟他开玩笑，说你旗下的奶厂里有奶牛 800 万头，林冲当年是 20 万禁军教头，你刘永好是 800 万奶牛的头领啊。

有一个问题是王石自己经常考虑的，就是为什么国有奶厂能够维持，刘永好还可以不断地收购。他的结论是，从公司结构上来说，起码一个处于退势，一个处于攻势。也就是说，刘永好所代表的公司在治理结构上显然是占有优势的。现在大家谈到公司的治理结构，有一个问题十分重要，就是你的目标是什么。你的目标不明确，你以后的一切都有可能步入误区。比如说一个夫妻店，它不需要独立董事，也不需要选什么 CEO。决策是夫妇两个人的事，要开董事会两个人开就是了。如果是这么一个目标，你什么都不需要。

良师益友刘元生

年近六旬的刘元生是仁达国际（香港）有限公司董事长。一度持有超过2 000万股万科股票的刘先生也是万科的第一大个人股东。作为万科公司发起股东之一，他1988年出任公司董事，曾任公司常务董事。

我和万科相识的这几年，只是在每年的股东大会上见过这位被大家称作"王石老朋友"的中年人，没有机会直接对话。

王石回忆，1980年他应邀出席一场音乐会，广州乐团同一位香港小提琴演奏家合作演奏小提琴协奏曲《梁祝》，刘先生就是这位演奏家。刘先生从小接受小提琴训练，14岁曾获去英国深造音乐的皇家奖学金，但经商的父亲反对，理由是：拉小提琴能挣钱吗？

"要不是爸爸反对，我会成为职业音乐家。"刘先生事后感慨良多。

25年前，香港交响乐团还不是专业乐团时，刘先生曾任首席小提琴手。生意上，刘也是把好手，除在一家美资企业任远东高级采购经理外，还管理着家族和自己的两摊业务。

"1983年，我到深圳下海，两眼一抹黑，生意上一窍不通，多亏了有像刘先生这样的香港朋友帮忙才慢慢弄懂了生意上的门道，朋友又成了生意上的伙伴。"

王石对刘元生的评价很高。

"1988年万科股份制改造，向社会公开发行面值一元一股的股票2 800万股。当时的内地市场对股票还不接受，发行很困难。刘先生一人认购了400多万港元。他告诉我：'我对国内能否建立证券市场没有兴趣，既然你王石是在搞改革实验，就支持。'类似刘先生这样态度的还有好几位香港商人，一共认购了1 000万港元。如果没有这些香港商人的鼎力相助，募集资金的计划就会泡汤。一般内地人的印象中，港商比较实际，唯利是图，但我所接触的港商是蛮有人情味的。"

不过，在万科上市第十年的1998年，这位很少在万科公司出现的刘先生终于破天荒地谈了他和王石那些激情燃烧岁月的片段。

"我与王石早在 20 世纪 80 年代初就认识了。但是有业务来往是 1984 年，那时候王石做贸易，做录像器材生意，我给他供货。"

"那几年，王石经常来香港，和其他从内地来的人不一样，他从不要求去观光，而是要我带他去书店，买了很多企业管理和财务方面的书籍……我感觉他是个有抱负的人。"

作为一个颇为成功的香港商人，刘先生观察人的眼光无疑是一流的。

刘元生说，他的朋友有三种，一种是生意上的朋友，一种是交际场上的朋友，还有一种是真正能够谈心的朋友。在他心目中，王石属于后者。

"那时王石管理的深圳现代科教仪器公司只是特发集团下属的一个小公司，但是我们经常在一起聊的是怎么把公司做大，怎么做成一番事业。我也向他介绍了香港上市公司的运作，两人谈得非常投缘。王石对新事物的强烈兴趣，在那时就给了我深刻的印象。"

在我所知道的王石的朋友之中，像刘元生这样的角色的确很少，他无疑是一位曾经教过王石不少东西的长者，一位把王石当真正朋友的商人。

仁达与万科的合作始于 1984 年。当时，仁达负责向万科供应松下影视设备。1986 年万科提出股份制改造的设想，刘元生予以积极支持。当时国内对股份制和上市的操作毫无经验，仁达搜集了很多香港上市公司的年报、章程等材料送给万科，协助其寻找发起股东。万科首次发行股票，仁达共认购了 360 万股，占当时万科股本总额的 8.7%。

在往后的几年间，仁达除了作为万科的董事单位之外，在业务上也有许多合作机会，如合资投资彩视等。1992 年以来万科大规模开展股权投资业务，仁达也积极参与，至今投资企业将近 10 家，此外还参与了万科在青岛、天津、北海、沈阳等地的房地产投资。

或者，王石一生认识的商人太多。大多数时候，是他神采飞扬地教育别人。不过，像刘元生那样在他最需要的时候支持过他的人，王石一直尊重有加，这也是情理中的事。

"王石想搞股份制的时候，我很鼓励他，希望他能尽快迈出这一步。1988 年万科向社会公开发行股票时，本来一些外商答应买，但到了交款时，就打起了退堂鼓。王石这时打电话过来了：'你吃下行不行？'我说：'行'。就买了

360万股，当时是400多万港币，这在当时对我来说也是个不小的数字。"

刘元生说得很坦白，对于一个香港商人来说，他尽力用自己的400多万港元来表达对决心规范化的王石的支持，这一点足以说明两人之间确实是难得的知己良朋。

"当时的想法是希望能助王石一臂之力，也没想到过会赚钱。也不能说是有没有什么远见。要说有远见的话，就是我对王石这个人有信心。"

"后来股市不好，别人都说我傻，瞎投，这下全泡汤了。时间能证明很多事情，十年以后再来看，我很高兴。"

刘元生是个想做一些事情的人，而万科，确切地说是王石，在他看来，是他心目中的一个理想的合作伙伴。

"1991年以后股市大涨，我也卖了一点，用卖股票的钱跟万科做合资项目，包括天津的万兴，还有鞍山、北海、青岛等地的项目。"当然，做生意不一定都能成功，刘元生和万科合作的时候，正是万科跌跌撞撞摸索着成长之路的时候，因此"最初的几个项目，由于当时在整个中国经济大环境下有些过热，不能说很成功。天津的万兴经过几年，郭钧在艰难的情况下接手，能做出今天这样的成绩，非常难得"。

对于生意得失，刘元生还是很看得开的。

"人不能总是顺境，有时经历一些挫折，并不一定是坏事。"

不经意间这么多年过去了，万科已经从一个小贸易行发展成一家颇具规模的专业地产公司，深圳也从一个边境小镇演变成700万人口的现代都市。刘先生自己的兴趣已转移到社会公益活动方面。2002年，刘先生还时常要参加慈善音乐会演出，为内地山区失学儿童筹措助学金。

作为境外第一批投资内地股市的个人股东，对内地的证券市场，刘元生的感情是很复杂的。

"中国内地的证券市场在刚开始的时候，准备不是很充分，当然它也有个逐步完善的过程。但现在看来，还有一些不足之处。我有超过1 000万股的万科股票，当年买的时候是流通的。1993年，有很大一部分法人股被冻结了，把我的也划作法人股给冻结了。当时我觉得这种冻结是暂时的，没想到今天还没有解冻。很多做法到今天还不正规，一方面法人股冻结，另一方面又不断有新的公司上市。"

不过，作为一个生意人，刘元生很少去过多地评价政策。

作为王石一个如此关系紧密的朋友，他会说得更加真实坦白："最近我经常提醒王石，不要经常去干一些危险的事。爬山还嫌不刺激，又去玩什么滑翔，要挂树上怎么办？我总是劝他。"1998年，刘元生的看法是："虽然他个人总说，要把万科做成王石在不在都一个样，但他这个人，至少今天看来，对整个公司的影响太大了。"

2003年5月，刘元生也发电祝贺王石登顶。而他们私下见面的时候，刘元生还会劝阻王石不要从事太危险的运动。

而在这场万科保卫战中，作为王石最坚定的盟友，刘元生也出手了。2016年7月初，他向监管层发出举报信，抛出五点疑问，直指华润宝能是否为一致行动人、是否存在内幕交易损害股民利益、宝能系资金来源、华润是否涉及向民企输送利益，造成国有资产流失等核心问题。而相关文章在网络出现后，华润集团发言人很快就此事向媒体公开发表授权声明，表示该举报信中的揣测、臆断及造谣中伤已构成对华润声誉的负面影响。华润将对刘元生采取法律行动，追究法律责任。

出于对王石管理团队的信任，以及长期投资的理念，现年73岁的刘元生已经持有万科股份长达28年，穿越若干牛熊周期。1988年，刘元生花360万元购买了万科原始股。《21世纪经济报道》披露，刘元生目前持股超过1%。以万科2015年6月27日的市值2697亿计算，其财富至少已经增值到27亿。从2015年万科公布第三季度财报开始，刘元生才退出万科的十大股东名列。

2015年6月27日刘元生现身股东大会时，则不愿多说。

我虽然与万科交往22年，但是也知晓刘元生行事低调，不仅很少参加万科股东大会，而且在与万科有关的场合出现时，也都寡言少语。当天，出席会议的他坐在会场右后方，王石左前方的一个角落里。他和王石远隔着6排人，而且前方视线还挡着一根斜柱。

远远遥望王石的刘元生，在整场会议中，从未发言提问过。有媒体感叹："时过境迁，当年与王石共同打江山的创业者，如今多数已身影模糊，而七旬老人刘元生依然坚守着万科。"

学习蒙民伟

众所周知，在合作过的公司之中，王石很欣赏索尼。而对于香港的信兴机构，王石也一样视之为学习的榜样。

1953年，蒙民伟先生与松下幸之助双手一握，仅凭君子协定，没有一纸合同，就展开了一段长达数十年的合作。松下老人已于1992年撒手西归，蒙先生也已由当年的黑发青年变得鬓发渐白，但两家公司一如既往地合作，这成为一段商界佳话。

20世纪50—90年代，正是香港经济迅速走向繁荣的年代，机会纷呈，大小富豪接踵而起。而信兴作为松下电器的港澳地区总代理，40年来孜孜不倦地致力于松下电子产品的推广，时至今日，已发展成一家拥有2 000多名员工、年营业额超过100亿元的大型企业。王石多次提到："经得起暴利行业的诱惑，矢志不移地把一项业务做精做好，并把一个机构庞大的企业管理得井井有条，这是信兴机构在香港这个多变的商业社会所创造的奇迹。长期的专业化发展，使信兴形成了一套完善的管理制度，积累了丰富的管理经验，培养出了一大批管理人才。"这也是王石很佩服蒙民伟老先生的原因。

在香港坐过地铁的人都知道，只要你识字，进入香港的地铁系统之后你绝对不会迷路，因为墙壁和指示牌上的文字和图示已经把所有你需要了解的资料都描绘得清清楚楚，一看就明白。这种非常规范的信息系统，在信兴机构也同样存在。这是万科职员到信兴公司走访后获得的最深的体会。

到达信兴后，每个来访者都得到了厚厚的一沓介绍信兴机构的各种资料。在以后几天的走访中，信兴的每个附属机构都有一套有关自身的完整介绍，让客人对该机构的状况一目了然。同时万科人也注意到，每家成员公司办公室的墙壁上都挂着信兴机构统一的企业宗旨，让人产生一种非常一致的感觉。等到再翻阅信兴的《雇员手册》时，万科人就禁不住感慨了：在这里，什么事都有规矩，什么规矩都有条文，什么条文都明确而可行。这样的公司要出点管理漏洞，可真不是那么容易！

信兴机构的品质政策中有这么一句话："优秀的人才是使顾客满意的最主要因素，我们将通过有系统的培训计划来提高员工的能力达到上述目的。"这句话反映出信兴对人员培训工作的理解，也是信兴重视人员培训的理论基础。后来王石大力抓员工培训，也受到了这方面的启发。

信兴不但设立专门机构——培训发展部专职开展培训工作，而且在位于葵涌的信兴大楼留出大量空间作为培训教室，并添置先进的培训器材，这在寸土寸金的香港并不多见。除硬件投资之外，信兴每年用于日常培训工作的费用达到港币七位数字。

对于信兴的这一切经验，日后万科在内部建设上，都借鉴了很多。

郁亮：顺利接班，面临严峻考验

2001 年年初，《21 世纪经济报道》刚刚创刊不久，副主编也就是后来《21世纪环球报道》的主编李戎专门找我，说王石和他的子弟兵很有意思，想叫我写一个版的文章。当时我还在《三联生活周刊》负责经济部，听了他的这个构思，苦笑着说，真要让我写，要说清楚，那得是半本书的事情。李戎想了一下，也觉得我说得有道理，于是也苦笑一下，自己让一个记者去跑了，后来出了一篇比较简单的万科经理人，大概说了一下几个现在还在万科的管理人的故事。

一直以来，在大家印象中，万科都是地产界的黄埔军校。而执笔写作本文的时候，我详细点算了一下，曾经是王石麾下的，现在活跃在地产业的，几乎就有上百人之多，其中担任各类大中型地产公司总经理正职的，已经是两位数字了。而除了地产业之外，在百货零售业、广告业和精品制造业，万科"出品"的王石旧部，在江湖上有名堂能够独当一面的，也有数十人。从培养人才这个角度来说，王石几乎是内地企业家中成就最大的。在 32 年的万科生涯之中，他能够发掘出一百多名颇有作为的企业管理者，即使其中不少成为他和万科的竞争对手，但是他在刀光剑影的商场激战之后，闲暇时候想起这些曾经和他朝夕相处的后辈们的今日成就，很可能也会欣慰地一笑。

在万科近 30 年的历史当中，人们常常听到的是王石这些公司的第一代创

迎董事长平安归来
——因为您，万科达到了新的高度

万科2004年管理层合照

始人倒卖鸡饲料白手起家的创业故事，以及登山、飞伞这一类惊险刺激的个人传奇。相比之下，郁亮他们在万科走的是一条典型的、平稳的职业经理成长之路。没有故事，这就是第二代成熟的职业经理和第一代企业创始人之间的最大区别。

目前中国的新兴企业都面临一个转折点：以个人英雄主义为特征的第一代开始向以规范化为特征的第二代交班。

以郁亮为代表的万科新生代，都是在20世纪90年代初进入万科的，都是万科自己培养的新一代职业经理。

在新生代浮出水面的背后，是万科已经形成一套比较完整的职业经理培养体系。

郁亮接班，首先是一个最为正常不过的故事。

因为比起其他大多数大公司的接班故事来说，他的"储君"位置早就明确，整个交班期也波澜不兴顺利过渡。

早在1999年，王石辞任万科集团总经理而专任董事长的当天，在确定原来的常务副总经理姚牧民出任万科集团总经理之后，第二件事就是宣布万科的董事会秘书、财务顾问有限公司总经理郁亮担任万科常务副总经理兼财务负责人。这种安排其实已经表明了郁亮是下一任总经理的人选。当天，我就在万科集团位于水贝二路的老总部见证了这一幕。与王石年纪相差几岁的姚牧民在就职演说上表现得非常低调。他表示作为万科的老兵，坚决按照董事长的指示。

2001年，过渡性的姚牧民因为移民离职之后，郁亮顺势出任公司总经理。与1999年不一样的是，关于这次接班，媒体等外界的各种声音相当沉寂，可谓无声无息，郁亮就就职了第三任第二代的万科集团总经理。万科交班之所以没有引起太大的关注，主要是因为那时候房地产业方兴未艾，还没有进入主升浪，万科还没有出现井喷一样的业绩增长，对房地产以及社会的影响力都还有限。而此时的郁亮则是水波不兴，除了每年两次的业绩推广会议，几乎就没有面对媒体。在内部的会议之中，郁亮的角色迅速到位。那时候正值万科开始提速，全国各个城市铺开业务，各种拿地的具体研究与决策则是郁亮在负责。王石在自传之中就提到，在这个阶段，他也有个适应的过程。因为总经理办公会议已经由郁亮主持与决策。王石不仅不需要参加，而且最后几亿元买地的决定

郁亮正式走向前台接受记者采访　后为王石

也是以郁亮为主的一群高管拍板的。

而郁亮在外界的首次亮相是在 2004 年，万科集团在北京的中国大饭店举办公司 20 周年庆祝活动。在会上，王石郑重提醒与会人士，有关万科的业务问题请询问万科现任总经理郁亮。其后，有关各种相关的论坛活动以及企业专访，他都建议来者"去找郁亮"。作为北京大学的高材生，在没有接任总经理之前与之后，郁亮的对外风格一直是不愠不火，与王石的激情四射形成鲜明对比。那时候接受包括我在内的记者采访时，郁亮都会事先拿到采访提纲，然后四平八稳地回答，一二三四，条理清楚。

郁亮接班，同时又是一个看起来好热闹的故事。

王石与郁亮的关系，之所以一直是媒体以及网络上的热点，主要有三个原因。其一是王石突出的个人风格，成为社会焦点，自然关注度高。他交班的事情，即使没有大问题，小问题也会被放大。其二是万科的体量日渐扩大，成为房地产行业的龙头公司。万科牵涉上下游多个行业数以百计的合作方和十几万业主，因此王石与郁亮之间，哪怕是表述上有些微出入，都会引来各种猜想。其三则在于房地产是一个噪声泛滥的行业。从业人员无论是老板还是职业经理人，无论是做房地产广告的还是买房租商铺的，都习惯了大声发言，大嚷大叫。久而久之，这个行业发生的事情也会被迅速乃至无厘头地放大。

在我看来，王石与郁亮之间最贴切的描述就是师徒关系。与一生只在一家公司（万科以及万科前身的特发下属部门）的王石相比，郁亮在其服务的第二家公司——万科的时间也已超过 24 年。郁亮在万科得到机会历练，由普通的总经理办公室职员到财务顾问公司主管再到公司董事会秘书、常务副总经理到总经理，其职业生涯的成长阶段大放光彩，这些都是在万科这个舞台上实现的。这里也有王石不断耳提面命的因素。事实上，即使到现在，王石也习惯指点各界年轻后辈，当年对于万科的第二代高管都有很多指导与安排。而其中郁亮可谓深得王石真传，实际业务把控能力已经得到证明。当然，作为中国第一代企业家之中的超级明星，言行与众不同的王石在企业理念上，继续保持对万科强大的影响力，这又是郁亮等第二代企业家暂时难以代替的。

最关键的是，郁亮接班是一个到目前为止相当成功的企业接班故事。说成功，首先因为万科在郁亮年代，业绩上有长足增长，13 年增长了近 40 倍。其次，郁亮自身也逐步走向前台，被公众认可，是企业家之中的佼佼者。最后，万科较为正面的公众形象，在郁亮年代也一直能够维持与有所加强。这相比其他中国企业的交班案例都更有说服力。

例如，在"《财富》2012 中国最具影响力的 50 位商界领袖排行榜"上，紧随任正非、柳传志和张瑞敏三名第一代企业家之后，郁亮排名第四……这样的排列也是心高气傲的王石非常乐于见到的。事实上，郁亮顺利接班，是王石在不同场合含蓄地提到的自己的一种成就。例如，王石会经常说一句听起来有点拗口的名言——"我选择接班人的最大经验就是不培养接班人。"可以这么说，目力所及，在接班后一帆风顺的中国大公司中，郁亮这个案例是稳居前三名的。毕竟，虽然联想现在营业规模更大，但是退休了的柳传志也有过迫不得已的时候，要复出重新帮杨元庆一把。

当然，郁亮接班后的业绩用数据来说明更加清晰。

万科的营业收入，由郁亮接班的 2002 年不足 46 亿元，一直到 2014 年的超过 1 800 亿元（估算值），13 年之间，业绩增长幅度接近 40 倍。而且公司在

郁亮与王石在珠峰营地

年收入突破百亿与千亿规模之后，已经多年蝉联中国与世界的住宅销售第一。同时万科的净资产收益率也得以不断提高，稳定在接近 20% 的水平。虽然万科身处房地产行业的黄金十年，但是这一系列数字也足以证明领军的总经理有足够的能力。尤其是万科在这期间一直匀速稳定增长，其公司治理与管理都获得一系列好评。公众认可的最受尊敬企业、最佳雇主等一系列称号，也都是在郁亮领军时期获得的。

同时，作为 1965 年出生的中年人，郁亮登上珠峰，参与自行车运动，还是马拉松好手。这种健康的形象在房地产行业之中少见。

当然，历史无法假设。如果是另外一个人接班，说不定能够做得比郁亮更好。但是以郁亮这 13 年来交出的成绩单来看，称其非常成功并不过分。

接班后怎么做？

万科的第二代操盘手为什么是郁亮？首先，郁亮有能力。

在选择郁亮当总经理的十年之后，郁亮成为了 2012 年的央视经济年度人物。王石接受央视采访时回答了这个问题，大意是郁亮协助他完成了很多大事，比如发行 B 股、君万之争、申万事件以及长达八年的"做减法"等一系列万科历史上的重要事件，郁亮都很好地协助了王石。因此王石非常清楚郁亮的能力。这是他愿意交班给郁亮的前提。在很长时间里，不仅是外面的人，甚至连公司的管理层都不太了解郁亮的实际能力。

而由前面郁亮交出的成绩单可以看到，万科真正进入快车道并且一路领跑房地产行业的各种荣誉，都是在郁亮具体操盘的时代拿到的。如果说王石是个战略家，郁亮就是一个非常好的执行者。就像《中国企业家》杂志一位记者写的那样，王石很像个作曲家，而郁亮是一个很完美演绎王石作品的乐队指挥。郁亮执行王石的各种天马行空的创意。这是郁亮接班之后的首要工作。在很长一段时间内，王石耀眼的光芒让郁亮黯然失色，行业和媒体都只把郁亮当成一个配角。但是，这没有影响郁亮稳步前进的节奏。那时候郁亮还没有减肥，还是圆脸，慈眉善目，很少见到他有情绪失控的情景。日常开会，他大都是有板有眼，就事说事，没有太多业务之外的发挥。平时与外界接触，他也大多数时候带着职业的微笑，应对得宜。即使有时候他遭遇有些火药味的提问，也都淡然处之，轻轻卸掉锋芒。例如，有一次媒体问他谁是他最崇拜的人？大家期待他回答王石等，不料他却旁逸斜出，说最崇拜的是自己的女儿，因为她小小年纪就懂得很多东西。

在管理万科方面，郁亮一是管得很细，二是总结了很多经验。郁亮的一个重要原则是，做多说少，"第一不做不说，第二做多可以不说或者是少说，但是绝不可以说多做少。"事实上，即使在今天社交媒体发达的年代，也很少看到郁亮对各种非业务问题的私人意见，也很少听到他私生活方面的花絮。郁亮这种谨言慎行的性格，与房地产行业中人尤其是王石的经常按捺不住形成了巨大的反差。近年，郁亮也提出了不要战略，不要迷信互联网等一系列比较"出格"的言论，但是总的来说，这些偶尔露峥嵘的观点，只占他主要判断的小部分。要看郁亮完整的思路，其实可以看看每年万科年报上面带着文艺色彩的长篇论述。

郁亮在公司内部的形象是极为自律和坚韧。2000年年底，发奖金时，他发现奖金总额很少，于是他让几个重要一线负责人拿与王石同等的奖金，自己拿的却比他们少。郁亮连续这样做了3年，大家都觉得他不错。当然，威信不

郁亮、王石和肖莉（2002年）

会仅仅来自于谦和。2002 年他第一次以总经理身份主持业绩发布会之后，我在他的办公室采访了他。他并不讳言，很多一线公司的老总都比他熟悉业务，因此他会经常与他们逐个交谈，就行业中遇到的问题与他们深入交流，然后总结成为其统率万科的方针。

多年以来，郁亮一直认为："优秀的职业经理人并不是关键，问题是在什么环境中成长起来，这很重要。"这个道理与他的体育锻炼效果非常相称——他觉得自己没有足够的运动天赋，也不是运动天才，但是，在经历了专业的训练和培训之后，也能取得理想的成绩。

当然，郁亮在资本市场方面的强大能力，是他能够当好万科总经理的关键。无论是最早发行 B 股还是后来多次增发，在每次万科发力需要资金的时候，郁亮都能及时赢得资本市场的信心，以各种方式不断融资，从而一举奠定万科高速发展的基石。看不懂这点，就很难理解郁亮为什么能够接班成功。

1992 年 12 月 31 日，万科通过公开招募的方式发行 4 500 万 B 股，发行价为 10.53 元，募资 4.7 亿元。赶在 1993 年年中实施宏观调控前，万科拿到了这一大笔钱港元，为"过冬"储备了足够的资金，保障了跨地域战略的实施。对于这次发行 B 股，在内部员工之中，郁亮起到的作用相当大。其后，万科在 A 股市场举牌参股上海申华，还有一系列其他各地的股权运作也都有着郁亮活跃的身影。

到了 21 世纪，郁亮接班之后，万科的融资等金融腾挪如鱼得水，其水平在房地产行业之中非常领先。数据显示，2008 年之前，万科主要以股票市场融资为主，银行借款为辅。而在 2009—2012 年，万科融资主要来自合作伙伴的投资、公司内部互保的银行借款和大股东支持。万科近年的融资，依照数额大小首先靠第三方，极可能是有合作关系的战略伙伴源源不断地提供资金；其次是，凭借合作开发迅速做大资产规模，派生出左右手互博式和金字塔式担保与反担保银行借款；最后才是大股东的支持。有财务专家仔细分析万科的担保借款，发现一笔笔就像集成电路板一样密密地排列。担保方与被担保方有母子关系（全资子公司、控股子公司），也有兄弟关系（同级子公司），还有表兄弟关系（联营公司），各种关系形成各种圈子，互相套在一起，我们姑且称之为"万科担保圈"。通过万科担保圈，银行资金源源不断地流向万科在全国各地的项目。而万科的连场融资好戏，则是在集团总裁郁亮主导下完成的。

其次，郁亮的性格与王石互补。

与个性强悍的王石合作，需要有一定的弹性，还得有一定的韧性。该让步的时候让步，该坚持的时候还得坚持。

而在 2004 年走向前台的同时，郁亮正式宣布了万科的千亿计划，当年万科的销售额为 91 亿元人民币。之前，王石一度认为郁亮的规划有点冒进，但是最终还是勉强同意了郁亮学习美国房地产公司帕尔迪的方案。2010 年的 12 月，万科宣布截至当天，2010 年就已经实现 1 000 亿元的销售收入，郁亮带领万科成为中国房地产行业第一家年销售额过千亿元的公司，并且目标提前 4 年实现。

在 2013 年的亚布力论坛上，王石的演讲围绕着企业家移民、公益组织等话题，郁亮的主题则是城镇化与房地产。两者的风格如同过去 30 多年来一样区别明显。

郁亮不是工民建专业出身，在当总经理之前，甚至没有卖过房子。他是"财务出身"。经常有人说财务就是功利、短视、现实主义。但是郁亮非常了解王石的英雄主义情结——这是 20 世纪 50 年代出生的人的特征，他们希望改变中国，上至公平、民主普世价值，中至新教伦理和公司治理。因此，郁亮说，"要是没有理想支撑，也走不到今天。"1990 年他从大国企深圳外贸集团加盟小公司万科，面试时王石给他的第一印象是"有理想、严格自律"。他坦言，王石在精神上对自己影响很大。实际上，万科本身培养的一大批第二代高管，大都得到了王石的言传身教、耳提面命，对于王石的价值观基本上都是高度认同。而正因为如此，郁亮与王石的相处远比外界想象得容易。

曾经有许多万科的少壮派地方公司一把手跟我坦言，在王石手下，真想做事其实比起在很多房地产公司要轻松。因为王石是真的大老板，不管具体事情，真授权；又因为跟王石不需要搞太多私人关系，用业绩说话；还因为对事不对人，只要在万科企业文化范围之内，就可以放手去做。当然，事情没办好，那是要负责的。"董事长负责不确定的事情，我负责确定的事情。"郁亮如是总结他与王石的分工。王石对他，他再对高管，都有比较清晰的原则与界限，他能够驾驭这样一个大企业集团。大家可能只记得郁亮没有卖过房子，实际上，王石也没有卖过。万科早期的房地产开发与销售是姚牧民带着房地产本部等业务骨干去完成的。

每一个大公司里面都有山头，万科也不例外。郁亮接班之后，也做了很多这样的"削藩"事情。万科高管们的离职经常引发业界的关注。但因为有王石的支持，更因为他做事的方式方法符合王石为万科定下来的规矩，所以效果都不错。万科没有伤筋动骨就逐步在郁亮手中实现了一个比较理想的大企业集团的新体制。例如，王石担任总经理时代的万科，经历过20世纪90年代初的大跃进之后变得比较沉稳，王石不断强调要完善公司治理结构、建立尊重员工尊重客户的企业文化。而学财务出身的郁亮执政之后，剔除了王石时期保留的较为务虚的业绩考核指标，如区域建设等，而只看财务报表的前三页指标，诸如资本回报率、利润率、存货周转率等。事实上，由2004年起，为了满足未来年复合增长率30%的快速扩张需求，郁亮对组织内部架构进行了大刀阔斧的改造，万科由"集团总部—市级公司"的二级架构调整为以"战略总部—专业区域—执行一线"为主线的三级组织架构。通过部分人事、财务、决策等权力的下放，实现"深谋远虑与灵活应变并重、充分授权与规范管理的统一"。

关于很多房地产行业的事情，王石会来问比他年轻十几岁的郁亮的看法。例如，王石的想法经常天马行空，离房地产业务距离较远，因此他要判断市场时就会来问郁亮。当然，给王石专业的建议绝不仅仅是郁亮的价值所在。当了总经理之后，郁亮主导了对13家大的房地产公司的并购，率领万科成为第一家年营收超过100亿、200亿、500亿再到1 000亿的房地产企业。

我从1994年3月开始认识万科，长期接触万科的管理层。我知道王石脾气很大，骂过很多人，但是我从来没有见过或者听说过王石骂郁亮，他非常给郁亮面子。相比我接触过的大多数房地产行业的高管，郁亮性格温和，可谓文质彬彬。我也几乎没有见过听说郁亮愤怒发飙的事情。印象最深的细节是，一个"90后"的万科新员工在停车场看到郁亮新买的法拉利跑车，就大着胆子问老总能不能试试，而郁亮则淡然一笑给了他车钥匙。

最后，郁亮是真正的房地产职业经理人。

职业经理人有很多种，但是适合房地产行业的职业经理人应该是有一些特质的：要适应大起大落的行情，还要有前瞻性，还得有与股东沟通的能力。这几点恰恰是重剑无锋的郁亮擅长且胜任的。

事实上，在王石当了飞来飞去的董事长之后，郁亮持续地引入国际 500 强的制度与人才，为万科制定与完善了匹配千亿公司规模的制度。

2009 年上半年，在一次厘清万科未来发展方向的内部会议上，郁亮提出了"上下半场转换"的概念。这是郁亮接班之后对业务较为高屋建瓴的结论。

他判断，房地产行业的上半场以满足大规模居住需求为主，因此之前万科在城乡接合部大规模开发的模式是最有效的。但随着城市的发展，一二线城市的土地供应已很紧张，与城市同步发展的配套酒店、商业需求巨大。而随着人均 GDP 的提高，人们的居住也呈现多样性需求，物业类型越来越丰富多彩。

行业发生转换，开发商也得跟着转。

郁亮判断房地产行业的下半场必须与城市发展同步，满足多样性需求，因此万科将拉长产品线，全产品线覆盖。

与万科的业务转型同时进行的是万科管理平台的更换。这两件事占据了郁亮 2009 年大部分的工作时间。郁亮认为，万科现在的管理平台是 2000 年搭建的，支撑 100 亿销售规模没有问题，但是对于一家年销售额 500 亿规模的公司来说，原来这个平台已经露出局限。因此郁亮主导推出 2010 版的管理平台，能够支持万科未来 5 年以上的发展。

当然，换一个角度来看，郁亮很庆幸，2008 年的金融海啸给了万科一个反思的机会，如果万科在更大规模上调整，难度将更大。

事实上，这时候美国住宅业巨头帕尔迪已经不再是万科的榜样。实际上，住宅开发数量如此巨大的万科很难再找到一个对标的企业。中国每个城市的发展处于完全不同的阶段，所谓的美国模式、香港模式都不符合中国国情，只有符合中国实际情况的商业模式才能领跑未来。

在投资者关系方面，万科一直有传统。以 B 股在香港上市之后为例，万科就由王石亲自带队每年两次赴香港进行业绩交流。在 B 股遭遇冷遇之后，有时候一场这样的见面会，来的人只有十几二十人，但是万科一直坚持办下去。这时候就一直是郁亮担任董事会秘书。而到了 21 世纪，万科缺乏控股大股东，王石与郁亮的管理层持有的股份都相当有限，因此在股东会与董事会层面积极沟通，赢得股东的支持就非常重要。这方面具体的工作郁亮可谓驾轻就熟，专门安排时间与股东以及董事交流。在引入专业人士担任独立董事之后，万科的董事会也是上市公司之中团结与有建设性的典范。

以 2010 年为例，万科与投资者沟通的密切程度在大型上市公司之中几乎排第一。除了及时、透明的信息披露，全年万科接待投资者来访近 600 次，参加境内外机构组织的大型投资者见面会 68 场，组织投资者见面会 4 场，进行网上路演 2 次。此外，万科还继续通过电话和电子邮件等方式耐心与投资者交流，聆听他们的意见，传递公司的信息，维护投资者和公司之间的信任。公司信息披露获得深圳证券交易所"优秀"评级。至于各种公司治理、最佳董事会、最佳董事会秘书与投资者关系的奖项，万科几乎都获得过。

王石经常对房地产重大问题发飙，这事情中国社会都知道。但与王石这种大鸣大放的风格不一样的是，郁亮对于地产行业的很多前瞻性问题会从企业角度进行微观思考，并且会在内部与行业之中逐条提出。而这十多年来一次次判断的正确，也为他赢得了业界的尊重与认同。

实际的公司运营之中，郁亮的管理非常细致，万科的各项制度有板有眼。一个新员工入职之后，根据职员手册就能顺利开始工作。至于各项工作的周报月报汇报制度就更不在话下。万科集团内部，连各级公司接待媒体都有具体指引，可谓井然有序。又例如，连万科员工的健康与文化，郁亮都会分解成各种指标，对一线公司进行定向、定量、定验的考核。这种细致程度在中国本土成长起来的大公司之中是不多见的。

附录

郁亮的成绩单

2001 年，万科业绩继续稳步增长，实现营业收入人民币 44.55 亿元，净利润人民币 3.74 亿元，分别较上年增长 17.74% 和 25.99%，每股盈利 0.59 元。

还是在 2001 年，万科正式退出零售行业，顺利转让了对万佳的股权，成为真正意义上单一业务的房地产集团。在 2001 年，万科的房地产业务实现了稳健而有成效的扩张,除在原有的深圳、上海、北京、沈阳、天津、成都等六个城市加大了投资力度外,还成功地进入了武汉、南京、长春、南昌四个城市进行住宅开发,业务规模不断扩大,市场份额进一步上升。当然,作为交班之年,2001年的一系列业务决策,相信还是有着王石的判断与功劳。还不是郁亮全面施展的一份成绩表。

有一件小事可以看作是郁亮施政的信号。万科在公布业绩同时也对公司股票简称作了变更:鉴于目前万科已成为全国性的专业房地产公司,原有的公司全称、股票简称"深万科"已不能反映公司的实际经营情况。经向深交所申请核准,从2002年3月15日起,公司证券简称"深万科A"更改为"万科A","深万科B"更改为"万科B"。

2002年,万科自己称为是"全面完成专业化调整后"的一年,万科从房地产业务中获得了令人满意的回报,保持了业绩的持续稳定增长,实现营业收入人民币457 436万元,净利润人民币38 242万元,分别较上年增长2.7%和2.3%,每股盈利0.606元,亦较上年提升;扣除非经常性损益后的净利润同比

天津万科水晶城项目

增长达 104%。

2003 年，是房地产市场全面增长和向好的一年。国务院《关于促进房地产市场持续健康发展的通知》的出台为行业的长远健康发展奠定了基础。随着中国城市化进程的加快，行业的逐步规范和集约，市场供需的日趋均衡，作为中国国民经济的支柱产业，房地产行业的发展前景令人鼓舞。2003 年，万科房地产业务进入高速增长期，并取得理想回报，全年实现营业收入人民币63.80 亿元，净利润人民币 5.42 亿元，分别较去年增长 39.47% 和 41.80%，每股盈利 0.39 元。以深圳和上海为核心的重点投资以及过去三年不断推进的二线城市扩张是保障集团业绩获得快速增长的主要因素。

这一年，郁亮也提出了万科新的学习标杆——美国房地产业巨头帕尔迪。2004 年万科业绩保持稳步成长，效益更获得长足进步。全年实现营业收入76.67 亿元，同比增长 20.2%；净利润 8.78 亿元，同比增长 62%；净资产收益率提升到 14.2%，为近年来最高点。这次公布的年报的 62% 利润增长率，的确比郁亮之前提及的 30% 年增长率的目标高出许多。尤为关键的是，归属股东的利润较以往有明显增长。郁亮自己也承认，我们 2000 年之前是以规模为第一大，五年以来我们就改了，现在我们是效益为第一位，也就是股东放在第一位。

2005 年，全国房地产行业津津乐道的谁能首先实现年收入一百亿元的问题已经有了结果。万科销售额 139 亿元，到 2006 年，万科是房地产行业之中第一个突破 220 亿元年销售额的公司。2007 年住宅方面的销售额 523.6 亿元，抛开了不少对手。

2007 年至 2009 年，万科已经在 500 亿的规模上运行了 3 年，然后万科在管理平台、产品线、人才等方面都做好了准备，开始进入新的发展阶段。

2010 年，与以往的 3 月下旬才公布不一样的是，元月 4 日，万科就抢先宣布实现销售面积 897.7 万平方米，销售金额 1 081.6 亿元，同比分别增长35.3% 和 70.5%。至此，谁是全国首个年销售额达到千亿级住宅企业的行业谜底又揭晓了，万科全年销售业绩完美收官。

2011 年，在该年宏观调控比较严厉的市场环境下，万科的销售依然有所增长，2011 年销售面积达 1 073.3 万平方米，销售金额 1 215.4 亿元，同比分别增长了 19.8%、12.4%。每股收益 0.88 元，增长 33%。而该年的亮点是，万科的净资产收益率在 2011 年出现了一个历史上最高的水平，ROE 为 18.17%，比 2010 年上升 1.7 个百分点。

2012 年，万科集团实现营业收入 1 031.2 亿元，同比增长 43.7%，实现净利润 125.5 亿元，同比增长 30.4%。当年万科的销售收入，蝉联中国及世界住宅销售冠军，也再次刷新行业历史记录。ROE 水平达到 19.66%，这是 1993 年以来公司最高的 ROE 水平。这年万科的国际化有进展。先是成功收购了香港上市公司南联地产，更名为万科置业（海外），B 转 H 方案得到投资者支持。在业务方面万科取得首次突破，与香港新世界合作，获取香港荃湾地块，与美国铁狮门合作，合作开发旧金山富升街项目，新世界、铁狮门都是在当地市场非常有影响力的优秀公司。

2013 年，万科实现营业收入 1 354.2 亿元，同比增长 31.3%，实现净利润 151.2 亿元，同比增长 20.5%；全面摊薄净资产收益率为 19.66%，与 2012 年持平，为 1993 年以来的历史性高位。本年值得注意的是，万科 2013 年度大幅提高了分红派息力度。分红派息预案，为每 10 股派送人民币 4.1 元（含税）现金股息。这是郁亮主导下积极扮演 A 股之中的蓝筹股角色。本年，万科正式推出合伙人制度。

2014 年全年，万科累计实现销售面积 1 806.4 万平方米，销售金额人民币 2 151.3 亿元，分别比 2013 年同期增长 21.1% 和 25.9%，在全国商品房市场的占有率由 2.09% 提升至 2.82%。2014 年是万科成立 30 周年，也是万科转型元年。在业务上，万科明确了以"三好住宅"和"城市配套服务商"作为未来发展方向；在管理上，万科以合伙人机制为核心，推出项目跟投制度和事业合伙人持股计划，为经营转型提供制度支持。

2015 年万科实现销售面积 2 067.1 万平方米，销售金额 2 614.7 亿元，同比分别增长 14.3% 和 20.7%，按 2015 年全国商品房销售金额人民币 87 280.8 亿元计算，万科在全国的市场占有率从 2014 年的 2.82% 上升至 3.00%。海外市场上，2015 年万科进入旧金山、香港、新加坡、纽约、伦敦等 5 个海外城市，2015 年万科的销售业绩中，海外项目贡献销售面积 2.8 万平方米，贡献销售收入人民币 28.8 亿元。

地产奇人姚牧民

前两年，王石有时候会怀旧，提起 1989 年初，万科建立的第一届董事会，成员由 11 人组成：股东代表 8 名，管理层 3 名。到 2001 年已经是第十二届了，仍保留在万科董事会的只剩下王石一人。

其他人呢？管理层两位——大蔡、张敏，前者 1997 年随转让的银都公司一起脱离万科，现为银都董事长；后者 20 世纪 90 年代初留学英国，现任银都财务总监。8 名股东代表中有 6 位是因为其委派的企业 100% 抛售了万科的股票，失去了资格；另两位股东是因为更换了董事人选。

那些离开万科的人们，相当一部分成了地产界、零售界的大腕，其中尤以姚牧民、莫军、林少洲、全忠等名气最盛。而其中最富有戏剧色彩的则是姚牧民。

万科 32 的历史，王石曾经带领过的职员数以万计，但是其中最具娱乐性的，非姚牧民莫属。

有人曾经开玩笑地写过一个地产大亨的成长历程：

在原来某上市大公司的旧址的马路对面，现在还是一排简陋的厂房，这些现在勉强还能用的建筑物，其实也就是十来年的历史，而建这些厂房以前，这里是一片养鸡场。但是一代地产大腕 Y 先生，当年就是在这里迈出他可歌可泣、纸醉金迷的地产路的第一步。

那一年，Y 先生还是一个热血青年。他出身戏剧艺术之家，不甘心一辈子窝在内地的工厂里面，来一招停薪不知道是否留职，背着军用草绿色书包，兴致勃勃地南下到了深圳的一家贸易公司。不料，这一家看上去还很洋气的贸易公司，让浪漫的 Y 先生一来就吃了点小小的苦头。他的第一个工作岗位是去工业公司，而工业公司的老总一看来了个口若悬河的大学生，喜出望外，决定把他放在公司最需要的位置，也就是去管在养鸡场上的厂房建筑！不过，失望了两天，Y 君还是咬紧牙关开始和建筑工人们打成一片，当然，其中的辛苦无趣就不一而足了。

只是合该 Y 君在这行崛起，他不像那些工人那样放工倒头就睡，也不像工头那样只顾着压成本多赚钱，而是逐步琢磨出许多门道。例如建筑的物业之中，有两栋是工人宿舍，他就多了个心眼，专门去问工厂，工人是男工多还是女工多，有多少。工厂管工回答完了，很惊讶地问，你怎么对这种事情有兴趣。Y 君正色道，这可不简单！你知道为什么以前的宿舍老是下水管道堵塞，害得我们物业公司老是要去紧急抢修替你们"擦屁股"吗。大家都说不知，Y 君乃长叹一声道，这就是因为女工太多，你们的厕所管道没有相应用大口径的，所以每到人多关键的"那几天"，就自然堵住了，水漫金山啊！果然，经 Y 君督工修筑的女工宿舍，以后都是间隔合理使用方便，他也开始慢慢找到地产感觉。

过后几年，生意渐大，Y 君已经不需要再替青年女工们搞宿舍，而是服务广大有钱男女家庭了。这一次是新盘推出，他已经连续几日几夜在工地上指挥施工，而这边销售人员拍马来报，说销售不行啊！此时已经是 Y 总了，他眼珠一转，计上心来，大喝一声随我来，指挥一批工人，就在工地门口，连夜建起一间样板房；又传令下去，用最好的装修材料，把样板房搞得美轮美奂。不过他还想做得更像样，叫人去买了两个男女模特，全部穿上一身美军制服一般的保安服，还有皮鞋，非常神气。而办事的人一时不察，买来的皮鞋太小，怎么也套不上模特的脚，而外面已经排起了闻讯而来看样板房的长龙。Y 总这时候眼明手快，操起剪刀，一下子把皮鞋后跟剪开，然后总算给保安模特穿上去了。

这一次样板房再显示范效应，全部房子卖得干干净净。

据悉，这些传奇，说的就是曾任万科集团总经理的姚牧民的事迹。

做了媒体很久，第一次见到被采访的高级经理人当众落泪是在七八年前。挥泪的这一位大腕就是万科集团原总经理姚牧民，他是公认的点子大王，为万科盖房子卖楼屡立奇功。

他常常被万科内部的人编段子，最典型的是，盛传他任深圳地产公司总经理期间，常亲自陪客户参观万科建造的小区或大厦。那时万科的品牌还不像现在这么响亮。姚牧民便会淡淡地使出奇招：在参观到游泳池时，谈笑间徐徐取

青年姚牧民

一纸杯,舀一杯泳池水,一饮而尽,然后对客人轻描淡写地说,我们游泳池的水采用自动循环过滤,水质达到饮用标准。就这一下,让客人对万科地产的品质,对万科物业管理的水平,叹为观止。

我和万科有多年交情,见过姚大腕数十次,未有机会见过他在我面前演示"饮水"绝技,但是,其不苟言笑,虽千万人围观仍自一脸肃穆的气派,也确实与众不同。

1994年,万科创业十年,初有成就,掌门人王石踌躇满志,专门安排了几位记者,去采访那时候基本不曝光的姚牧民。而姚牧民自然把这个"一把手"安排下来的差使当作"政治任务"来完成。

不过,当日万科还没有今天那么多项目,自然也没有那么多脍炙人口的话题,于是众记者中规中矩,循惯例从被采访对象的历史问起。而姚牧民则脸色沉郁地一下子陷于对无限往事的深深缅怀之中……

他先是讲起,原来也是个文学青年,搞过剧本,还在武汉当地小有名气。而文学之余,他又是一个青工,在工厂之中,以任劳任怨而深得领导信任。他想起,某年因病长休,他于是琢磨起汽车问题,并亲自动手敲敲打打研究发动机云云，可惜后来被领导催着上班，所以作罢。其实很是可惜，因为如假以时日，分分钟就能搞出我们中国人自己的轿车云云，说不定吉利、奇瑞今天都姓了姚。

姚牧民的前半生经历颇为复杂，下过乡，当过放牛郎，"每天牛瞪着眼看着我，我瞪着眼看着牛"；到工厂当过六年工人，在140多度的熔炉旁挥汗如雨；1976年到武汉工学院上大学，"除了一些计算公式外，其他已在工厂自学过"；毕业后在湖北汽车工业公司工作，搞过技术标准和质量控制，当过总经理秘书，编过汽车杂志，考过律师证书，甚至尝试将王朔的中篇小说《橡皮人》改编为电视剧本。

姚牧民很生动地描绘了自己加入万科时的有趣景象："1988年夏季，我35岁，大学毕业八年，在湖北一直没出息，在武汉力争加入万科。记得临行时，白发老父亲说：去吧！男人应把世界当家，女人应把家当世界；慈祥老母亲说：去吧！不要经常和别人打架；娇小妻子说：去吧！不要对着女人傻笑；幼小女儿说：去吧！买点好吃的回来。搜箱倒柜带去250元现金，怕被人偷走，在内裤靠近最敏感的地方缝一只口袋装着，心想这钱只有女贼才能偷走！"

而他兴致勃勃地到了万科分配给他们的宿舍的时候，一下子如遭雷击。

他夸张地形容了当时的心情："打开房门一看活像牢房：四面雪白墙身，灰尘布满地面，一架双层空铁床靠在一边，两张木夹板立在墙角，门窗防盗窃措施严密，水龙头一拧直流黄水。当时我真想哭，真要哭。没有被，没有垫，没有席，没有枕，没有火，没有炉，没有碗，没有人，也没有人提醒应该带些什么来！街上却什么都有，但价格惊人，一床被60元，一床垫40元，一张席10元，一蚊帐107元，一只枕头30元。买了日用品没了饭钱，这日子怎么过！

"夜幕很快降临，收音机传来台风的消息。我当夜只有一张木板靠墙角铺地，一张木板斜靠墙顶角作盖，人躺在'板房'里面，用包鞋的两张《武汉晚报》当床垫，一条长裤盖着肚脐作被盖，转盘枪子弹袋加鞋权当枕头，关死窗门抱起胳膊，寻找遇见靓女的美梦入夜而去……"

说到这里，姚牧民话锋一转，说那可是旧事，你们不要乱写哦，现在万科再不会有这样的事情发生了。万科物业公司管理的单身职工公寓顶呱呱，大楼里一定是地面光亮如镜，卫星电视系统给您带来11个频道节目，服务管理人员礼貌周到，房间内窗明几净，保卫措施安全到位，厨房可以烹食宴客，洗手间浴厕方便，写字桌供您挥毫著作，电话为您传来远方的祝福。公共食堂的送餐服务计划正在拟订，洗衣设施已在选型订货，一切为了改善单身职工的生活，方便单身职工的生活，提高单身职工的生活水平。

"万科在变，万科人在大变，万科的事业在飞变，万科的奉献精神在巨变。多少年后我们看着万科的伟大的变迁，我们会发自肺腑地说：万科，有我的一份贡献。"

大家聊得很家常，但是很快同行们都意识到，这样下去可没法写出原要的报道。于是，一位女记者很是热切地追问："姚总啊，你有什么最喜欢的事情啊，现在有什么记忆最深的东西啊？"

姚牧民很是沉吟了一阵子，一拍大腿说："有啊有啊，那一年我还在武汉家里，我们住的地方附近有一条铁路经过，而我最喜欢做的事情，就是拉我的第一个女朋友走铁轨。她一边，我一边，拉着手，走呀走，好像永远都走不完……"边说边泪光闪动。

"我这个人干事就是太认真，在开始行动前，已替部下把前前后后都考虑一遍，所以很累。"他自己这样形容。而更多的万科人，用心细如发来形容姚牧民。

姚牧民的部下很欣赏他"打击报复不过夜，奖励也不过夜"的直率却不简单的管理风格。他有话直说，对职工要求很严，时不时搞一点突然袭击，或急呼所有司机把车开到深圳体育馆停车场集合，亲自检查车容车况；或上班后给职工发业务知识考卷，即做即交，好的发奖，差的罚钱，奖励与"报复"都不过夜。

虽然，这一次大家回去写的报道都不算很好，但是很多记者对姚牧民印象极好。

有一个同去的老记者第二天打电话给我："高！人家就是不想和我们讲业务，不想和老板争风头，才给咱们讲那些东西，真高啊！"

从衣着外表上，姚牧民一点不像是财大气粗的地产公司老总，而像是一位经验老到的柔道选手。一身白色运动服装，加上短得不能再短的"绝对"平头，使那时候还不是中年的姚牧民显得朝气蓬勃，精明能干。

姚牧民1988年到万科不久，就成功地策划组织工业区建设和锅炉搬迁，其组织管理才能被公司领导发现。1989 年万科第一次介入房地产经营开发，姚牧民就被董事长王石派到"天景花园"工地负责操作整个经营开发过程，从此姚牧民成为万科公司的地产干将。

回忆开发"天景花园"的情形，姚牧民颇为感慨："当时万科资金短缺，从银行贷款 100 万元，我们用 40 万元做了一套样板房，还剩 60 万元根本不够交 1 300 万元地价，工程资金更是无从谈起。那一段时间急得我吃不下饭，一连喝了几个月的清汤和稀饭。但是四个月后，我们就以高于周围楼宇近一半的价格将房子全部卖了出去，收回资金 2 000 万元。"

姚牧民的售楼诀窍就是为客户提供热情周到的服务：售楼电话铃响两声就要拿起话筒来听；把楼盘资料写在黑板上，让每个人都能够了解，这样就不会出现对客人说"不知道"的事故；天气炎热，仅有的一把电扇就对着客人吹；客人提出到现场看楼，公司保证有专车接送。

正是从"天景花园"开始，万科逐渐形成其独具特色的房地产经营方针：以设计为先锋，以工程质量和工期为后卫，以物业管理作保证。姚牧民对此理论说起来一套套，他总结说："如果要顾客买你的房子，那就应该让他感到，你的设计合理美观，你的质量安全可靠，你的物业管理让他今后住得安心。在价格上，你要让他觉得花 3 000 元／平方米买的房子，住的是 5 000 元／平方米的品位，这样他会觉得便宜合算，跟亲朋好友讲住万科房子好啊，便宜啊，成为公司的广告户。"

姚牧民这个人搞房地产点子多，联想力强。十几岁时，他看过一部讲二次世界大战的影片，对地毯式轰炸印象特别深刻。1992 年年底，万科进军国内中档大众城市住宅市场，开发上海万科城市花园时，需要进行有效的广告宣传，姚牧民马上联想到地毯式轰炸，决定电视、报纸以及现场广告同时出击，加大密度，每天在电视台黄金时间滚动播出，报纸上的广告铺天盖地，现场广告高大醒目……结果，蜂拥而来的顾客把售楼处的玻璃挤破了几次，有时一天收进的现金就高达 700 万元。

他的另一个特点就是"快"。姚牧民说："只有快，才能抓住时机，先人一步。"万科在上海开发"城市花园"时，一家有实力的地产公司在离市区更近的地方也围了一块地。为了赶在这家公司前面开始售楼，姚牧民决定直接在稻田里抢建样板房，与此同时每天开车到这家地盘看看有无动静，担心他们突然醒悟，也来开发城市花园……姚牧民只用一个月时间就盖好四套样板房，使销售工作能如期赶在 1993 年元旦开始。

大概是学过工程技术的缘故，姚牧民特别善于解决施工中的难题。在修建荔景别墅样板房时，他为了节省费用，直接把样板房建在正在施工中的一栋楼的二楼。为了方便顾客进去看，他设计出一个像登机桥一样的斜坡通道。

因为是戏曲世家，姚牧民在武汉的青年时代确实热爱文艺创作，而到了万科之后，能够摇身一变，洗去文人习气，一步一个脚印地积累，实属不易。而他由普通干部一直做到万科地产的先锋和主力军，然后到了总经理一职，有人开玩笑曰"位极人臣"，所以他在盛年激流勇退，选择移民来结束在万科的这一段光辉历史，也不失为一个不俗的谢幕。至于他后来重现地产圈，在另一大地产企业合生创展的北京公司再作冯妇，那则是和王石以及万科稍远的事情，此处暂且压下不表。

2002 年年初，姚牧民回到万科，看到万科的新总部，一时感慨，大呼：

万科公司内部一角

"我曾经在万科付出了人生最精华的年代。我永远是万科人，只要万科需要，我随时回来，回来就上战场，上战场就能杀敌，杀敌就能成英雄……"

2003 年的初冬，在北京，姚牧民开着一辆进口切诺基四缸吉普，穿行在北京的林荫大道上。51 岁的他现在腰有点疼，他说是前一段到坝上骑马受伤的缘故。而且他平时还有飙电单车的习惯，所以在酒吧坐久了，就要站起来转转歇歇。

谈起万科，他打开随身带着的电脑，翻出的是十年前万科地产本部公司的职员名单。他看着扫描进去的旧照片，说起谁谁谁当年如何，现在又如何，如数家珍。

不过，他最深的感慨是，王石多聪明一个人，脑子转得多快，别人才数到一的时候，他已经想到三四去了，和他合作，是人生的一大快事。

虽然离开了万科一段时间，姚牧民还是很关心万科的地产进展，而且他说："我对王石有足够的信心，王石以后做什么事情都会顺利，因为很多年前他遇到一个坎，过了之后，路子就会越走越顺了……"

超级业务员蔡顺成

在万科，少有年纪比王石还大的人。而被称作"大蔡"的蔡顺成，要比王石大上那么几岁，作为万科创始人之一，他一度是万科的董事常务副总经理。1999年之后，我在万科系统里面，就没再见到这位类似万科的朱德式的人物。不过，2009年6月，在上海一位打工皇帝的生日晚会上，我见到一位古铜色皮肤，身形瘦削的中年人，原来他是减肥后的蔡顺成，显得比十年之前还要年轻。

正宗北京人蔡顺成是典型的生长在新中国的红旗之下的新一代，"文革"时正像北岛诗中所说，"我曾正步走过广场……为了更好地寻找阳光。"1968年上山下乡的时候，他到了新疆建设兵团，第二年又转到部队当了6年通信兵。他父母也都是军人，堪称"革命家庭"。这种从小濡染的中国军人所崇尚的纪律性、团队精神和吃苦精神，至今对他的经营管理思想影响颇深。

1975年他从兵营回京便在北京二轻局做团的工作。"四五"运动那年，蔡顺成26岁，血气方刚，加上对周总理的逝别难以释怀，遂成英雄。"纪念碑诗集中悼念周总理的诗有我好几首"，他说，"那时市公安局、公安部一天到我单位查三次。"

"工作不让我干了，让我去挖防空洞，挖了3个月，我得上了坐骨神经痛。10月7日粉碎'四人帮'第二天，我从防空洞里跑出来，扔下铁锹，打电话给李双江，几个朋友到东来顺吃羊肉庆祝。"

1980 年，蔡顺成调到卫生部出版社当团委书记。第二年他主持编辑了一套 300 多分钟的"中国针灸"电视教学片，发行到日本、中国香港、美国等地。随后他就主持卫生部出版社设在深圳的振兴医药图书有限公司。

由于业务关系，蔡顺成在 1984 年结识了当时任特区发展公司贸易部科教仪器科副科长的王石，那年王石正开始组建万科公司，第二年蔡顺成加盟万科。

"我和王石性格不一样，但交流上很是投机，"蔡顺成说，"他是内向的，我是外向的，我们配合很好。王石的很多思想一开始对我影响很大。"

不过现在对蔡顺成心情影响最大的是他的女儿。"她是我很大的寄托。"蔡顺成说，"我是感情很重的人，女儿的事儿就是我最大的事。"

蔡顺成对军队感情深最好的一个例子，是 1986 年他组织一批词曲作者为前线将士创作歌曲，其中一首歌被董文华深情地唱了无数遍，那就是《血染的风采》。

"我要求属下的许多东西，都是当年部队对我的要求。"更奇怪的是，这位现代商人迷信军队式的管理竟到了想请一位少将管理青岛物业的地步。"老将军带过几十年的兵，"他得意洋洋地说，"是潜艇艇长出身。"

如果了解蔡顺成与军队合作的渊源，你也觉得他实在有必要一辈子对军队心存感激。从 1986 年开始，他像一个冲锋陷阵的团长统领着万科北京分公司，将全军需要录像机和摄影机的客户联合起来，向日本电器生产商讨价还价，大宗订货。

"这样下来的价格就相当优惠，"蔡顺成说，"比进口价便宜一半还多。"从此"万科"开始大宗进口电器散件，并在北京定点组装，以供应军队和大学的需要，赚得了相当可观的外汇差价和加工费。3 年下来，据蔡顺成说，为国家节省外汇 3 000 万美元，功劳实在不小。

乃至"万科"后来上市，录像机的国产化仍是其上市相当有力的理由。这一项目与日商的谈判一直紧锣密鼓敲到 1989 年 6 月 4 日方才终止。自此蔡顺成的事业随着万科主营业务的转变，也由贸易逐渐转向地产。后来他又担任万科持股 45% 的香港银都置业有限公司的董事长兼总经理，在青岛、石家庄、成都等地开发万科地产战略中占有相当份量的"银都地产系列"。

就像军队曾给了他经商的悟性和机会一样，做贸易的经历使蔡顺成在地产成本控制上显得游刃有余，他像一个熟练的司机，懂得如何避开进货的各项中间环节。"一块砖多一分钱，成本就上涨许多，"蔡顺成说，"所以古人讲土木工程不可轻举妄动，道理就在这儿。"

为此，蔡顺成那时候一年起码在天上飞100多次。据说王石因此曾戏称他为"超级业务员"。他到中国台湾和意大利找厂商进口瓷砖，价格压到国内报价的四二折；青岛银都花园所用的18部"三菱"电梯经他的业务人员五番谈判往死里压价后，蔡顺成又出面再压一把，最终在原来基础上只付了17部的钱。

"如果把订货包给建筑商，那么他不仅要加价，还要拿去20%～60%的取费，成本就非常高了。"蔡顺成说。青岛最早一批的高档住宅银都花园的成本控制相当成功，包括地价、银行利息，所有成本加起来只有2 900元/平方米，而平均售价则到6 000元/平方米，差价可观。

"房地产玩的就是资金头寸。"蔡顺成一言以蔽之。银都花园开工4万平方米面积时，账面上只有30万元。这时前期售楼就显得尤为重要。于是，银都花园大打广告攻势，其中和青岛电视台合办的一套纯粹的娱乐性节目——"银都智慧国"，尤为著名，收视率竟上升该台之最，蔡顺成则不失时机地亲自在节目中大肆宣传银都居住新观念和万科独具特色的物业管理。办了一年多之后，"青岛银都花园"在青岛已几乎和崂山及栈桥一样，变得无人不知了，到了今天竟又成青岛年轻人结婚摄像最浪漫的去处。

这以后，虽然1993年遇到宏观调控，但"银都花园"所受影响甚微。"那时我们第一期工程已完工，"蔡顺成说，"但青岛买方的市场有啊，银都花园成为来青岛投资的外商唯一可选择的高尚住宅现楼。"

硬汉徐刚

我在1994年第一次见这个后来成为零售业风云人物的徐刚的时候，想象与印象吻合，一身登喜路西装革履的他从头到脚像医疗仪器设备一样精密无绽，同他的工作环境统一协和，不知是他改变了环境，还是环境改变了他。

来之前我已经知道，徐刚管理很严，平时也极其注重仪表，是万科集团之中最讲名牌的老总。

入坐后，我们没有例行的寒暄，而是直接话入正题。

万科协和公司是专营医疗仪器设备的内联企业，原由万科和中国医学科学院双方管理，机制运行不顺，效益不佳。1989 年调整管理方式，由万科人来管理，王老板从总部把徐刚派下来，接手协和公司，当时账面仅有 4 000 块钱，两个月发不出工资，情况很惨。

当时的徐刚是总部人事经理，对协和的情况应该是清楚的，为什么还来接这个烂摊子？原来这和他的性格有关。

徐刚的记忆中，万科创业，一开始走了一条与众不同的道路，其实就是被没钱逼出来的路，如同红军二万五千里长征也是被逼出来的一样。所以没有钱对于他来说不是什么大不了的事情。何况协和账面上还有 4 000 元。当时他的第一选择不是协和，但总部有人认为他缺乏贸易经验，于是徐刚心里憋着一股劲到贸易公司来上演一场好戏。

俗话说，巧妇难为无米之炊。不过徐刚说他也不管自己是巧妇还是拙妇，但是他不怕无米，就怕无锅，他所说的"锅"就是市场，医疗仪器设备的市场很大，有"锅"就不愁"米"。而所谓的经营，就是找"米"下"锅"做好饭。

那时候，徐刚就提到，万科创业和发展期间，往往有这样一个现象，就是大家看好的项目往往失败，不太看好的项目往往成功，这一直是个耐人寻味的谜。

徐刚回忆，危机充分暴露企业的病症，治病不难，诊断难。一个管理者要有能力把危机变成动力，激发群体求生的智慧，背水一战。危机和机会一纸之隔，就看你能不能捅破，没有什么神秘的。当时，徐刚他们千方百计从社会上拆借了 300 万元，看准机会投出去，周转了半年，经营转入良性循环，兜里就有钱了。企业跌一跌不是坏事，困者思变，三跌五跌，不死就冲上来了。1989年补亏 100 万，盈 6 万；1990 年营业额 3 000 万，利润 199 万；1991 年营业额上升到 7 000 万，利润 440 万；1992 年 11 月底统计营业额 1.35 亿，利润 514 万，大概就这个情况。

那两年贸易难做，徐刚做贸易，一共 16 个人有这个成绩也实在不容易。

1993 年度贸易业务营业额达到 7.6 亿元，利润总额达到 1 800 万元（已扣除借用总部资金需计息的部分）。而经总公司核定由贸易口运用的资金，连房子、汽车、库存在内，也只有 5 000 万元，资金回报率达 36%，这个成绩应该说是相当不错的。"而且，贸易口是公司系统内各业务口中欠总公司的款最少的，"徐刚说，"到 6 月份，贸易口将不会欠总公司的一分钱债款。"

徐刚总结贸易口的特点，包括以下几点：

第一，人员比较精干。整个贸易口 1993 年只有 60 人，93 年度人均创利达到 30 万，在没有任何经营特权的情况下取得这个成绩，是相当令人满意的。

第二，业务专业化已达到相当程度。贸易口 1992 年的两大业务——专业摄录像器材和医疗器械的营业额分别为 1 亿元和 3.5 亿元人民币，占总营业额的 6 成。其中专业摄录像器材业务主要引进索尼和松下产品，并设有颇具规模的专业维修部提供售后服务。医疗器械方面已与国内 700 多家医院建立合作关系，业务稳步发展，在同行中颇具知名度。

第三，资金周转率比较理想。徐刚介绍说，全资贸易口的资金周转是 120 天周转一次，协和更是 75 天周转一次。虽然贸易现在的毛利率较低，仅有 6% 左右，但由于资金周转快，一年周转三次的话，毛利率就会达到 18% 左右。所以较快的资金周转也是提高经营业绩的重要方面。

第四是经营方式稳健，实行无库存经营，风险较低。徐刚说，贸易口现在的原则是不谋暴利，主要扩大市场占有，通过经营规模的扩大提高回报。具体做法是向最终用户让利，降低利润率，但是要先收足货款才进货，自己不垫付资金，避免出现库存和大量应收账款的经营风险。徐刚说，这样做，虽然每单业务利润不高，但是很稳，基本上没有风险，而且随着经营规模的扩大，利润额也会相应提高。

第五，有一套行之有效的管理措施。深圳的贸易公司，大多采取承包的方式经营。这种方式容易导致经营者的短期行为，不利于业务的长远发展，而且由于经营者实际上无力承担风险，所以就变成公司无力控制业务却要全部承担经营风险的局面。在承包制下，经营者责任意识淡化，随意性和损公肥私现象非常普遍。"而且这个行业风气不好，"徐刚又说，"因为钱来得快，而且很多操作都是业务员单枪匹马去干，所以很多人都非常图实惠，能捞就捞，这也增加了业务的风险性。"

针对行业的这个特点，徐刚显示了他在管理上的独到之处。徐刚在贸易口大力推行增加业务透明度的做法，改变过去那种由业务员从头到尾一个人操作的方式，把业务的各个环节分离；业务员只管在授权范围内接单，合同签订后交给商务部，由商务部进行业务立项，并完成相应的开证、报关、发运等工作，最后由财务部负责审单和收付款工作。环环相扣，分工协作，形成业务部一商务部一财务部的流水作业方式，有效地控制住了整个业务流程，减少了风险。

这种做法起初在整个贸易口引起了震动。刚开始有部分业务员对此有抵触情绪，也有一些人因此而离开，使公司的短期业务受到影响。"但是，为了公司的长远发展，必须坚持这种方式，"徐刚斩钉截铁地说。"事实上，很多贸易上出现的窟窿，都是由于有业务员的个人利益在里面，因此有意放松，而公司又缺乏相应的制约机制而导致的。其结果就是公司账面上有利润，但背后有大量的应收账款和库存等潜在亏损。在大多数的情况下，公司正常经营的利润远远无法填补这种因管理不善而出现的漏洞。这也是导致我下决心强化管理的主要原因。"流水线式的管理模式，在整个深圳贸易界可能都属凤毛麟角，而徐刚直接执掌经年的协和公司业绩卓著、欣欣向荣，证明了这种管理模式的生命力。

徐刚军人出身，又当过万科人事部经理，在人事管理方面很有特点，带出来的队伍非常齐整并有一种昂扬向上的精神风貌。这里面到底有何奥妙？徐刚很朴实地谈了两点做法；首先是把好进人关。对业务人员除了要求业务能力之外，还要有优良的品质。否则，业务能力越强，做起对公司不利的事情就越熟练。二是创造一个好的环境，形成一种好的风气。其中包括强调公司纪律，形成良好的办公秩序，更重要的是形成一套有效的激励机制，给每个人以发展的目标和空间。谈到激励机制，徐刚举了出国、赴港培训、晋级等手段，并表示经总公司同意，准备在分配制度改革方面先做一些试点，一旦时机成熟则开始实施。

贸易口的办公环境一尘不染，公司固定资产崭新完好，车辆洁净、状态良好，穿着整洁、规范的先生、小姐们工作严肃认真，没有上班大声说笑、闲聊、看报的现象。徐总将这些日常小事作为维护企业形象、强调管理严肃性的重要手段，使客户和公司职员时时体会到万科具备社会责任感、操作规范、充满活力的企业形象。

管理工作做到深入、细化，是贸易口操作的另一大特点。徐刚认为难以施行的制度就是没有管理制度，而管理必须以制度为本而不能单靠觉悟和自觉性。因此贸易口要求各项管理规定必须人人皆知，令行禁止，而且每一制度施行都有具体负责人保证贯彻、监督，避免一阵心血来潮、过后无影无踪。例如环境卫生管理，三个公司的行政负责人组成检查小组，养成每天督促工作、每周全面检查提出存在问题、下周着手解决的工作习惯。

徐刚经常把人事成本概念挂在嘴上，使每个管理人员认识到人工成本是企业经营成本的大头，企业不容许养"闲人"。他除了要求人事负责人经常与职员交流、将工作做细之外，还建立了通畅的人事信息渠道——要求各部门负责人每周汇报本部门所有成员的工作状况。如果发现某位职员连续三周无事可做，便要立即着手调整，奖勤罚懒，以保证整体的高效运作。贸易口的业务辅助人员身兼数职，效率很高。

至于徐刚后来掌管万佳百货零售业及其一系列风云事迹，那就参看本书关于万佳那一章。2016 年 7 月，我在蛇口拜访了已经半退休的徐刚，我们已经十多年没见，席间谈及这场轰轰烈烈的万科争夺战，听他回忆 20 多年峥嵘岁月，尤其是 20 世纪 80 年代的万科如何创业的传奇细节，百感交集。

开怀大笑的王石

米丘、王石和丁长峰

王石爬山

王石快跑

王石骑单车

王石、王勇峰和外国山友

在珠峰上吃饭

陆新之、龙永图、王石在"论道"节目现场

万科的追求

万科的办公室

张五常给王石的题字

王石办公室一角

万科总部职员合照